GÉNERO, NACIÓN Y LITERATURA

Purdue Studies in Romance Literatures

PSRL volume 56

GÉNERO, NACIÓN Y LITERATURA

Emilia Pardo Bazán en la literatura gallega y española

Carmen Pereira-Muro

Purdue University Press
West Lafayette, Indiana

∞ The paper used in this book meets the minimum requirements of American National Standard for Information Sciences—Permanence of Paper for Printed Library Materials, ANSI Z39.48-1992.

Printed in the United States of America
Design by Anita Noble

Library of Congress Cataloging-in-Publication Data

Pereira-Muro, Carmen
Género, nación y literatura : Emilia Pardo Bazán en la literatura gallega y española / Carmen Pereira-Muro.
p. cm. — (Purdue studies in Romance literatures ; v. 56)
Includes bibliographical references and index.
ISBN 978-1-55753-625-9 (pbk. : alk. paper) — ISBN 978-1-61249-243-8 (epdf) — ISBN 978-1-61249-244-5 (epub)
1. Pardo Bazán, Emilia, condesa de, 1852–1921—Criticism and interpretation. 2. Nationalism and literature—Spain. 3. Nationalism and literature—Spain—Galicia (Region) 4. Feminism and literature—Spain. 5. Feminism and literature—Spain—Galicia (Region) 6. Spain—Intellectual life—19th century. 9. Galicia (Spain : Region)—Intellectual life—21st century. I. Title.
PQ6629.A7Z793 2012
863'.5—dc23 2012030472

Índice

Introducción

Nacionalismo y género sexual: El difícil caso de Emilia Pardo Bazán

"[N]ational culture," dice Gregory Jusdanis, "is really literary in nature, for literature, in the extended sense of stories and specific meaning as fiction, is thought to mirror the nation as well as encourage the acquisition by the population of socially important values and norms" (xi). Quisiera partir de esta reflexión de Jusdanis para trazar el contexto teórico en el que se plantean las preguntas que han dado lugar a este libro. Si toda cultura nacional aspira a ofrecer a la sociedad una "realidad" percibida como "nacional," un conjunto de creencias, normas, costumbres y valores que actúan como lazo común en el que reconocerse como comunidad —mediante la maniobra que Pierre Bourdieu resume como el paso "from the representation of reality to the reality of representation" (*Field* 224)[1]—, ¿qué sucede cuándo desde dentro del modelo literario mismo que se propone a la nación se produce una disidencia que altera ese conjunto de normas y valores? Más concretamente: si, como ha analizado George Mosse, todo proceso nacionalista decimonónico conlleva un proceso de masculinización, de exaltación del *ethos* masculino como máximo valor nacional; y si, como describe Andreas Huyssen para el contexto europeo y han estudiado Stephanie Sieburth, Íñigo Sánchez-Llama, Catherine Jagoe o Alda Blanco para el caso español, el modelo de alta cultura en la España de la Restauración es eminentemente masculino (un "realismo varonil"[2]) ¿qué efectos transgresores y reconfiguradores tendrán lugar en el sistema literario cuando una mujer feminista como Emilia Pardo Bazán sea parte integrante y principal de esa alta cultura y de los procesos de nacionalismo cultural en la España de la segunda mitad del siglo XIX?

Buscando respuestas a esta pregunta, este libro se entronca y dialoga con la línea de crítica literaria y cultural que en las últimas décadas ha analizado la formación de las "literaturas nacionales" (y por ende de la nación) como construcciones masculinas que a su vez dependen de la preservación (naturalización) del binomio cultural masculino/femenino. Tal binomio, como ha estudiado Jean Elshtain, existe ya desde las primeras teorías políticas grecorromanas sobre patria y ciudadanía: la nación es femenina, es la madre, la amada, mientras que el estado soberano es masculino, y masculinos, viriles (sujetos soberanos, autónomos), los ciudadanos dispuestos al sacrificio por la madre patria. Christine Arkinstall parte también de esta paradójica dicotomía —"Woman has served as the nation's ideal and monument, but rarely as its protagonist" (*Historias* 13)— en su estudio de la contribución a la construcción nacional de Acuña, Figuera y Chacel.

Sin embargo, como se reconoce desde esa misma crítica, todavía queda mucho camino por andar en un campo que no ha sido explorado sino hasta hace relativamente poco. Y Emilia Pardo Bazán, como he ido descubriendo a lo largo de mi investigación, pese a ser una autora supuestamente canónica, resulta en lo tocante al tema del nacionalismo un sujeto o bien incómodo (por la dificultad de encasillarla) o simplemente ignorado.

En el marco teórico más amplio, los estudios sobre el nacionalismo sólo recientemente han comenzado a tener en cuenta el factor del género sexual y el rol de la mujer en los procesos de construcción nacional (hay marcadas excepciones, como el ya mencionado George Mosse en su libro *Nationalism and Sexuality*). En el caso del hispanismo, los precedentes son también escasos; muchos de los principales textos que se han escrito sobre el nacionalismo cultural español dejan fuera el tema del género, y Pardo Bazán, partícipe con la misma o superior intensidad que sus compañeros de generación en el proceso de construcción nacional, es básicamente olvidada. En el caso de los estudios sobre el nacionalismo gallego, donde Pardo aparece por negatividad (sus enfrentamientos con los nacionalistas, su contraposición a Rosalía de Castro, su rechazo de la lengua gallega, su equívoca representación de la tierra y ser gallego ...), la cuestión del género sexual permanece en el inconsciente nacionalista. Incluso desde la crítica feminista, la que más ha contribuido a la recuperación y reevaluación del pensamiento, obra y figura de Pardo Bazán, hay en ocasiones una cierta reticencia o incluso malestar ante sus insalvables contradicciones (mujer que "escribe como hombre," feminista que rechaza la cultura femenina) que tienden a explicarse en términos positivos en razón a "estrategias de supervivencia," y más negativamente en razón a su conservadurismo, pero rara vez se ha especulado sobre el peso que tiene su fuerte nacionalismo español en relación al desarrollo de su pensamiento sobre la mujer, la región (Galicia en este caso) y la literatura. Este es el espacio vacío que quiere explorar este libro.

Puesto que la naturalización de los roles de género en el nacionalismo y el diálogo (o su ausencia) que la crítica ha mantenido con lo que significa la obra y figura de Pardo Bazán en el contexto nacional español y gallego son una parte fundamental de este proyecto, voy a proceder en esta introducción a revisar algunos ejemplos significativos de sintomáticos silencios o elipsis críticas, así como de precedentes que han orientado el curso de mi investigación, para exponer luego la construcción crítica de su estatus canónico y terminar con una breve sinopsis biográfica y contextualizadora.

En uno de los importantes y pioneros trabajos de investigación sobre género, nación y literatura en España (con un marco cronológico ligeramente posterior —el de la generación modernista— pero intersectado con el de Pardo Bazán), Roberta Johnson detecta unas ausencias críticas similares a las que yo he encontrado. Al tiempo que recuerda la frecuente invisibilidad, el soslayamiento crítico de la masculinidad del nacionalismo, comenta lo muy poco que la crítica hispanista ha tratado la crucial conexión entre el pensamiento sobre la nación y sobre la mujer:

> Nationalism does have a gendered dimension, according to Andrew Parker and colleagues, who note that nationalism is a normative force that adopts an ideal of masculinity. [...] Although nationalism and the thinking on women were intimately related in most Western nations between 1868 and 1939, curiously this interrelation —which has important implications not only for Spanish history, but also for literary production— has not been studied in depth for Spain. (13)

Ampliando la cita de Johnson, podemos afirmar que no sólo en el hispanismo, sino en la bibliografía clásica teórica sobre nación y nacionalismo, el tema del género sexual, y el rol de la mujer en la nación tienen una presencia mínima. Así, en la introducción a *Mapping the Nation*, una colección de ensayos clave en la historia del pensamiento sobre la nación y el nacionalismo del siglo XIX a nuestros días, Benedict Anderson se hace eco de las declaraciones de Sylvia Walby —la única que trata este tema en esta colección de ensayos— sobre la práctica inexistencia hasta fechas recientes de estudios sobre género y nación.[3]

Sin embargo, la mayoría de los estudios que se han hecho, como el de la propia Walby, o gran parte de los que integran la colección *Nationalisms and Sexualities* (ed. Parker et al.), tienden a ser más descriptivos y sociológicos que teóricos.[4] Este tipo de estudios, centrados en casos específicos de políticas estatales respecto a la mujer en la nación y/o las contribuciones de las organizaciones femeninas a la formación nacional, no resultan adecuados para el caso de la España del siglo XIX, donde, según concuerdan historiadores y críticos, existe un agudo contraste entre los débiles e ineficaces esfuerzos nacionalizadores del estado, y la conciencia de "construir nación" que caracteriza a los escritores e intelectuales, y donde no es posible todavía hablar de un feminismo organizado, sólo de voces aisladas, como la de la propia Emilia Pardo Bazán (Peñas Ruiz 162).

De hecho, tampoco las teorías existentes sobre la nación moderna funcionan bien en el caso español. Para la situación de España en la segunda mitad del XIX, caracterizada por un acceso extremadamente desigual a la modernidad (material e ideológica), no es posible aplicar el concepto desarrollado por el contemporáneo Renan de la nación como "plebiscito diario." Usando la ya clásica definición de la nación como "comunidad que se imagina soberana y limitada" acuñada por Benedict Anderson, podemos afirmar que en la España de la Restauración este sentido de formar una comunidad nacional se restringe a una minoría educada. Como se desprende de las historias del XIX español de José María Jover Zamora, Álvarez Junco, Pierre Vilar, Borja de Riquer o Raymond Carr, a la sociedad española de esta época, mayormente rural y analfabeta, golpeada por guerras civiles intermitentes, con una falta de confianza generalizada en las instituciones estatales, sin una política estatal de nacionalización intensa como la que se había llevado a cabo en otros países europeos (educación cívica, monumentos públicos, política colonial), y con movimientos nacionalistas emergentes en la periferia generados en gran medida por la ineptitud del gobierno central, no puede aplicársele en rigor el concepto moderno de "nación." Si no hay una nación en el sentido liberal y moderno, si en España no tiene lugar la "gran transformación" que según Ernest Gellner tiene lugar entre las sociedades agrícolas tradicionales y las sociedades capitalistas industriales que necesitan de la ficción nacional para subsistir como sociedad, sí se puede hablar, especialmente tras la revolución de 1868, de una fuerte y compensatoria acción nacionalizadora por parte de la clase intelectual española. En vista de la ineficacia del estado para crear nación, la élite intelectual española se arrogará la misión de, en palabras de Leopoldo Alas "Clarín," "remover y conmover la conciencia nacional" (92). De acuerdo con Max Weber y John Hutchinson, esta "misión nacional" de la clase intelectual tiene como fin su legitimación y prestigio como tal clase, o, en términos de Bourdieu, como miembros componentes de un "campo cultural." En gran medida como reacción a la imagen nacional de romántico y pintoresco atraso que se les venía dando desde el extranjero (especialmente desde Francia [Álvarez Junco, "Nation-Building Process" 94–95]), historiadores, literatos, periodistas, pintores, re-visitan selectivamente la historia española, retratan la sociedad pasada y contemporánea, y presentan al público toda una serie de símbolos y narrativas con los que identificarse. La praxis novelística de Galdós es ejemplar en este sentido, con su magna empresa de los *Episodios Nacionales* como buque insignia del gran esfuerzo nacionalizador que llevará a cabo su generación y en el que la propia Emilia Pardo Bazán, como veremos en el capítulo 3, participa intensamente. En un trabajo anterior ("Maravillosas supercherías") he analizado el diálogo que Pardo establece con los *Episodios Nacionales* (y con *Trafalgar* específicamente) en sus "Apuntes autobiográficos," con el objetivo de construir un sujeto femenino nacional que paradójicamente compense la masculinidad insuficiente que ella percibe como "problema nacional." En este libro mostraré hasta que punto Pardo estaba totalmente inmersa en la misma "misión nacional" de sus compañeros de generación, al tiempo que trata de completarla reintroduciendo a la mujer como esa necesaria transfusión de sangre que daría nueva vida a la anémica nación.

Si los nacionalismos culturales del XIX, origen de mitos nacionales que todavía subsisten, han sido estudiados de forma muy productiva en las últimas décadas, en lo que respecta al género sexual/la mujer encontramos elocuentes silencios. Así, importantes textos críticos que analizan el proceso entrelazado de construcción de la literatura y nación españolas, como los de Jon Juaristi ("La invención de la nación"), Inman Fox (*La invención de España*) o José-Carlos Mainer ("La invención de la literatura española"), no sólo no hacen referencia alguna al papel del género sexual en esa invención de la nación/la literatura nacional, sino que ni aparece un solo nombre de mujer (ni siquiera el de Pardo Bazán) entre los de la élite cultural que contribuyó a forjar ese imaginario nacional en el XIX. Un caso especialmente llamativo es el del libro de uno de los principales estudiosos del nacionalismo cultural decimonónico, José Álvarez Junco, *Mater Dolorosa. La idea de España en el siglo XIX*. El título del libro y su portada —una representación alegórica de España en forma de mujer siendo crucificada—, harían pensar en la inclusión entre sus páginas de un tipo de análisis para el contexto español similar al realizado por George Mosse sobre la sexualización de las imágenes nacionales en otras naciones europeas. Sin embargo, el estudio de Álvarez Junco, sumamente informativo, no contiene una reflexión sobre aquello que sugiere el título, y entre los "sospechosos habituales" que colaboran en el proyecto nacional decimonónico, tampoco se menciona ninguna figura femenina, ni siquiera, de nuevo, a la muy nacionalista Pardo Bazán. Kirsty Hooper, en su estudio sobre otra escritora gallega de fines del XIX, Sofía Casanova, afirma "the disparity between the evidence of active participation in *fin de siglo* social, cultural and political debates by women such as Casanova and their absence from the historical record" (8), disparidad que resulta todavía más inexplicable en el caso de una escritora supuestamente canónica como Pardo Bazán. Christine Arkinstall destaca también este silencio en relación a otra mujer escritora, Rosario de Acuña, que ocupaba un ámbito del espectro político mucho más radical que el de Pardo: "Although woman writers and intellectuals were engaged in this enterprise [la formación de una cultura y literatura nacional en la España del XIX], it is principally their male counterparts who have been acknowledged for their cultural contributions" ("Writing" 294). Arkinstall compara el diferente estatus canónico de Acuña en relación con el de Pardo (católica y burguesa) y concluye que el mayor radicalismo de Acuña es la causa de esta diferencia. Sin embargo, pese a su inclusión en el canon literario, Pardo es ampliamente excluida de las listas de los nacionalistas culturales decimonónicos.

Son los estudios de orientación feminista realizados desde la academia anglosajona los que más han contribuido a analizar la conexión que existe entre la práctica literaria y el entrelazamiento de las categorías discursivas de género y nación. Por la senda abierta por estudios pioneros en otras literaturas (como el de Nancy Armstrong para la novela británica de los siglos XVIII y XIX, *Desire and Domestic Fiction*), críticas como Alda Blanco, Lou Charnon-Deutsch, Catherine Jagoe, Susan Kirkpatrick, Maryellen Bieder o Jo Labanyi han investigado el incómodo, residual y muchas veces silenciado papel de la mujer en la construcción cultural de la nación española. Sus estudios prueban la existencia de una significativa comunidad de mujeres escritoras borrada por la crítica que procede a "inventar" desde mediados del XIX la literatura española, así como la importancia de la novela realista para diseminar la teoría de las dos esferas que consigna a la mujer al mundo de lo privado y doméstico; en la esfera pública, en el foro cívico de la nación moderna, la mujer, como tantas veces denunciará Pardo Bazán, no tenía cabida.

Otras importantes contribuciones, como las de Andrés Zamora Juárez, Íñigo Sánchez-Llama o Michael Iarocci, que muestran el proceso de "virilización" que tuvo lugar en la literatura de la Restauración, o Martha LaFollette Miller, que estudia el caso contrario, la feminización de la periferia gallega, contribuyen a iluminar las razones de género sexual detrás de los procesos de rechazo/asimilación que sufre Pardo en ambas literaturas.

El declarado nacionalismo español de Pardo no fue óbice para que la autora colaborara (e incluso liderara) con la recuperación y sistematización científica de una cultura gallega hasta entonces prácticamente oral (conjugando, dentro de la práctica del nacionalismo cultural, tradición y modernidad). La autora, a través de su trabajo como presidenta del Folklore Gallego (y más tarde Real Academia Gallega), sus contactos con la comunidad de emigrantes gallegos en Cuba, sus ensayos y artículos para la prensa sobre literatura y cultura gallega, y en especial mediante la representación literaria de Galicia y sus gentes en las novelas y cuentos realistas, trae la región gallega al foro nacional/internacional de la alta cultura. Sin embargo, en su tiempo y hasta hoy, su contribución a la construcción de una identidad nacional gallega, la inclusión o exclusión de su obra dentro de un canon literario gallego, sigue siendo, más allá de cuestiones de lengua e ideología, un debate en cuyo fondo se agitan cuestiones inexploradas de incompatibilidad entre modelos de feminidad y modelos de nación. La contraposición histórica que se ha establecido entre las figuras de Rosalía de Castro y Emilia Pardo Bazán se debe en gran medida a estas cuestiones.

* * *

Pese a la existencia de precedentes, no existe todavía un estudio de conjunto que analice el papel de Pardo Bazán como catalizadora de dos nacionalismos culturales, el centralista español que adquiere ímpetu tras la revolución de 1868, y el emergente nacionalismo gallego —todavía en su fase regionalista—, con un renacimiento cultural que suele marcarse con la fecha de publicación de los *Cantares Gallegos* de Rosalía de Castro en 1863. Si bien se ha documentado (aunque no analizado comparativamente) cómo se construye la figura de Pardo en ambas historias nacionales de la literatura, no se ha llevado a cabo un estudio de la producción textual (crítica y de ficción) de la propia Pardo que analice los esfuerzos de la autora por conciliar formaciones discursivas aparentemente incompatibles como eran la alta cultura nacional, la feminidad y la cultura regional. En una reciente e innovadora propuesta sobre el lugar de Pardo Bazán en las literaturas nacionales peninsulares (española y gallega), Joseba Gabilondo ("Towards a Postnational History") propone ubicar a Pardo Bazán en una literatura "post-nacional" (su adopción de un sistema literario europeo la haría doblemente exiliada e inasimilable tanto para una literatura nacional gallega como española). Sin embargo, la propia Pardo nunca separó los dos aspectos, geopolítico y bio-político que Gabilondo quiere reunir en su análisis; para Pardo la cuestión de la mujer era inseparable de la cuestión literaria-nacional, y era consciente de que en su propia persona y actos biográficos (incluido el acto mismo de escribir), es decir, a través de su "performance" pública,[5] estaba realizando la unión difícil y necesaria de ambas cuestiones. En su "La cuestión académica" no deja lugar a dudas sobre el carácter performativo —recordatorio permanente de la exclusión de la mujer de la institución cultural nacional y de su derecho a ser incluida— que supone su candidatura a la Real Academia de la Lengua:

> [E]stoy en el deber de declararme candidato perpetuo a la Academia [...] y mi candidatura representará para los derechos femeninos lo que el pleito que los duques de Medinaceli ponían a la Corona cuando vacaba el trono. [...]; no aguardaré sentada: ocuparé las manos y el tiempo en escribir quince o veinte tomos de historia de las letras castellanas...y lo que salte. (82)

Dos documentos de los años finales de su vida muestran que el pensamiento nacional-feminista de Pardo no encaja en la afirmación de Gabilondo de que

> women's writing and their particularity predate nationalist particularity [...] the latter can only be upheld hegemonically once the bio-political particularity of gender is repressed and erased. (254)

En una entrevista periodística de 1915 Pardo Bazán afirma la inextricabilidad de la cuestión femenina y la cuestión nacional:

> Yo soy una radical feminista. Creo que todos los derechos que tiene el hombre debe tenerlos la mujer. [...] A mi ver hay que reírse de los demás problemas nacionales; la clave de nuestra regeneración está en la mujer, en su instrucción, en su personalidad, en su conciencia. España se explica por la situación de sus mujeres, por el sarracenismo de sus hombres. ("Conversación entre Emilia Pardo Bazán y el caballero audaz" 330)

En un discurso escrito con ocasión de uno de los momentos triunfales de su vida, la dedicación en 1917 en su ciudad natal, A Coruña, de una estatua en su honor, Pardo presenta el acontecimiento como la consagración de su presencia *como mujer* en un espacio público, local y nacional, al que ha llegado y del que ya no se moverá a pesar de, *y gracia*s a, la fiera oposición masculina:

> A ningún escritor vivo, y acaso a ninguno de mi generación, le han sido dirigidos los ataques que a mí. No ataques del género literario [...] La base de esas censuras es personal. [...] Si a pesar de tan cruda guerra no me matan, es que soy algo fuerte. [...] Mi orgullo es obra de ellos— de los galantes caballeros [...]. (Discurso en la inauguración 8–14)

Tampoco creo que sea posible afirmar que "[t]he orientalist/ postcolonial scenarios and characters of her latest narratives are precisely an effort to find a utopian location outside the nationalist imaginary of *casticismo*: they constitute a failed (utopian) attempt to take the place of the non-European other" (Gabilondo, "Towards a Postnational History" 265). Como argumentaré en mi lectura de la última novela de Pardo, *Dulce dueño,* el nuevo movimiento modernista le proporciona a la escritora al final de su larga carrera literaria la clave para poder conciliar literatura femenina y cultura nacional.

Contribuciones y organización de los capítulos

Sin lugar a dudas, y en vista de todas las polémicas y diferentes lecturas que en vida y hasta nuestros días ha suscitado, Emilia Pardo Bazán constituye un caso a la vez paradójico y paradigmático en lo que a nación, género y literaturas nacionales se refiere. Su escritura y su persona contribuyen a traer a un primer plano problemáticas que siguen teniendo vigencia hoy en día, tales como la aparente incompatibilidad entre el feminismo como discurso transnacional y solidario y el nacionalismo como discurso esencialista y masculinista, o el supuesto antagonismo entre los nacionalismos periféricos y los centralistas. A través del estudio de las negociaciones en torno a la asimilación o rechazo de Pardo Bazán en el nacionalismo cultural gallego y español (capítulos 1 y 2), este libro trae a la luz las complicidades de base en cuestiones de género sexual que comparten discursos nacionalistas aparentemente disímiles. A su vez, el análisis de la teoría nacional-literaria desarrollada por la propia Pardo en su crítica y ficción realista-naturalista (capítulo 3) muestra cómo esta autora, siguiendo parámetros similares a la noción de "mimicry" de la teoría poscolonial, o el mimetismo como forma de resistencia femenina apuntado por Luce Irigaray, adopta el discurso cultural patriarcal del nacionalismo para subvertirlo desde dentro, insertando en él y haciendo convivir en una productiva tensión dialógica categorías en principio ajenas a él tales como "mujer," "región" y "cosmopolitismo." En analogía con la teoría política de su estimado John Stuart Mill, quien veía como la única solución viable para el débil (las pequeñas nacionalidades como Irlanda, Escocia, Bretaña) el unirse al más fuerte y avanzado (Inglaterra, Francia), Pardo Bazán no veía ningún camino abierto para la cultura femenina de su tiempo (como tampoco lo veía en los nacionalismos periféricos como el gallego), y estipulaba como solución el vincularse al más fuerte (la cultura masculina, la nacionalidad española), en una unión mutuamente beneficiosa.

El capítulo 4 se enfoca en la última novela de Pardo Bazán, *Dulce dueño*, la única narrada en primera persona por una protagonista femenina que es además autora del texto dentro del marco de la ficción novelística. En mi análisis propongo que la superación del Realismo por el Modernismo, con la desestabilización de estructuras de género que este movimiento supone, permite a Pardo una radicalización en sus postulados en torno a la mujer y la nación. Su estrategia mimética le acerca ahora, auspiciada por el énfasis en la espiritualidad del discurso modernista, al misticismo de raigambre nacional (Santa Teresa como principal referente), generando por primera vez en su trayectoria lo que podría, en términos de las teorías feministas de la diferencia, conceptualizarse como una "escritura femenina,"[6] a la vez que procede a una nacionalización del internacionalismo modernista. De nuevo, es la mujer, y ahora una escritura marcada como claramente femenina, la que trae modernidad y nuevas posibilidades representativas para la nación.

El discurso crítico sobre Pardo: Su ambigua posición en el canon nacional

No es mi intención en este libro explicar o encontrar consistencias en las evidentes aporías de Pardo, sino tratarlas como un "locus" ideal para el análisis de la formación de categorías culturales en la España de fines del XIX: para ello es importante volver no sólo sobre su obra, sino sobre el abundantísimo comentario crítico que generó y genera y que ha contribuido con ello a su peculiar estatus canónico. En vida de la autora, su condición de mujer se alegaba como impedimento para su plena aceptación en la alta cultura nacional (lo veremos en el capítulo 1); en respuesta, un acendrado nacionalismo español y un desprecio marcado hacia la "baja cultura" (conceptualizada como "femenina"[7]) fueron constantes tácticas legitimadoras de la escritora (capítulo 3). Joyce Tolliver ha analizado las especialmente llamativas conciliadoras técnicas narratológicas en la "escandalosa" *Insolación* ("Narrative Accountability"), así como una serie de cuentos en los que constata múltiples instancias de una subversiva (en lo que a la cuestión de la mujer se refiere) pero protectora "doble voz" en la narrativa breve de Pardo (*Cigar Smoke*). El análisis que Susan McKenna lleva a cabo en una serie de cuentos de Pardo en los que progresivamente se va delineando un sujeto femenino también destaca esa fina línea entre el desafío y el acatamiento de normas hegemónicas por la que Pardo sabe caminar con tanta habilidad.

Estas hábiles estrategias y su adhesión al proyecto nacional del "realismo varonil" posibilitaron su permanencia en la literatura nacional española (así como la borraron definitivamente de la gallega), pero no impidieron que pasara a cierto segundo plano canónico ni que de su prolífica producción sólo pasaran al canon sus novelas más clásicamente realistas (especialmente la serie de Ulloa). Si Julio Cejador y Frauca afirmaba en 1918 "lo indudable es que Valera, Palacio Valdés y Blasco Ibáñez ganan a la Pardo Bazán y que ni comparación admite con Galdós y Pereda" (283), Hazel Gold en *The Reframing of Realism* (1993) anota la pervivencia de esta jerarquía canónica:

> more or less the same evaluative hierarchy continues to obtain. We still read *Fortunata y Jacinta* (or now, alternately, *La Regenta*) as the maximum representative of nineteenth century narrative. We still prefer [...] Galdós and Clarín over Pereda, Pardo Bazán and Valera. (185)

El socavamiento de la autoridad como novelista española de Pardo Bazán por sus compañeros de generación y las primeras historias literarias del XX —con su "monomanía biográfica," como describe Antonio Martín Ezpeleta (439)— se perpetúa en la crítica contemporánea.[8] Un ejemplar compendio de la crítica hostil a Pardo, cargado todavía de todos los tópicos que la acompañaron en su tiempo, puede encontrarse en la introducción que Joaquín Entrambasaguas hace a *La sirena negra* en 1958. Entrambasaguas sigue repitiendo la acusación de cursilería que le hicieran sus colegas "Clarín," Menéndez Pelayo, el P. Blanco García, Pereda, Emilio Bobadilla o Armando Palacio Valdés en el XIX; recuerda la "imponderable cursilería de la autora, que nos sale a cada paso" (902), e ironiza sobre la defensa de la literatura española que en casa de los Goncourt hiciera la condesa, poniendo así en entredicho su patriotismo cultural: "esto es de alabar porque a través de sus críticas [...] escritas más adelante, ningún novelista español, desde Galdós en adelante, le llena el ojo con que los ve afrancesadamente" (905). De sus viajes al extranjero Emilia se trae un bagaje cultural que le hace ir "tomando un inevitable tono pedantesco de marisabidilla con talento" (905). Relata Entrambasaguas sus "manejos" acerca del título de condesa, de su candidatura en la Real Academia, y de su puesto de catedrática que según él reflejan el oportunismo y la presunción de la escritora, propios de la vanidad femenina.

Si Entrambasaguas "revela" los rasgos negativamente femeninos de la escritora y su obra, un contemporáneo suyo, Federico Sainz de Robles, insiste (con una gráfica metáfora que recuerda inevitablemente al dúo "pen/penis" descrito por Sandra Gilbert) en otro aspecto bio-literario que obsesionaba a los contemporáneos de Pardo: sus esfuerzos por "pasar por hombre":

> Tampoco hay que creer demasiado en la pretendida *virilidad* de la eximia coruñesa. Resultó apenas una pretensión suya, rodeada por todas partes de novelistas machos. Pretendió revalorizar su sexo para que no desmereciera en la comparación. Y acaso por presumir de machito se decidió —¡nos imaginamos su repugnancia al coger con los dedos el reptil!— a escribir algunas de las más atrevidas páginas de su tiempo timorato (1957:49). (citado en Martín Ezpeleta 441)

Más cercano a nuestros días, Mariano Baquero Goyanes escribe en 1986 que la escritora "tuvo como defecto principal en la España del XIX el ser mujer, y, sobre todo, el prurito pedante de querer estar al día en toda novedad artística, literaria, y de vuelta de ella, una vez caducada en el extranjero, es decir, en Francia, para la Pardo Bazán" (*La novela naturalista española* 11–12). Es asombrosa la fuerza y persistencia de las raíces decimonónicas del concepto de "literatura española" que ha llegado hasta nosotros: la acusación de "poco castiza" que hacían sus contemporáneos a Pardo (como mujer, gusta de todo lo francés antes que de lo español) y la negación del don creador en la mujer en general (revisado en el excelente estudio de Andrés Zamora, y desarrollado en el capítulo 1 de este libro), pervive en la estructura que Baquero Goyanes da a su libro. Alterna capítulos sobre la "buena" tradición literaria española (con ejemplos tomados sobre todo de la literatura del Siglo de Oro, en especial de Cervantes, pero también de Galdós y Clarín) con otros sobre cómo la escritora gallega utiliza, muy inferiormente, los mismos recursos literarios. Con esto cubre Baquero Goyanes dos objetivos: en primer lugar, corrobora la tesis de los contemporáneos de Pardo Bazán (tesis compartida y propiciada por la propia escritora) de que el realismo no vino de Francia sino del interior de la propia tradición española; y en segundo lugar, demuestra cómo Pardo Bazán, pese a sus ínfulas de afrancesada, no supo estar a la altura de los modelos que su propia tradición le ofrecía. Así, comparando el uso de las descripciones costumbristas (el recurso de lo general en lo particular) entre autores como don Juan Manuel o Cervantes y Pardo Bazán, llega a la siguiente conclusión peyorativa:

> Por desgracia, creo que la Pardo Bazán se sirvió más de moldes ya hechos, dados por la tradición y la rutina, que de personales hallazgos, para describir y caracterizar a sus personajes. [...] No es que falten en los relatos de la Pardo Bazán composiciones artificiosas de figuras y gestos, pero éstas nunca alcanzan la calidad de cualquiera de las conseguidas por Cervantes. (44 y 48)

Todavía más descalificador, tratándose además de una colección que tuvo gran difusión e influencia pedagógica en el mundo del hispanismo, es el tratamiento que se le dedica en el volumen sobre realismo de la *Historia y crítica de la literatura española* dirigida por Francisco Rico (1982). Apenas se le conceden tres páginas (sobre la composición de *Los pazos de Ulloa*), y se afirma en la introducción general que "quizá su vida sea más interesante que su obra" (410), para terminar caracterizándola como "una especie de George Sand hispánica" pero de "cuestionable calidad artística" (411).

Por otra parte, a la crítica feminista tampoco le resulta fácil asimilar a Pardo. La propia Pardo Bazán había comentado sobre las mujeres de su tiempo que "tengo la evidencia de que si se hiciese un plebiscito para decidir ahorcarme o no, la mayoría de las mujeres españolas votarían que ¡sí!" (Bravo Villasante, *Vida* 287). Paradójicamente, en algunos casos la crítica feminista repite argumentos usados en los ataques masculinos contra Pardo/la mujer escritora. Así, una abogada de la mujer como Margarita Nelken, todavía próxima a la época de Pardo, en su libro *Las escritoras españolas* (en el que consigna a la más remota juglaresa) no muestra en cambio mayor aprecio por la novelista más destacada del siglo, silencia su labor feminista, y comenta sobre su obra que "Pardo Bazán [...] tuvo en toda su producción una característica esencialmente femenina: la de recibir las huellas de cuantas influencias le salieron al paso" (221). Muestra de la tenaz internalización de esta mentalidad decimonónica, más de medio siglo más tarde la encontramos en la afirmación de Elvira Martín de que Pardo Bazán es el vivo ejemplo de la incapacidad creadora de la mujer, sólo apta para copiar:

> Su literatura es admirable, pero no es creación, y porque carece de la capacidad de crear abstracciones, su literatura es de mujer, sus dotes, por más que sean extraordinarias, son de mujer y sus obras, producto del estudio, la observación y la descripción, son de mujer, aunque vayan revestidas con ropaje masculino. (208)

En un artículo más reciente (1997), Ángeles Sandino Carreño califica directamente de antifeminismo el tratamiento de la mujer en la serie de *Los pazos*. Sandino Carreño, recogiendo la tesis de Marina Mayoral, busca la clave de la aparente contradicción entre su feminismo teórico y la representación negativa de la mujer en su ficción en el conservadurismo social de la condesa.[9]

De hecho, los primeros estudios de orientación feminista sobre Pardo provienen de autoras no españolas, comenzando con los de los años 1970 y 1980 de Mary E. Giles y Teresa A. Cook. En el presente, la crítica feminista anglosajona, que es la que ha llevado a cabo los estudios de mayor interés teórico sobre Pardo, en ocasiones no oculta la perplejidad que pueden producir las contradicciones de la autora. Así, Maryellen Bieder se pregunta cómo es posible que la principal escritora e intelectual española del siglo XIX, abiertamente suscrita a principios feministas,

> [C]learly positioned herself within the tradition of the realist novel as practiced by male novelists. Conversely, she remained distant from, not to say hostile to, the phenomenon of contemporaneous Spanish women novelists writing in an identifiable female voice for a female audience [las llamadas "literatas"]. ("The Female Voice" 103)

Si sus novelas canónicas se consideran pertenecientes a un tipo de escritura "masculina," el realismo/naturalismo, en cambio sus últimas novelas que lidian con los nuevos desafíos socioliterarios del modernismo y en teoría se "feminizan," resultan decepcionantes para la crítica feminista que esperaba "algo más" de la producción de ficción de la gran voz del feminismo liberal español del XIX. Así en opinión de Lou Charnon-Deutsch (1994) la última novela de Pardo, *Dulce dueño,* resulta "repulsive to modern readers," y "is really just an exaggerated version of the bound-for-the-convent ending of so many women's novels" (184). Otro de los factores que sin duda interfiere en esta búsqueda de congruencia ideológica es el conservadurismo de Pardo (en especial en lo relativo a las clases sociales), que tanto contrasta con sus avanzadas ideas sobre la mujer y la literatura. También sobre *Dulce dueño,* Susan Kirkpatrick busca una explicación al decepcionante final (la protagonista renunciando a la construcción de su subjetividad y sometiéndose a los designios del auténtico "dulce dueño," Dios) en la religiosidad y estatus social de la autora: "A pesar de su vivo interés por la modernidad europea, Pardo Bazán estaba firmemente arraigada en una matriz cultural todavía dominada por una realidad rural tradicional, una matriz estructurada por la hegemonía de la oligarquía terrateniente y la Iglesia" (Kirkpatrick, *Mujer, modernismo y vanguardia* 127).

Creo que esta incomodidad, este "no encajar" de Pardo a todos los niveles (en la literatura española, gallega o feminista) es precisamente lo que la hace especialmente atractiva como problema crítico y teórico. Las categorías de nación, región, literatura nacional, masculinidad, feminidad, resultan problematizadas y desnaturalizadas al analizar los intentos por encajarlas y conciliarlas en un discurso que se quiere coherente. La revisión de las estrategias en torno a la creación de cánones nacionales (el español y el gallego) en el momento histórico de su formación nos lleva a cuestionar no sólo la "naturalidad" de los criterios tras esta formación (lengua, pertenencia a determinado espacio geográfico, una a-histórica noción de calidad literaria), sino también la validez histórica o no de determinados gestos (los de Pardo en este caso) que aúnan la complicidad con la resistencia. Al fin y al cabo, Pardo fue mantenida aislada, contenida, castellanizada y masculinizada por la crítica hasta no hace poco. Un hito destacable que ha vuelto a traer a un primer plano crítico los estudios sobre Pardo Bazán en la península ha sido la prolífica labor investigadora y editorial del grupo de investigación formado por los profesores de la universidad de Santiago de Compostela, José Manuel González Herrán, Ermita Penas Varela y Cristina Patiño Eirín, y de A Coruña, Olivia Rodríguez González y José María Paz Gago. La organización de simposios y congresos sobre Pardo Bazán desde el 2004, el trabajo de catalogación y documentación del archivo de la casa-museo de Pardo en La Coruña (reabierta al público en el 2003) y sobre todo la publicación de la revista monográfica *La Tribuna. Cadernos de Estudos da*

Casa-Museo Emilia Pardo Bazán han contribuido a la revitalización de los estudios sobre Pardo Bazán, y reencauzado por senderos de profesionalidad y distancia crítica la históricamente tormentosa relación de Pardo con el espacio cultural gallego y español.

Contextualización histórica y biográfica de Emilia Pardo Bazán

Para poder entender la presencia singular de la escritora en el marco de su tiempo, es importante considerar una serie de datos sobre su vida, formación y momento histórico. Ella misma ofreció al lector una interesada explicación de sí misma (tratando de asegurar su posición como miembro de la alta cultura nacional)[10] en los "Apuntes autobiográficos" que encabezaban la primera edición de *Los pazos de Ulloa* de 1886. Carmen Bravo Villasante y Nelly Clemessy escribieron biografías ya clásicas sobre la escritora, a las que se suman las más recientes de Pilar Faus y Eva Acosta.

Nacida en A Coruña en 1851 de familia aristocrática,[11] desde muy pronto dio muestras de especiales aptitudes intelectuales, que desarrolló gracias especialmente al apoyo de su padre. Bieder ("Emilia Pardo Bazán and Literary Women" 19–20), ha resaltado como desde esta primera infancia y a lo largo de su vida sus mentores son exclusivamente hombres: su padre, Giner de los Ríos, Menéndez Pelayo, Galdós, "Clarín."

Una precoz Pardo publicó sus primeros poemas en revistas femeninas y regionales, para pronto romper con este medio y dedicarse —autodidácticamente— a lo que ella consideraba "estudios serios" (ciencia, filosofía). Debutó en la escena pública de la cultura en 1876 con un ensayo sobre el también gallego Padre Feijoo, que será desde entonces su numen intelectual, como padre de la crítica española, reivindicador de la cultura nacional en un momento de decadencia, y defensor de las facultades intelectuales de las mujeres. La lectura de las primeras obras del realismo español de Galdós, Alarcón y Valera fue para ella el descubrimiento epifánico de la unión de arte y ciencia, lo sensorial y lo racional, lo empírico y lo interpretativo, a que aspiraba su intelecto. Publica su primera novela realista, *Pascual López*, en 1879, pero unos años después, cuando tras su estancia de 1881 en Vichy entre en contacto con la novela realista y naturalista francesa (Balzac, Flaubert, Goncourt, Zola), desechará ese primer ensayo como excesivamente arqueológico. En el prólogo de su nueva novela, *Un viaje de novios* (1881), establece lo que será un credo común a su generación: si la novela española quiere estar a la altura europea, debe proceder a sintetizar la tradición realista del Siglo de Oro con la modernidad positivista, la plasmación objetiva de la realidad presente. En 1883 publica *La cuestión palpitante*, una colección de ensayos sobre el naturalismo en los que valora su faceta renovadora de la novela, pero critica los excesos deterministas del naturalismo a lo Zola. Pese a que no era ni mucho menos una apología de este movimiento literario de origen francés, el libro causó un gran escándalo, especialmente por haber sido escrito por una dama; una de las consecuencias del escándalo fue la separación de su marido, José Quiroga. Desde entonces Pardo adquiere independencia personal y financiera, y una presencia cada vez mayor en el panorama de las letras y cultura españolas; además de sus novelas, publica cuentos y artículos de crítica social y literaria en los principales periódicos y revistas de España e Hispanoamérica, da conferencias en el Ateneo de Madrid, viaja al extranjero y envía reportajes periodísticos, colabora con Lázaro Galdiano en la fundación de *La España moderna;* tiene una intensa relación amorosa con Galdós, con el que mantendrá una estrecha amistad toda su vida (se enfría en cambio y termina en franca hostilidad la relación intelectual entre "Clarín" y "la inevitable Doña Emilia," como la motejaban sus detractores). En el ámbito gallego, a instancias de Antonio Machado Álvarez funda en 1884 la Sociedad "El Folklore gallego," y hace gestiones para la organización de la sociedad folklórica catalana, vasca y puertorriqueña.[12] En 1885 pronuncia en A Coruña su famoso discurso en homenaje a la recientemente fallecida Rosalía de Castro, lo que marca el comienzo de su distanciamiento y enfrentamiento con Manuel Murguía, líder del galleguismo y viudo de Rosalía (con Manuel Curros Enríquez, la otra gran figura del regionalismo de fin de siglo, la rencilla había comenzado ya en 1884 cuando el poeta se cree ver retratado en la caricatura del poeta de provincias protagonista de la novela de Pardo *El Cisne de Vilamorta*). En 1891 muere su padre y se radicaliza su feminismo; durante tres años escribe y publica en solitario la revista *Nuevo Teatro Crítico.* Su escritura empieza a decantarse hacia las nuevas corrientes de realismo sicológico. El "desastre" de 1898 desata en ella una ola de actividad crítica y literaria de autoanálisis nacional; publica los "Cuentos de la Patria" y da una polémica conferencia en París sobre "La España de ayer y la de hoy." Sus últimas novelas,

La Quimera (1905), *La sirena negra* (1908) y *Dulce dueño* (1911) se internan ya en las nuevas tendencias modernistas y decadentistas; entabla una buena amistad con Unamuno. Si nunca fue admitida a la Real Academia de la Lengua, experimentó al final de su vida el reconocimiento público de ser nombrada catedrática de lenguas romances en la Universidad Central de Madrid por el ministro Julio Burell.

Su enorme apertura intelectual, amplia formación cultural y frecuentes viajes y contactos literarios en el extranjero (especialmente Francia) permitieron a Pardo Bazán detectar los cambios en la sensibilidad europea a lo largo del último cuarto del XIX y los primeros decenios del XX: naturalismo, novela sicológica, realismo espiritual ruso, la "novela novelesca," modernismo, decadentismo …

Su labor crítica fue monumental y decisiva para la orientación de los gustos literarios del momento, alcanzando a amplios segmentos de la población gracias a su prolífica actividad periodística. Marisa Sotelo Vázquez, en su síntesis de la actividad de crítica literaria de Pardo destaca su "trabajo colosal," "cosmopolitismo" y "la estrecha relación entre crítica literaria y periodismo" (166). En los apéndices a sus respectivas biografías de Pardo, Carmen Bravo Villasante y Nelly Clemessy han compilado impresionantes listas de sus colaboraciones en periódicos y revistas que la investigación de archivo no hace sino aumentar.

A través de su intensa práctica literaria y periodística, Pardo contribuyó a difundir las nuevas ideas y crear la atmósfera necesaria para la modernización de la novela española. Hasta su muerte en 1921 siguió escribiendo y estudiando incansablemente, contando en su haber literario más de seiscientos cuentos y una veintena de novelas, libros de cocina, de viajes, empresas editoriales y de traducción, además de una abundantísima producción crítica y periodística. Con este libro quisiera contribuir a arrojar más luz sobre las muchas veces tortuosas y complejas posiciones ideológicas, a medio camino entre la subversión y el acatamiento, el rechazo y la aceptación, de y sobre uno de los autores que más contribuyó a formar lo que hoy conocemos como "literatura española," así como, más insospechadamente, a la más joven y emergente "literatura gallega." En el proceso, espero que resulte a su vez iluminado el concepto de literatura nacional y las categorías de poder, especialmente el factor de género sexual, que las componen y delimitan.

Capítulo uno

Emilia Pardo Bazán en el nacionalismo cultural de la generación de 1868

A raíz de la "gloriosa" revolución burguesa de 1868, empieza a decantarse en España por primera vez un grupo de escritores con la conciencia común de tener entre sus manos no sólo una cuestión literaria, sino una crucial cuestión nacional producto de la coyuntura histórica que les tocó vivir. Según el testimonio de la propia Pardo Bazán, su generación era "hija de la revolución de Septiembre [...] no porque en política se le adhiérase toda, sino porque sintió despertarse su inteligencia y definirse sus aspiraciones al rudo embate de los acontecimientos revolucionarios" ("Apuntes autobiográficos" 717).

Entre otros, los estudios de Francisco Caudet, Walter T. Pattison o Eamonn J. Rodgers o Mariano López nos ofrecen abundantes testimonios de la fuerte polémica de fondo nacionalista en la literatura y crítica española en este periodo. Jo Labanyi ("Relocating Difference") insta a considerar la época de la Restauración no como un espacio monolítico, sino como un dinámico foro de debate en el que se articulan distintas posibilidades y fórmulas para la nación. José Manuel González Herrán, en el prólogo a su edición de *La cuestión palpitante,* coincide con Pattison en afirmar que todos estos debates —que se continúan hasta el de regeneracionismo y decadentismo de finales de siglo— responden en realidad a un mismo debate de fondo, el de tradicionalismo frente a progresismo. Labanyi añade la necesidad de considerar el contexto internacional en estos debates, pues en su opinión, las imágenes de circulación y bloqueo que se repiten en textos económicos, médicos, políticos y novelísticos, se deben a las aspiraciones contradictorias de preservar la identidad/miedo a asfixiarse, es decir, la comprensión de la necesidad de asimilar modelos extranjeros al tiempo que se teme la erosión de la identidad nacional. Como veremos en este capítulo, la incorporación de la mujer o no a la esfera pública, en concreto a la literaria, funciona como nodo en el que se unen los argumentos políticos, médicos o económicos que debaten en estos años la configuración de la forma nacional española. Pardo Bazán será, inevitablemente, arte y parte fundamental en este proceso.

Así pues, cuando, en la década de los años 70 y 80 del siglo XIX, escritores como Marcelino Menéndez Pelayo, Leopoldo Alas "Clarín," Juan Valera, Benito Pérez Galdós, José María de Pereda, Armando Palacio Valdés, o Emilia Pardo Bazán entren en polémicas como la del arte por el arte frente al arte docente, el realismo/naturalismo frente al idealismo, o el papel de la mujer en la literatura (de forma egregia en lo que Pardo llamará "la cuestión académica" —la admisión de la mujer o no a la Real Academia—) será en último término de nacionalismo literario —de lo que debía ser literatura española y de lo que no lo era— de lo que estén tratando. Lo que está en juego es, por tanto, la propiedad de la literatura nacional, en varios sentidos: quién produce (quien se apropia de) la "auténtica" literatura española, la literatura apropiada para la nación, y qué "propiedades" debe tener esta literatura.

Este capítulo tiene como objeto, en primer lugar, trazar el contexto del nacionalismo cultural de la generación de 1868, analizando sus peculiaridades (su difícil relación con el referente "nación") y cuáles son esas características o propiedades que se esperan de la "buena literatura española"; jerarquización de valores literarios en dicotomías (española/foránea, buena/mala, esencial/superficial, intelectual/sentimental) que responden a su vez, como observó Hélène Cixous (en Moi 114–15), a la oposición subyacente al pensamiento hegemónico occidental entre masculino/femenino, hombre/mujer. En segundo lugar, me propongo analizar las instancias sintomáticas de disrupción y asimilación que produce la presencia "ilógica" de Emilia Pardo Bazán en una literatura nacional que se quiere "varonil," y cuyos valores, como veremos, la propia autora suscribe al tiempo que los subvierte ya con su mera adhesión y presencia. En las dos décadas que siguen a 1868 se perfilan límites y nóminas de lo que ha llegado hasta nosotros como "literatura española," y Emilia Pardo Bazán, con mucho la figura más controvertida de su tiempo, resulta un foco narrativo crucial, en el que se unen múltiples hilos de esta especie de "novela familiar" (la historia de la literatura española) que se va tramando en estos años. Jon Juaristi, para explicar la fantasía nacional vasca, en *Vestigios de Babel* (102–04), recurre a este concepto freudiano de "novela familiar," una historia ficticia que ennoblece unos orígenes oscuros y confusos. A la luz de lo que se expondrá en estos capítulos, veremos como la historia de la literatura española, como proceso de adulteración y selección de un imaginario nacional colectivo, puede también ser conceptuada como "novela familiar."

Las cuestiones filosóficas (sustancia/accidente), económicas (proteccionismo/liberalismo) y sociales (hegemonía de los valores burgueses, separación de esferas pública/privada, exclusión de la mujer —pues pertenece al ámbito privado-doméstico— y de "las masas sin educar" del foro público nacional, profesionalización de la clase intelectual, etc.), antropológicas y sicoanalíticas (yo/el otro) y de género sexual (semantización nacional de lo masculino/femenino) que integran el nacionalismo cultural español de fines del XIX, subyacen y se superponen en los procesos de exclusión o inclusión de Pardo Bazán en la literatura nacional, muchas veces subsumidos bajo imágenes como "higiene" o "sangre," tomadas de los discursos médicos y eugenésicos en boga en estas décadas.

Como veremos en el capítulo dedicado a ello, el desarrollo del pensamiento nacional, literario y feminista de Pardo hay que entenderlo necesariamente en el marco de este nacionalismo cultural español en el que se le incluye y excluye y que ella a su vez abraza y transgrede.

Algunas consideraciones sobre el nacionalismo literario

Frente a la teoría de los campos sociales de Bourdieu (modelo de análisis cultural transferible a otros contextos), Xoán González Millán ha insistido en la importancia de las particularidades históricas y culturales y la "relevancia de la cuestión nacional [...] en la configuración y estabilidad de los campos literarios, independientemente del grado de efectividad institucional con que funcionan" (226).

Teniendo en cuenta el proyecto comparativo que forma parte de este libro, el recurrir a esta referencia de González Millán no es fortuito. Su estudio del nacionalismo literario se enfoca específicamente en el caso gallego de las últimas décadas, sin embargo sus premisas son aplicables a la situación de legitimación vía el discurso nacional que tiene lugar en la literatura española post 1868.

Para González Millán, el nacionalismo literario es causado por la existencia de una deficiente institucionalización, lo que tiene una

> relación directa con la relevancia del discurso literario en los primeros momentos de articulación de las identidades nacionales. [...] Como tal, este discurso se benefició de su privilegiada situación en términos de apropiación de legitimación social; pero el precio a pagar fue, en muchos casos, alto, puesto que el imaginario literario aparecía controlado por un "macrotexto nacional," que, como "artificio" ideológico y como representación emblemática de una específica ortodoxia nacional, le imponía a los actos literarios individuales una serie de metáforas y formas discursivas, a la vez que privilegiaba determinados géneros y subgéneros. (226)

Si en el caso gallego la identidad nacional se asocia hasta prácticamente los años 80 del siglo XX con la poesía (y, como argumentaré en el próximo capítulo, con determinado modelo de feminidad), el nacionalismo literario de la Restauración privilegia la novela realista como manifestación de un *ethos* nacional que se quiere viril, moderno y europeo, pero asentado en una tradición nacional (Cervantes y el *Quijote*) que se percibía como anticipación de la modernidad.

Max Weber también analiza la relación entre la formación de una élite cultural y la formación de la nación como una simbiosis. Weber define la construcción de una cultura nacional por parte de la clase intelectual en términos de poder y prestigio, que se articulan bajo la forma "nación":

> All those groups who hold the power to steer common conduct within a polity most strongly instill themselves with this ideal fervor of power prestige [...] all those who think of themselves as being the specific "partners" of a specific "culture" diffused among the members of the polity transform the naked prestige of power into other special forms of prestige, and especially into the idea of the "nation." (21)

El nacionalismo post 1868, siguiendo la teoría de Weber, vendría a ser la forma de prestigio bajo la que esta nueva clase intelectual lleva a cabo su ascensión hacia la hegemonía cultural, "to instill bourgeois values, creating national citizens united by common habits of cultural consumption" (Labanyi, "Relocating Difference" 171).

Nos encontramos por primera vez en las letras españolas ante un grupo de escritores que viven o reciben gran parte de sus ingresos de su pluma (profesionalización del campo), que escriben en los mismos periódicos, frecuentan los mismos círculos (Ateneo, tertulias, espectáculos), se reseñan unos a otros y mantienen densas redes epistolares. Es decir, forman un grupo profesional intelectual que se adjudica una misión: mejorar el estatus cultural de España entre las naciones, y con ello su propio estatus como clase. En palabras de Jo Labanyi,

> The writers who were admitted into the national canon, and indeed many other intellectual and political figures, wrote literary reviews (and other journalism) in the national press, indicating to the populace what constituted "good literature," and consequently what people should read if they wanted to be considered worthy members of "Spanish society." ("Relocating Difference" 171)

Sin embargo, pese a esta inicial relación simbiótica intelectuales/nación, progresivamente, a medida que avanzan los "años bobos" de la Restauración y se aproxima el fin de siglo (con el "desastre del 98" en el horizonte), va a cundir el desencanto entre los escritores del realismo, que llegarán, como es palpable en el caso de Galdós, a desechar la posibilidad de un referente real "nación," para dedicarse a construir una patria textual, un nacionalismo puramente literario que compensa en su suplementariedad la ausencia de un centro referencial (una realidad nacional) en el que anclar su ficción.

El lugar de la novela realista en el nacionalismo del XIX: Creación metonímica de una patria textual

La historiografía liberal del XIX establece la guerra de Independencia como momento fundacional de la Nación española (Fox, cap. 3; Álvarez Junco, "Nation-Building" 91–93). Así, Benito Pérez Galdós, en su primera serie de *Episodios Nacionales*, da difusión a la tesis liberal de la revelación de la nacionalidad española con la guerra de 1808 y la consecución de su soberanía en las cortes de Cádiz y la Constitución de 1812. Es también éste el momento en el que, según José-Carlos Mainer, nace de la mano del poeta Quintana la historia de la literatura española como forma de pedagogía nacional (30–31). Mainer califica el informe presentado por Quintana en 1813, abogando por la unión de historia y literatura patria, como momento histórico en el que ambas pasan a ser *asignaturas*, "componentes de la socialización y la identificación nacional del futuro ciudadano" (30).

Sin embargo, estos primeros esfuerzos conscientes de creación de una "nación" y una "literatura española" que mitificó el pensamiento nacionalista liberal, se reducen a lo anecdótico ante la restauración absolutista de Fernando VII y la debilidad de una burguesía que se alía con la aristocracia para mantener formas de dominio económico del Antiguo Régimen. Aunque historiadores como Jover Zamora apuntan a un proceso de modernización y nacionalización en España que se iniciaría con los Borbones ilustrados, otros, como Jean-René Aymes, niegan la existencia de una revolución burguesa que llevara forjándose desde mediados del XVIII y que culminase en la constitución de Cádiz:

> nunca hubo, hablando con propiedad, "revolución" en España entre 1770 y 1814, puesto que es legítimo considerar que el "despotismo ilustrado" no ha sido sino un reformismo conducido desde arriba, al interior mismo del régimen, y que la "revolución liberal de Cádiz" ha podido ser considerada como nula y no ocurrida. (Aymes 24)

En cuanto a la posibilidad de la continuidad de la labor revolucionaria liberal bajo el absolutismo de Fernando VII, Philip Silver desmitifica la afirmación tradicional de la historiografía liberal española de que el espíritu nacional subsistió en los románticos exiliados que luego reintrodujeron en España el "verdadero romanticismo" frente al "falso" de carácter conservador; Silver afirma que "el romanticismo dominante no fue el supuesto 'romanticismo liberal' sino el conservador, reflejo del pacto liberal-conservador entre una burguesía anémica y una nobleza todavía poderosa" (29).

Pese a esto, desde mediados de siglo el moderantismo pactista venía forjando con éxito una imagen de la nación española destinada a perdurar. Hacia la segunda mitad de siglo, las visiones conservadora y liberal de la identidad nacional habían forjado una imagen sincrética que representaba a los españoles a través de la historia "as ever faithful to their traditional identity and zealous defenders of their independence from all foreign contamination"

(Álvarez Junco, "Nation-Building Process" 95). Pero si tanto conservadores como progresistas compartían el imaginario nacionalista de la España heroica legado por la *Historia* de Lafuente, el liberalismo progresista no se limitará a una visión complacientemente retrospectiva; desesperanzado por el contraste entre la grandeza pasada y la debilidad presente, buscará convertir el pasado histórico en proyecto de futuro. Así, Jo Labanyi discrepa de la imagen de inmovilismo y particularismo que se nos ha legado, afirmando que una lectura detallada de la producción crítica y de ficción de los autores realistas muestra que

> [Spain's] intellectual life [...] was dominated by the same debates that were aired in other European countries at the time. I am not here arguing against Spain's historical specificity, but I wish to stress that Spain's cultural life was not as "different" as has often been supposed. ("Relocating Difference" 180–81)

Los líderes de la vanguardia literaria española como Galdós o Clarín encontrarán en la novela realista, signo de los tiempos, expresión de la modernidad, y, como argumenta Benedict Anderson, vinculada a la forja de una comunidad nacional, la perfecta síntesis entre historia y proyecto nacional (*Imagined Communities* 24–32). El krausismo, base moral e intelectual de la revolución de septiembre de 1868,[1] impulsa el entusiasmo con el que los escritores progresistas reciben esta revolución que culminaba el frustrado legado de 1812.

Tomando prestada la ya clásica frase de Eric Hobsbawm, puede decirse que en España, a lo largo del siglo XIX, se había estado llevando a cabo un entrecortado y desigual proceso de "invención de la nación." Gran parte de la historiografía actual parece estar de acuerdo en cuanto a las limitaciones de tal invención. José María Jover Zamora, como Álvarez Junco, resalta la importancia que para el concepto actual de España tuvo el proceso de centralización y nacionalismo llevado a cabo por los moderados de la época isabelina, encuadrado en un movimiento general europeo derivado de las revoluciones de signo nacionalista de 1848. Sin embargo, el nacionalismo oficial que se impone en España "es estrictamente retrospectivo; no va ensamblado con ninguna utopía ni con ningún proyecto de futuro" y "[p]retende dar razón de una situación de llegada" (Jover xc). La historia de España, que había sido monumentalizada e institucionalizada a través de la óptica liberal de

Modesto Lafuente y toda una serie de historias de España que surgen en la segunda mitad de siglo, se convierte en su versión oficial en una mera forma de legitimización y preservación de la situación política presente: "consolida y sacraliza el logro de un Estado centralizado y unitario atento a dos fines: la salvaguarda del orden público y el fomento de los intereses materiales, el primero en función del segundo" (xc). Javier Corcuera concuerda con este análisis:

> desde el segundo tercio del pasado siglo se asiste al desarrollo de una maquinaria administrativa centralizada, racionalizadora del poder y relativamente estable, pero cuyo carácter de instrumento de la oligarquía va, por una parte, a afectar más de lo deseable a su fortaleza, y, por otra, no va a contribuir —sino todo lo contrario— a cohesionar nacionalmente a los españoles. (260)

Cabe por tanto concluir, como hace Borja de Riquer (103), que la fuerza nacionalizadora de este Estado, más destinada a salvaguardarse a sí mismo que a dotar a la sociedad de un proyecto común de construcción nacional, resultara finalmente estéril.[2] Riquer, Corcuera y Álvarez Junco nos dan datos elocuentes sobre la escasa efectividad del estado español en el proceso nacionalizador de la sociedad (mala escolarización, organización del ejército en beneficio de los privilegiados, carencia de símbolos nacionales válidos para todos, etc.). Álvarez Junco ofrece una interesante reflexión sobre los efectos paradójicamente protectores del *status quo* que tuvo la escasa nacionalización y modernización de España. Mientras el resto de Europa estaba enzarzada en una agresiva expansión colonial y un preludio de las guerras mundiales como fue la guerra franco-prusiana, España "faced no external threats, no international enemies, and only a few, brief, colonial wars, whose result [...] could rarely be mentioned as source of pride" ("Nation-Building Process" 98). El fervor patriótico que las guerras producen y los derechos masivos concedidos a la población que había luchado por su patria no tuvieron lugar en España, de ahí, según el historiador, el escaso nacionalismo social español frente al auge de los europeos por estas mismas fechas:

> the decades before and after 1900, when other European powers were at the peak of their power, expanding and conquering the world, coincided with Spain's constant political crisis and impotence. On the other hand, of course, the same neutrality

> presented here as a lost nation-building "opportunity" may well have allowed the weakly integrated Spanish monarchy to survive as a State. (Álvarez-Junco, "Nation-Building Process" 98)

Pero si a la "comunidad imaginada" (Anderson, *Imagined Communities* 6) de la nación española le correspondía todavía una débil realidad social y política en la España de la segunda mitad del XIX, la capacidad de imaginación nacional de las élites intelectuales liberales estaba muy por encima de esa realidad. Tomando a Galdós como figura representativa del pensamiento liberal nacionalista, a través de una serie de sus textos es posible trazar una evolución que va de la esperanza a la frustración, determinada por el fracaso de lo que parecía iba a ser la consecución del ideal de soberanía nacional, la revolución de 1868. El desfase entre el nacionalismo literario y el nacionalismo sociológico hará que la exaltación nacionalista post 1868 desemboque en el desencanto que empieza a permear la literatura de los 1890, y que tiene su epítome en la llamada Generación del 98. La enajenación del proyecto nacional literario de la realidad social española propició la creación del tópico literario de España como problema, anomalía o fracaso, con un vigor tal, que esta problematicidad llegaría a considerarse raíz y clave del ser de España. Santos Juliá afirma que desde el romanticismo cada nueva ideología o grupo político en el poder trató de re-originar la nación española, haciendo tábula rasa y condenando todo lo anterior; el momento en que se considera que se inició la decadencia también varía, llegando al extremo de Ortega, que conceptualiza a España como la historia de un inmenso vacío, de un no-ser ahistórico.

Para contextualizar las estrategias nacionalizadoras y pensamiento literario-nacional de Emilia Pardo Bazán, me gustaría recurrir primero al testimonio crítico y literario de Benito Pérez Galdós. Es importante enfatizar aquí la paradoja —derivada de ese desequilibrio entre el nivel de nacionalización en la sociedad y el de la élite intelectual— a la que llegaron los escritores de la Restauración: la conciencia de estar creando una novela nacional en una nación inexistente. Para los literatos del 68, incluida la propia Pardo, la novela realista se convierte en la cartografía en la que encontrar la auténtica España: una patria textual que coincide en su ciudadanía con la que delimitan los derechos políticos de la Restauración: los escritores la imaginarán soberana y limitada a los hombres ilustrados de clase alta y media (y en esta cuestión del género del sujeto nacional será, como veremos, en lo que discrepe Pardo). Jagoe ha demostrado cómo los narradores galdosianos comparten la visión del mundo del público lector masculino y a él se dirigen sus comentarios: "the implied readers to whom Galdós addressed this essay were upper-middle class men, who alone held political power under Restoration liberalism" (*Ambiguous Angels* 53).

Sin embargo, la esperanza inicial de Galdós sobre la creación de una novela nacional, plasmada en sus "Observaciones sobre la novela contemporánea en España" de 1870 ("[l]a aptitud [novelística] existe en nuestra raza"; 106), va a enfriarse progresivamente ante la indiferencia de la sociedad por el devenir nacional. En 1870 opina que en España no hay novela pese a la extraordinaria sociedad nacional que se le presenta como modelo:

> El gran defecto de nuestros novelistas, es el de haber utilizado elementos extraños, convencionales, impuestos por la moda, prescindiendo por completo de los que la sociedad nacional y coetánea les ofrece con extraordinaria abundancia. ("Observaciones" 105)

En 1881 el problema no es ya de los novelistas, sino que se le despiertan serias dudas sobre el grado de conciencia nacional del pueblo español. El narrador de *La desheredada* de Galdós (1881) comenta que, en vísperas de la marcha de Amadeo I,

> [l]a República entraba para cubrir la vacante del Trono, como por disposición testamentaria. No la acompañaron las brutalidades, pero tampoco las victorias. Diríase que había venido de la botica tras la receta del médico. Se le aceptaba como un brebaje de ignorado sabor, del cual no se esperaba ni salud ni muerte. (231)

Esta indiferencia, y el posterior fracaso de la I República española de 1873, eran síntomas de la débil encarnación del concepto de soberanía en el cuerpo nacional español. Corcuera coincide con la conclusión de Galdós. Basándose en la teoría gramsciana que sitúa la revolución burguesa en el origen de la nación, Corcuera divide los procesos revolucionarios en dos tipos: procesos activos, como lo fue la francesa de 1789, con transformaciones sociales radicales impulsadas por una clase hegemónica; o revolución pasiva: una mera revolución en la superestructura con absorción gradual de grupos aliados que ejercen un simple dominio, falto de hegemonía y dirección. El proyecto nacional español, concluye Corcuera, pertenece a lo que Gramsci llamó revolución pasiva, que al carecer de una clase hegemónica dirigente va a "adolecer de una extraordinaria endeblez" (Corcuera 253).

El desencanto que impregna el texto galdosiano "La sociedad presente como materia novelable" de 1897 presenta ya un panorama desolador. En este discurso, leído en su entrada en la Real Academia, Galdós califica la situación de la España de la Restauración borbónica como de "hoyo pantanoso en que nos revolvemos y asfixiamos" (161), y a la sociedad española como "muchedumbre consternada, que inventa mil artificios para ocultarse su propia tristeza" (161). Describe la desnacionalización de esta sociedad en estos términos: "Pueblo y aristocracia pierden sus caracteres tradicionales [...] La llamada clase media, que no tiene aún existencia positiva, es tan sólo informe aglomerado de individuos procedentes de las categorías superior e inferior, [...] enorme masa sin carácter propio, que absorbe y monopoliza la vida entera [...]" (161–62).

Galdós no sólo responsabiliza a la sociedad de este marasmo paralizante; la culpa es sobre todo del Estado. En *Cánovas* (1912), el último de los *Episodios Nacionales*, Galdós glosa con rabia mordaz la frustración de las esperanzas históricas de los nacionalistas liberales tras la revolución de septiembre. En este texto Galdós patentiza de forma ejemplar el alejamiento que experimentan los intelectuales de la Restauración tanto del Estado ineficaz y dominado por la Iglesia como de un pueblo que ya no es el "héroe" de la guerra de Independencia, sino que ya está convirtiéndose en amenazadora masa:

> Los políticos se constituirán en casta, dividiéndose, hipócritas, en dos bandos igualmente dinásticos e igualmente estériles, sin otro móvil que tejer y destejer la jerga de sus provechos particulares en el telar burocrático. No harán nada fecundo; *no crearán una nación;* no remediarán la esterilidad de las estepas castellanas y extremeñas; no suavizarán el malestar de las clases proletarias. Fomentarán la artillería antes que las vías comerciales y los menesteres de la grande y pequeña industria. Y, por último, verás si vives, que acabarán por poner la enseñanza, la riqueza y, el poder civil y hasta la independencia nacional, en manos de lo que llamáis vuestra Santa Madre Iglesia. (179; el énfasis es mío)

La necesidad de controlar esta nueva faceta peligrosa de las masas a través de un proceso de nacionalización adecuado asoma en ese "no suavizarán el malestar de las clases proletarias," y hasta qué punto nos encontramos ante un proyecto literario-nacional de la clase media. Iris Zavala en *Ideología y política en la novela española del siglo XIX* analiza el temor al desorden social de los escritores realistas, tanto de los conservadores como Pereda como de los más progresistas como Galdós. Zavala argumenta que el rechazo al folletín de los novelistas del realismo se debió sobre todo a que en la temática folletinesca había un mayor grado de compromiso social y resultaba mucho más atractiva para el público popular. En línea con esa fusión de nacionalismo e intereses de clase, Labanyi describe el carácter a-español con que la crítica decimonónica descalifica al folletín y la novela popular ("Relocating Difference" 171).

Las carencias que, según Galdós, impiden que España se desarrolle como nación, vienen a ser el reverso de las premisas que Anderson señala como bases de la construcción nacional: una secularización que deje paso a la religión cívica del nacionalismo, desarrollo del capitalismo industrial y el comercio —creándose un mercado nacional—, expansión de la clase media, y una pedagogía nacional a través de la enseñanza, controlada por el Estado, que contribuya a que la sociedad se consolide como nación. El elevado índice de analfabetismo dificultaba, como ha estudiado Borja de Riquer, la formación efectiva de una conciencia nacional; esto marca una gran diferencia entre la situación española y la de otros nacionalismos culturales. En 1875, según datos de Jesús Martínez en *Lectura y lectores en el Madrid del siglo XIX*, hay en España un 75% de analfabetos, frente a un 16% en Francia. Aunque sin lugar a dudas el público lector (mayoritariamente urbano) había crecido muchísimo en la segunda mitad del siglo —gracias a la mayor facilidad de adquisición del sistema de publicaciones por entregas, así como la costumbre de lectura pública en fábricas y talleres—, la baja escolarización y el persistente analfabetismo impedían que la recepción de las obras pudiera tener una influencia generalizada en las mentalidades a nivel nacional, como proyectaba Matthew Arnold en su patria y era efectivo en otros países europeos. La queja ante la falta de público lector, de suscriptores de revistas, de compradores de libros, ante la ignorancia del pueblo, es una constante en los artículos de la época en España, en especial, como veremos, de Emilia Pardo Bazán.

A la luz del testimonio galdosiano como portavoz de su generación, podemos consignar la peculiar situación del nacionalismo cultural de la Restauración que se mencionaba al principio de estas páginas: la conciencia progresiva de los hombres de letras del 68 de estar escribiendo una novela nacional sin nación, desarticulada entre un estado inoperante y una sociedad desnacionalizada. La hipertrofia o hipertextualidad del nacionalismo cultural español[3] (convertido en referente de sí mismo, a falta de una nación "real"), lo va a diferenciar de otros nacionalismos culturales decimonónicos europeos que sí tenían una relación efectiva entre la sociedad y la cultura, y una colaboración fructífera entre el Estado y sus intelectuales, como el de Francia o Inglaterra —modelos habituales en los estudios anglocéntricos del nacionalismo—. Así, Edward Said en *Representations of the Intellectual*, ejemplifica con el inglés Matthew Arnold y su libro *Culture and Anarchy* (1869) el tipo de colaboración entre los intelectuales y el Estado que contribuyó a la forja de las naciones en el XIX. La función del intelectual, según Arnold, era "to show them [a los ciudadanos] that the best ideas and the best works of literature constituted a way of belonging to a national community" (citado en Said 30); estas premisas fueron adoptadas por el Estado británico a la hora de determinar los programas de enseñanza en las escuelas (Bertens).

Tampoco parece poder aplicarse al caso peninsular la relación alegórica que Doris Sommers establece entre la nación y la novela latinoamericana del siglo XIX. La alegoría, dice Sommers, "would describe two parallel levels of signification: transcendent and immanent. These are temporally differentiated, with the latter revealing or 'repeating' the anterior level of meaning" ("Allegory and Dialectics" 63). En la lectura de estos textos fundacionales que hace Sommers basándose en la teoría de Walter Benjamin sobre la alegoría, estos dos niveles de significación (trascendente e inmanente) se construyen mutuamente en una tensa y simultánea relación dialéctica, lo que permite ejercer un pensamiento crítico frente a la a-historicidad trascendente del símbolo; en el caso de la alegoría nacional, los dos términos que se alegorizan son el conjunto social que se imagina nación y la imagen nacional que proporciona el texto. En el caso español, sin embargo, uno de los dos polos de la relación alegórica (la sociedad/nación) estaría ausente, lo que haría esa dialéctica de la construcción nacional inviable.

Hemos visto como la "ecuación de Estado-nación-pueblo" que "imprimió su carácter sobre Europa con el ascenso del liberalismo y la formación del Estado liberal, sobre todo durante los años 1830–1880" (Fox 19) no llegó, en opinión de los intelectuales del 68, a producirse en España. Partiendo de esta premisa, propongo que la relación entre literatura y nación que establecen los intelectuales de 1868 no responde a un modelo de dialéctica alegórica ni de trascendencia simbólica, sino a un modelo de sustitución metonímica en forma de sinécdoque. Puesto que para los escritores de 1868 la sociedad española de la Restauración es considerada inoperante como "nación," procederán a desplazar este concepto a su escritura; la narrativa realista sería la forma más adecuada de realizar este desplazamiento, pues, como señala Terry Eagleton, "[s]ome literary forms —realist prose, for example— tend to be metonymic, linking signs by their associations with each other" (86), "the 'metaphorical' world of the mirror" dejando paso al "metonymic world of language" (145). La polifonía y simultaneidad de la novela realista, creadora de sujetos y subjetividades, no establece una relación especular con la sociedad contemporánea, sino que ésta, convertida en materia novelable, no es sino el mero "qué" que autoriza al invisible "cómo" de la enunciación realista a desplazar a la novela (el contenido manifiesto, en términos freudianos) no sólo la representación, sino el "ser" (el contenido latente) de la inaprensible realidad nacional. Del mismo modo que, al separarla de la irrealidad de la ficción folletinesca, los novelistas del realismo adjudican autoridad como "realidad" a su ficción novelística, la identidad nacional que alienta en sus textos se convierte en el parámetro de "realidad" con el que se mide la irrealidad o inautenticidad de la sociedad española. Galdós, preludiando a Unamuno,[4] afirma que la literatura, ante la indefinición presente de la sociedad, era el único instrumento que permitía determinar la "castiza verdad" ("La sociedad" 162). El arte literario, afirma Galdós, construye una realidad al margen de los vaivenes de la sociedad: "la literatura narrativa no ha de perderse porque mueran o se transformen los antiguos organismos sociales" (165). Si para Unamuno el costumbrismo o realismo, excesivamente localistas, no podían capturar la esencia del "casticismo eterno," para sus predecesores de la Restauración, a la luz de sus propias teorías sobre la novela y su crítica literaria, la novela realista constituye una forma de desplazamiento metonímico de la construcción nacional: en la ficción del texto realista se hacían "realidad" la autoridad (subjetividad) enunciativa, la conciliación de tradición y modernidad, la recuperación del prestigio internacional, la protección de un mercado nacional y del intelectual como clase profesional, y el control de la sexualidad y los roles de género sexual que la debilidad de España como nación le impedía llevar a cabo.

Si consideramos la relación entre la novela realista y la nación en términos de metonimia, y el movimiento de significación de la metonimia-sinécdoque como uno que va de la contigüidad a la separación (corte o selección en un todo de su parte más significativa, más pura), no será extraño encontrar expresadas estas relaciones por medio de un discurso médico que habla de enfermedad, contagio, y necesidad de purificar o cortar (separando en el canon nacional lo propio-auténtico-sano de lo ajeno-inauténtico-enfermo). En sus "Observaciones sobre la novela contemporánea en España" de 1870, Galdós describe así el mal que asola al corpus literario nacional[5]:

> [A]quí se lee mucho [...] Pero esta gente que lee [...] se abastece en un mercado especial. El pedido de este lector especialísimo es lo que determina la índole de la novela. El la pide a su gusto [...] y es preciso servirle. Aquí tenemos explicado el fenómeno, es decir, la sustitución de la novela nacional de pura observación, por otra convencional y sin carácter, género que cultiva cualquiera, peste nacida en Francia, y que se ha difundido con la pasmosa rapidez de todos los males contagiosos. (107)

La causa del malestar de la novela española radica en el gusto indiscriminado del público que la consume ("El la pide a su gusto [...] y es preciso servirle"), y la venalidad de aquellos que se pliegan a satisfacer la urgencia de este deseo, produciendo, frente a la "pura" observación que apela a las facultades intelectuales, una literatura prostituida, "género que cultiva cualquiera," destinada a satisfacer los placeres más bajos del morbo y sentimentalidad. Como consecuencia de esta promiscuidad y venalidad de público y escritores, la pureza de la literatura nacional está corrompida por una "peste nacida en Francia," es decir, un "mal francés." Teniendo en cuenta que el mal francés por excelencia es la sífilis, y que el origen de esta enfermedad venérea era la prostitución femenina, la metáfora médica empleada por Galdós adquiere significativas implicaciones sobre el género sexual que se adjudica a la genuina novela española. Bridget Aldaraca analiza la asociación que se establece en los textos del XIX entre el lujo y la lujuria (como una pasión/enfermedad femenina por modas superfluas, costosas e importadas que amenazan la economía nacional/la masculinidad) a través de la figura de la contagiosa sífilis. Para la ansiedad masculino-burguesa que transpira en esta cita de Galdós, en la figura de la sífilis (originada en las clases bajas proletarias) se asocian cultura de masas y mujer, los grandes "otros" del nacionalismo literario del realismo (Labanyi, "Relocating Difference" 171–72). De hecho, como ha analizado Andreas Huyssen y ha visto entre otros Stephanie Sieburth para el caso peninsular, la "baja cultura" frecuentemente se feminiza como categoría descalificadora, o viceversa, la literatura de mujeres es asociada a la "baja cultura," circunstancia que, como veremos en el capítulo 4, se agudiza en el modernismo. No es casual que el discurso médico de la higiene, dirigido en especial a combatir las enfermedades venéreas (Jagoe, "Sexo y género" 323), tenga su contrapartida literaria en la crítica "higiénica y de policía" que practica "Clarín," destinada a extirpar la mala literatura (sentimental, afeminada, extranjerizante) en pro de una pura y varonil literatura nacional.

El carácter metonímico de la novela realista no se produce sólo en el desplazamiento y sustitución de la nebulosa sociedad nacional por la mayor capacidad significativa de su representación novelística. También se practica la metonimia (el corte fetichista) con respecto a la totalidad de la historia de la literatura española, con las mismas implicaciones de género sexual que supone toda dicotomía jerárquica. Como establece George Mosse en *Nationalism and Sexuality*, a lo largo del XIX se produce una polarización de las categorías de género sexual, asociándose firmemente lo masculino con hegemonía y poder y lo femenino con debilidad y subordinación.[6] Así, frente a la "afeminada" literatura de mediados de siglo[7] y de la centuria anterior, los hombres del 68 se presentan como continuadores del realismo "viril" de la época de hegemonía imperial española. José-Carlos Mainer, en "La invención de la literatura española," recuenta este proceso de selección de su propia historia que lleva a cabo la crítica de la literatura española post-isabelina. Según Mainer, en el periodo de la Restauración se agudiza la idea de "canon roto," rechazando los hombres de letras de la Restauración parte de la historia literaria (la época ilustrada y el romanticismo) como "poco española" (afeminada)[8] y viéndose a sí mismos como continuadores de la auténtica literatura nacional, el realismo imperial del Siglo de Oro.

Este movimiento de amputación, corte y sutura metonímico, "restaura" (recupera el falo/fetiche, aleja el fantasma de la castración creadora) la cultura española y le permite acceder de nuevo a la escena pública de la literatura europea.

Veamos cómo tuvo lugar el progresivo consenso entre intelectuales liberales y conservadores que consagra a la novela realista como recuperadora del falo, restauradora del honor (de la masculinidad) de España entre las naciones; honor, vitalidad, masculinidad, que recurriendo a las imágenes biológicas tan del gusto de la era del positivismo, se traducen muchas veces en la imagen de la sangre que vuelve al cuerpo nacional-literario (es decir, un cuerpo no femenino, abierto y debilitado por sus pérdidas de sangre cíclicas, sino un cuerpo masculino bien delimitado, sanguíneo, lleno de potencia creadora). Jagoe ("Sexo y género" 333–35), en su análisis de la menstruación como "enfermedad" femenina que explica su debilidad congénita, cita del texto *El amor* de Michelet, ampliamente leído en España en la segunda mitad del XIX: "quince o veinte días en cada veintiocho (puede decirse casi siempre), la mujer no es en realidad únicamente una enferma, sino una herida" (334).

La sangre recuperada: La novela realista como restauración nacional

En su exhaustiva "historia externa" del naturalismo español, Walter T. Pattison señala que la polémica en torno al naturalismo y al realismo era una prolongación del conflicto entre liberalismo y tradicionalismo, la "segunda fase de la batalla sobre el libre examen" (Pattison 28) comenzada por krausistas y positivistas. Como describe Pattison, hubo una confusión inicial en el empleo de los términos, y finalmente se optó por el de realismo frente a las connotaciones de pornografía y afrancesamiento que arrastraba el naturalismo.[9] Desde 1879, fecha en la que empieza a hacerse familiar la obra de Zola a los españoles, el debate que en la década anterior había girado en torno a los conceptos de "arte docente" o "arte por el arte," se reencarna ahora en el de "realismo/naturalismo" versus "idealismo." Bajo la influencia de pensadores y científicos como Darwin, Spencer, Comte y Claude Bernard, la juventud intelectual española rinde culto al progreso y a la ciencia experimental; esto hizo que se acogiera con entusiasmo la idea de "novela científica," que postulaba el naturalismo francés. La novela naturalista dejaba de ser un mero entretenimiento y pasaba al estatus de "estudio social."

Los tradicionalistas, como Pereda, Valera, Alarcón o Menéndez Pelayo, en un principio se revuelven contra lo que consideran una intromisión de lo decadente francés en las sanas —idealistas— costumbres literarias españolas. Pero el realismo se acaba imponiendo (incluso los más acérrimos defensores del naturalismo, como Clarín, acabarán prefiriendo la denominación más castiza de "realismo," pues como realistas se tenía a los mayores artistas del Siglo de Oro), y desde 1883 a la década de los 1890 tanto conservadores, como Menéndez Pelayo, como progresistas, como Galdós, lo abrazarán como restauración de la literatura española desvirtuada (emasculada) a lo largo del XVIII y lo que iba del XIX. La propia Pardo Bazán caracterizaba a los que se oponían al realismo y naturalismo como afeminados, decadentes y conectados a lo francés o subversores del orden social:

> [E]n las polémicas sobre realismo y naturalismo, se dan la mano los pacatos y vaporosos neocatólicos admiradores de Lamartine con los socialistas sectarios de Proudhón, y los almidonados secuaces del clasicismo académico con los bohemios astrosos rezagados de la generación romántica, que consumen sus inútiles días en cafetines y lugares menos santos aún. (*De mi tierra* 156)

Como anticipaba la analogía médica de Galdós (la literatura anterior a la aparición de la novela de observación como peste, "mal francés"), la elección del realismo como género nacional por excelencia radica en una política poética destinada a curar, purificar la nación literaria, devolviéndole la virilidad perdida por el contagio femenino-francés. Este tenía sus raíces en el siglo anterior, marcado por el cambio de una dinastía "nacional" a una dinastía "extranjera," los Borbones franceses.

En "Don Ramón de la Cruz y su época" (1871), Galdós afirma que "siempre que hacemos historia nos vamos derechos a los amados siglos XV y XVI, donde tenemos nuestra mitología," pues "desde 1680 hasta la edad presente," "ni nos admira la Historia, ni nos seduce la Literatura, ni nos enorgullecen las costumbres"

(1229).[10] Se lamenta de la sociedad del XVIII, "[s]ociedad de debilidad y afeminación" (1232), en la que imperaba la moda de las academias, presididas por las mujeres; "los académicos y las académicas se inclinaban naturalmente al idilio, el género femenino por excelencia" (1233). Una vez más, el principal culpable de la degeneración/afeminación es la pestilencia francesa: "La introducción de la cultura francesa en nuestras costumbres produjo [...] muchas monstruosidades y ridiculeces [...] su afeminación no tuvo límites" (1243). "Compárese," exhortaba Galdós, la literatura dieciochesca "con la poesía de las épocas viriles y bien caracterizadas, hija espontánea del espíritu nacional" (1233). Si Galdós extiende el periodo de afeminación de 1680 al momento de escritura de este ensayo (1871), el escritor ve entonces su proyecto de novela realista como nuevo género nacional en términos de una revolución cultural que devuelva la virilidad (la sangre perdida en el periodo de debilidad femenina) al corpus literario hispano, del mismo modo que "las revoluciones del siglo presente infundieron nueva sangre en su cuerpo [de España] gastado y dolorido" (1254).

Marcelino Menéndez Pelayo también recurrirá a figuras retóricas de sangre vertida y mutilación para resaltar la recuperación de la masculinidad nacional que supone la novela realista. Como todos los tradicionalistas, Menéndez Pelayo se había resistido inicialmente a la nueva novelística, que asociaba con la heterodoxia krausista y positivista, pero en su discurso de acogida a Galdós en la Real Academia de la Lengua en 1894, el crítico santanderino opina ya junto a los intelectuales liberales que la prosa de ficción realista era el género español por excelencia. Es decir, 24 años después del escrito inaugural de Galdós se ha producido ya una conciliación de intereses en la clase intelectual en torno a la novela realista como género nacional.

Repasando el carácter nacional de la literatura desde el XVIII hasta su presente, Menéndez Pelayo coincide con Galdós, afirmando en su discurso que "[e]l arte de la prosa narrativa de casos ficticios, arte tan propio nuestro, [...] había cerrado su triunfal carrera a fines del XVII" (86) ya que durante el XVIII "la musa de la novela española permaneció silenciosa," pues ni los escasos ingenios de la época ni el vulgo "desavezado" en la lectura daban más de sí. Durante el romanticismo tampoco se crea auténtica novela nacional: aunque hay más "ingenio," "de la historia de su patria sabían poco [...] por lo cual rara vez sus representaciones de costumbres antiguas lograron eficacia artística" (87). Hasta que, por fin, la aparición de la narrativa de Galdós rescata la literatura nacional de este marasmo de casi dos siglos: "entre ñoñeces y monstruosidades, dormitaba la novela española por los años de 1870, fecha del primer libro del señor Pérez Galdós" (89). Galdós, afirma Menéndez Pelayo, merece ser alabado sobre todo por su creación, con sus *Episodios Nacionales*, del "simulacro augusto de la Patria, mutilada y sangrienta, pero invencible, doblemente digna del amor de sus hijos por grande y por infeliz" (91). A través del simulacro augusto, la prótesis imperial de la ficción realista, el falo se sutura, el significado se recupera; la narración nacional interpela a los sujetos lectores —masculinos— desde una trama folletinesca de grandeza caída y nobleza pisoteada, de proyecto truncado de masculinidad que su generación está llamada a completar. El simulacro realista muestra la pérdida al mismo tiempo que anuncia e incita en su propia premisa estética a la recuperación, la reconexión con el pasado y gloria perdidos.

Clarín, tan alejado ideológicamente de Menéndez Pelayo, realizaba declaraciones en línea con esta trama nacional de pérdida/ recuperación de poderío intelectual / identidad nacional / masculinidad:

> Algunos autores, pocos todavía —pero ya serán muchos—, sintiéndose llenos de fuerzas adecuadas, han emprendido la meritoria empresa de remover y conmover la conciencia nacional, y hablando a la fantasía de nuestro pueblo con poderosas imágenes, llenas de frescura, originalidad y *sabor de patria*, despiertan en él los dormidos gérmenes del pensamiento reflexivo de un sueño de siglos. (*Teoría y crítica de la novela española* 92; énfasis en el original)

Así pues, según el común acuerdo de intelectuales conservadores y liberales, el realismo podía ser reivindicado como *tradición genuina española*, y vinculado con el periodo de mayor esplendor político y cultural de la ahora decaída y subalterna España. Cervantes, Lope, la picaresca, Velázquez, Zurbarán, las obras de la España imperial, son invocadas como antecedentes directos de esta resurrección del realismo. El propio Galdós no duda en utilizar la fanfarria imperial (cuando el imperio español estaba en su última fase de descomposición) para reclamar el estatus de gloria que le corresponde a la literatura española en el mundo.[11]

> El antiguo imperio español subsiste aún en la literatura, y donde quiera que se hable español, un libro hermoso, ya se escriba a la sombra del Guadarrama, ya al amparo de los Andes, es un lazo de unidad indestructible. Los versos de Núñez [de Arce] son en la edad presente los soldados de esta conquista pacífica que lleva la bandera de Castilla por donde antes la llevaban los guerreros ansiosos de sangre y oro. (*Obras inéditas* 3: 164)

Lo único que empañaba este proyecto cultural neoimperial era el supuesto origen transpirenaico del realismo del XIX, la influencia en la novela española del realismo francés e inglés, y en especial de la novela naturalista francesa. Para subsanar este problema, Galdós, Pereda o Menéndez Pelayo coinciden en el mismo razonamiento: aunque el movimiento naturalista se hubiera originado en Francia, su adopción en España —podándolo de los excesos positivistas— es legítima pues no es sino la *repatriación* de una idea española.

Con la práctica de una literatura realista se procedía a retomar de los franceses e ingleses lo que éstos habían copiado del realismo español del Siglo de Oro, y que reaparecía ahora en la obra de Dickens, Flaubert, Zola o los Goncourt. Así lo declaraba Galdós en el prólogo a *La Regenta* (de Clarín) de 1901:

> [E]l llamado Naturalismo nos era familiar a los españoles en el reino de la Novela, pues los maestros de este arte lo practicaron con toda la libertad del mundo, y de ellos tomaron enseñanza los noveladores ingleses y franceses. Nuestros contemporáneos ciertamente no lo habían olvidado cuando vieron traspasar la frontera el estandarte naturalista, que no significaba más que la repatriación de una vieja idea; en los días mismos de esta repatriación tan trompeteada, la pintura fiel de la vida era practicada en España por Pereda y otros, y lo había sido antes por los escritores de costumbres. (*Ensayos de crítica literaria* 198)

Si, como propone John Hutchinson, el objetivo del nacionalismo cultural es "to restore their country to its former standing in the world, by constructing a modern scientific culture on the ethnic remains of the folk" (127–29), el realismo/naturalismo se mostraba como el vehículo ideal para la restauración de la literatura nacional española. Clarín reclamaba una novela que fuera a la vez nacional y moderna, cosmopolita: "la mayor parte de los lectores [...] quieren pensar en español, necesitaban una novela también nacional, pero que tratara esas cuestiones cosmopolitas, *católicas* [en el sentido de universales], que son la esencia de la vida" (*Teoría y práctica de la novela* 94).

El realismo suponía esta realización textual del compromiso entre modernidad y tradición necesario para la tarea común de construir la nación,[12] para lograr ese prestigio internacional que, siguiendo a Max Weber, constituye la "misión cultural" de los intelectuales nacionalistas. Así Clarín, para quien el regreso al realismo/naturalismo suponía el retorno a abandonadas tradiciones patrias, "despertar de un sueño de siglos," lo consideraba también epítome de la modernidad: "es cierto que [el naturalismo] sigue la corriente general de la vida moderna, que [...] tiende en todos los órdenes a preocuparse más con la realidad y a estudiarla y aprovechar eficazmente a lo que ella es, y no a lo que a priori se supone que sea" (*Teoría y práctica de la novela*d 106).

Sin embargo, en este discurso nacionalista, en su interpelación ideológica del público lector para que se reposicione en su identidad sexual-nacional, subyacen cuestiones claramente materiales. El nacionalismo literario de la "generación de 1868" obedece a un contexto económico preciso, la debilidad de la producción española frente a las otras producciones europeas —sobre todo francesas— con quienes competía. En la crítica de esta generación encontramos con frecuencia la invocación de la instancia "nación" para proteger su producción textual, sus intereses socioeconómicos como clase intelectual en formación. Como defensa frente al librecambismo (la "sangría") de España-Estado, abogarán por el proteccionismo intelectual de España-nación; de nuevo, se busca un cierre del cuerpo nacional para recuperar "fuerzas," un corte del flujo sin fronteras, de la "inundación" de productos extranjeros, para reconstituirse como mercado cultural, y así poder competir en igualdad de condiciones con los otros mercados nacionales.

Realismo y economía: Proteccionismo cultural y formación de una clase intelectual

Raymond Carr comenta cómo desde mediados de siglo la economía española está prácticamente colonizada por la francesa:

> That so much of the energy of expansion had come from Paris meant that Spain was in danger of becoming an economic dependency of France; the Pereire brothers and the Rothschilds

> looked as if they might accomplish by their capital what Napoleon I had failed to accomplish by his arms. (271)

El campo de producción cultural experimenta la misma ansiedad ante la nueva "invasión" o colonización, y la une además a la creciente preocupación de la burguesía ante el proletariado industrial, que camufla en un discurso heredado del desdén secular en la Península ante el trabajo manual, venal y no "liberal"; el verdadero arte debe de ser una cuestión espiritual y desinteresada. Este discurso secular se remoza con las nuevas formulaciones estéticas con énfasis no ya en el sentimiento, la moral y la ética (que harían de la novela un arte "servil"), sino en los poderes intelectuales de "pura" observación y representación. Así Galdós había denunciado como culpable de la lamentable desnacionalización (léase afrancesamiento) de la literatura española a la novela folletinesca, producto industrial de consumo para las "masas." Menéndez Pelayo describía con igual desprecio la novela anterior al realismo como "arte industrial": "El arte de la novela se había convertido en granjería editorial; y entregado a una turba de escritores famélicos, llegó a ser mirado con desdén por las personas cultas" ("Don Benito Pérez Galdós" 247). Jean-François Botrel interpreta este rechazo de los realistas al sistema del folletín por entregas como una forma de defender el estatus socioeconómico del escritor como clase profesional. Así mismo, Susan Kirkpatrick ("Ideology of Costumbrismo"), al analizar la ideología del costumbrismo que precede al realismo, afirma que cuando el escritor apela a la forma "nación" lo hace para defender y dar un lugar a esta nueva profesión dentro de la sociedad moderna. Pierre Bourdieu en *The Rules of Art* declara que el realismo en sus primeras etapas es "a partial and abortive revolution: it does not really challenge the confusion of aesthetic value and moral (or social) value" (105), revolución que Flaubert, con su énfasis en el estilo, en la forma de representar, y no en el objeto representado ("to write the mediocre well" [106]), se encargará de radicalizar y generalizar en el camino hacia la consecución de una estética pura. "Clarín," Galdós o Pardo Bazán insistirán también en sus escritos críticos en esta autonomía del campo literario, autonomía que, según Bourdieu, permite la aparición de la figura del intelectual que en nombre de las normas de su campo interviene ("desinteresadamente") en el campo político (129). Sin embargo, enlazando con las matizaciones que al inicio de este capítulo Xoán

González Millán le hace a Bourdieu, a la luz de lo expuesto hasta ahora podemos aseverar que esta afirmación de Bourdieu no funciona para el contexto de los escritores realista españoles:

> [T]he field of cultural production [...] reasserts against all reasons of state the irreducibility of the values of truth and justice and, at the same stroke, the independence of the guardians of these values from the norms of politics (those of patriotism, for example) and from the constraints of economic life. (*Rules of Art* 129)

Las frecuentes invocaciones a una "misión nacional" por parte de los miembros de la generación realista servían como defensa de la profesión de escritor, de su estatus social como intelectual *nacional* ante la proletarización/desnacionalización causada por el sistema de folletines, que, según José Montesinos, era "una imitación industrial y comercial [de Francia], además de literaria" (112).

El discurso nacional-cultural de los realistas era muy consciente de la tremenda importancia del factor económico y del rol del estado en la defensa de una economía nacional. La solución no sólo para la creación de una economía española que pueda competir con la europea, sino para impedir el creciente malestar y conatos disgregadores en la periferia regional era el proteccionismo. Así, Galdós justificaba la ideología regionalista como la defensa de la economía regional frente a los perjuicios del librecambismo estatal (que favorecía la entrada de los productos extranjeros). En su ensayo "El regionalismo" Galdós afirma que los movimientos regionalistas no son sino una cuestión de economía; las regiones sólo buscan protegerse, pues el librecambismo estatal provoca que el arroz valenciano no pueda competir con los precios más bajos del indio, o el trigo castellano con el estadounidense, o la industria textil catalana con los productos más baratos de Inglaterra y Alemania (*Obras inéditas* 3: 185–87).

Del mismo modo, la celebración e hispanización del realismo constituye una defensa ante el producto extranjero que estaba inundando el mercado literario español; la defensa de la profesión literaria empezaba por la protección del mercado español de la invasión de obras francesas. Galdós insiste repetidas veces en esta relación entre "inundación" intelectual y comercial:

> En la novela de impresiones y movimiento, destinada sólo a la distracción y deleite de cierta clase de personas, se ha hecho

> aquí cuanto había que hacer, inundando la Península de una plaga desastrosa, haciendo esas emisiones de papel impreso, que son hoy la gran conquista del mercado editorial. (*Ensayos* 108)

Galdós recurre otra vez al vocabulario médico para describir la infección de la literatura española por la "plaga desastrosa," la novela folletinesca de origen francés; el discurso médico en torno a la literatura nacional aparece aquí como refuerzo de un discurso económico específico. Al describir la producción de textos como "emisiones de papel impreso," con la misma terminología que describe la fabricación de papel-moneda, Galdós establece un significativo paralelismo entre el mecanismo económico del texto y el del dinero. La inundación del mercado por el texto/moneda folletinesco, producido en masa —sin un referente "nación," de la misma forma que como observa Labanyi (*Gender*) el papel moneda se emitía sin el referente "patrón oro"—, había provocado una inflación y devaluación del texto literario en el mercado editorial español. Si bien aquí también resuena el discurso nacionalista (afrancesamiento como "*conquista,"* subordinación a una potencia literaria extranjera) unido a un discurso médico-moral (infección de la literatura nacional por una "plaga desastrosa"), a ambos se les superpone este discurso económico que revela una más tangible preocupación de la clase intelectual española por la recuperación del devaluado mercado editorial nacional. Siguiendo este patrón discursivo, la empresa de restauración de la literatura nacional (el regreso del naturalismo que España había previamente exportado a Francia) es descrita abiertamente por Galdós en términos comerciales: "Recibimos, pues, con mermas y adiciones (y no nos asustemos del símil comercial) la mercancía que habíamos exportado" (*Ensayos* 199). Incluso Pardo Bazán, que por su posición social no dependía tanto como otros de los ingresos procedentes de su pluma, rompió más de una vez una lanza por el "producto nacional" de calidad, y la necesidad de crear un mercado para este producto:

> Ni cuantitativa ni cualitativamente se lee novela en España. De la cantidad hablen los autores que imprimen y los libreros que venden; de la calidad hablen los aficionados numerosos que tiene Montepin y los asiduos lectores de folletines traducidos en galiparla. La novela seria y honda muere aquí sin eco; ni la crítica la comenta ni se entera la gente de su aparición. (*La revolución y la novela en Rusia* 879)

Por los mismos años, el crítico José de Revilla corrobora estos argumentos económicos, estableciendo una conexión directa entre la economía nacional y la nacionalización de la literatura:

> Cuando en España se lleguen a crear intereses nacionales, esto es, cuando tengamos extenso comercio marítimo, bonancible y creciente la industria y el tráfico, más extensa y próspera la agricultura …, entonces tendremos ideas propias y fijas; entonces no tocaremos en sistemas absurdos; entonces no iremos a buscar estos y aquellas en los libros franceses. (en Caudet 13)

Bajo esta perspectiva de proteccionismo intelectual-económico, en los primeros años de llegada y práctica del realismo/naturalismo en España un gran número de críticos se lanzó a condenarlo como "moda de París," y no fue hasta su relanzamiento como "producto español" que el movimiento cobró alas. Este sentido derogatorio con que se utilizaba la expresión "moda de París" ya existía en el protonacionalismo español del siglo XVIII y estuvo desde un principio asociado al género femenino. José Martínez Ruiz "Azorín" en "Cien años de discursos" (*Clásicos y modernos*) reseña como en las Cortes de Cádiz hubo ya la propuesta de que "se prohíba para en adelante toda tienda llamada de modistas" puesto que, se pregunta retóricamente en un discurso, "¿Hay cosa más funesta para España que las modas francesas?" (1113). En otro discurso se deja patente como el consumismo de la mujer va en detrimento de la fortaleza de la patria; se prohíbe que las mujeres acompañen a los militares, pues "necesitan bagaje, emplean asistentes, gastan raciones, entretienen al soldado, que no lleva con puntualidad sus deberes y alejan del que las trata el ídolo de la gloria y del heroísmo" (1114).

En el factor económico que impulsa a la elección del realismo como género nacional hay por tanto un importante componente de reestabilización de roles sexuales, de control de un cada vez más arrollador deseo femenino: la pasión por el lujo y la moda (Blanco, "Gender and National Identity"). Esta creciente pasión ("enfermedad") de la mujer española se tachará de contraria a los intereses nacionales, tanto por el predominante origen extranjero de estos objetos de deseo femeninos como por el perturbador carácter exclusivista (creación de una inaccesible "patria" femenina) y desencializador que encierra la intangibilidad y fugacidad del concepto "moda."

Lujo, moda, mujer y economía nacional

La responsabilización de la mujer por la invasión del lujo y modas extranjeras en la Península se venía señalando ya desde el siglo XVIII. José Cadalso, en las *Cartas marruecas*, condena la importación de productos de lujo por el doble y combinado motivo de ser un perjuicio a la economía española (todos los artículos de lujo eran importados) y contribuir al afeminamiento del carácter nacional. Pese a que la historia de la misoginia en España va mucho más atrás, es en el siglo XVIII cuando por primera vez empieza a señalarse a la mujer como amenaza a la integridad *nacional.*

Una revisión de los textos expuestos por Bridget A. Aldaraca en su estudio sobre la vinculación de lujo y lujuria en España (88–117) permite llegar a la conclusión de que en el siglo XVIII se produce un cambio en la consideración moral del lujo, motivado por un nuevo concepto de economía: nacional y no personal, de producción y no de acumulación. Así, según argumentaba Juan Sempere y Guarinos, el lujo no sólo no era malo *per se,* —como había sido condenado por Fray Luis de León y otros moralistas—, sino que era necesario para promover la industria nacional; gracias a la producción nacional de artículos de lujo, dice Sempere y Guarinos, "España, libre de la cadena que la sujetó por muchos años a los extranjeros, cultivaría por sí misma todos los objetos de su consumo" (citado en Aldaraca 99). La corrupción contra la que tronaba Fray Luis no está para Sempere y Guarinos y otros Ilustrados en el lujo en sí mismo, sino en el *uso* que se le daba; y para evitar la secular asociación de lujo y lujuria, Sempere abogaba por la vuelta a un orden doméstico feudal de total control sobre la mujer (en Aldaraca 97). Por lo tanto, —y recordando el testimonio de Cadalso— el *mal uso* del lujo, la ruina del orden doméstico familiar/nacional, se consideraban consecuencia de la frivolidad y vanidad femenina. En *Usos amorosos del dieciocho en España,* Carmen Martín Gaite proporciona abundante documentación sobre las constantes críticas en este siglo al consumismo femenino, que según los moralistas estaba arruinando la nación literal y espiritualmente, afeminándola y destruyendo la estructura familiar por medio de la institución del cortejo. Desde el XVIII, la mujer es por tanto responsable del "mal uso," el uso antipatriótico del lujo, en tanto que prefiere los productos extranjeros a los nacionales y los utiliza para satisfacer su vanidad (su deseo), sin un fin (re)productivo.

Al igual que los Ilustrados del XVIII, los hombres de letras del 68, en textos de crítica o ficción, censuran la pasión femenina por la moda y el consumo de artículos de lujo extranjeros, en especial del producto que les atañía más directamente: la novela. Ya vimos como el discurso económico del 68 abogaba por la producción de una novela nacional "de calidad" que reconquistara y estimulara el mercado editorial español; como hiciera Sempere y Guarinos, se contrasta este "buen uso" del libro-artículo de lujo con el "mal uso" de un público femenino, de gustos extranjerizantes y enfermiza concupiscencia consumidora. Es un hecho que el público lector femenino en España había crecido mucho, y que su gusto se orientaba hacia las novelas extranjeras, en especial francesas o sus imitaciones. Así, Jean-François Botrel comenta como el público más interesado en las novelas por entregas era la población femenina urbana:

> [S]e puede suponer que las mujeres de las ciudades, bastante más alfabetizadas que sus congéneres de provincias [un 47.09% en Madrid en 1877 cuando el promedio nacional era de 14.68%] y tradicionalmente ociosas, entonces, constituían un público privilegiado de este tipo de novelas [...] Los tipos literarios abundan, y por cierto no se les representa leyendo el Kempis. (Botrel 135)

José F. Montesinos en *Introducción a una historia de la novela en España en el siglo XIX* analiza este fenómeno social de la "mujer, gran patronizadora de la novela" (51); citando a Mesonero Romanos, compara la falta de lecturas y el encierro de la mujer del Antiguo Régimen con las de sus días: "ya por entonces [hacia 1830] las jóvenes, a vueltas de las *Veladas de la quinta* y la *Pamela Andrews* solían leer *La presidenta de Turbel* y la *Julia* de Rousseau" (52); es decir, eran libros extranjeros los que captaban la imaginación femenina.

Los estudios de este aspecto de la novelística galdosiana de Catherine Jagoe y Bridget A. Aldaraca demuestran como, en efecto, las modas extranjeras y el lujo se consideraban una obsesión femenina, de carácter negativo, pues "women enter into the economic picture only as non-productive consumers" (Aldaraca 101). Catherine Jagoe constata también que "Galdós and other Spanish writers from the late eighteenth century on obsessively reproduced a female of rapacious materialistic desires, on her way down the slippery road of immorality" (86).

La ficción de Galdós sirve para demostrar como en la representación del mal uso del deseo consumista femenino la literatura también era incluida como objeto inapropiado de este consumo. Así, el narrador de *La desheredada* nos cuenta que Isidora, la protagonista, "devoraba con sus ojos las infinitas variedades y formas del lujo y de la moda" (117), y compra casi en delirio una barahúnda de objetos superfluos, entre los que en estilo indirecto libre se destacan irónicamente como "más necesarios" [...] "el librito de memorias, el plano de Madrid, *las cinco novelas*, y la jaula, aunque todavía le faltaba el pájaro" (195; el énfasis es mío). Cinco novelas en manos de una mujer, (de)formada por las lecturas folletinescas, carecen tanto de sentido y de finalidad práctica como una jaula sin pájaro; obedecen a la satisfacción inmediata de un deseo de posesión con la que trata de llenar el vacío de una identidad ficticia. Para subrayar la impropiedad de este consumo de literatura, entre las mil compras absurdas con las que Isidora aspira a construir su (falsa) identidad de mujer noble y elegante, se encuentra un Diccionario de la Lengua castellana que luego se abandona entre otra pila de objetos (279); su apropiación del Diccionario, con un dinero que no es suyo (procede de la venta "ilegal" —no matrimonial— de su cuerpo) para un personaje inexistente (de falsa identidad), es tan ilegítima e inapropiada como la de los demás objetos de lujo con los que quiere aplacar su deseo consumidor.

La insolvente Isidora, o como ejemplo egregio el personaje de Rosalía en *La de Bringas*, tratan de hacer posible su afán por comprar vendiéndose a los hombres. Pero, como estudia Aldaraca, lo verdaderamente alarmante del deseo de lujo para la mentalidad dominante en el XIX rebasaba su tradicional asociación con la lujuria. El consumismo femenino era más perturbador que el deseo sexual para el orden establecido puesto que, para satisfacerlo, el hombre ya no era un fin, sino un mero instrumento, un medio de alcanzar el *verdadero* objeto del deseo femenino. Cuando Isidora confiesa su pasión por el lujo, lo antepone como prioridad al deseo sexual: "Yo tengo este defecto de volverme loca con el lujo. Vi los trajes, el dinero y las comodidades, y no vi al hombre" (467). Tal unilateral apetito femenino era una amenaza para el orden patriarcal y para la economía nacional, pues se convertía en incontrolable al carecer de lealtades amorosas o patrióticas.

Esta asociación entre mujer y consumo como amenaza al orden (*oikos nomía*) nacional[13] afecta necesariamente al estatus del canon literario español: el atentado a la economía doméstica que supone el consumismo femenino y su afán por las modas extranjeras (las modas de París) es equivalente, moral y económicamente, al que produce la expansión de las "modas" literarias francesas en la economía doméstica de la literatura española.

Por tanto, por los años en los que escribe Emilia Pardo Bazán, cuando la generación realista está desplazando el concepto de identidad nacional a la novela y trazando los límites de esta patria textual, la mujer es percibida como una especie de apátrida que no tiene cabida en la empresa nacional; en palabras de Labanyi, "[t]he position of women with respect to the nation is a logical impossibility" ("Relocating Difference" 172). Paul Julian Smith subraya esta no-integración del elemento femenino en el cuerpo nacional cuando argumenta que "[t]he names of French fabrics and Parisian couturiers compulsively repeated in the text [*La de Bringas*] suggest both woman's exile from male, Spanish society, and the inability of this society to absorb her" (80).

La novela y la crítica de la generación de 1868 tratarán de neutralizar higiénicamente este "cáncer" femenino, elemento dislocado y desestabilizador. Entremezclando factores simbólicos (recuperación del prestigio nacional), socioeconómicos (defensa de la profesión de escritor, dominio del mercado nacional) y de género sexual (asociación de la mujer con la moda y lo extranjero), la renacionalización de la literatura española se concibe como un proceso de masculinización, de independización de impulsos exteriores. Esta literatura viril e independiente sustituye y perfecciona la realidad social española; elimina la porosidad receptora femenina que corrompía España, y genera criaturas textuales legítimas sin necesidad de recurrir a un Otro fuera de sí misma.

De hecho, la poética realista en sí (la aspiración a crear una "verdad ficcional" en el texto) constituye la aserción de una poética sexual/textual de la masculinidad, de la propiedad masculina de un acto de creación textual en el que no se concibe la participación femenina más que en la condición de criatura o musa, nunca creadora.

El realismo, poética sexual de la masculinidad

La prosa que Menéndez Pelayo celebraba en su discurso como española —el "arte tan propio nuestro"—, es la que es capaz de "crear" casos ficticios, pero también la que refleja la historia de la patria, funcionando como "simulacro." Es decir, *ingenio* y *verosimilitud*, *poiesis* y *mimesis,* son las que, conjugadas, conforman la literatura más genuinamente española, la prosa de ficción realista. Del mismo modo, Clarín concebía la novela realista en términos de "poesía histórica," realidad y creación conjugadas (*Teoría y crítica de la novela española* 27–31).

Andrés Zamora analiza las implicaciones sexuales de la conjunción de estos dos conceptos en la literatura realista ("El secreto incesto de la novela realista" 129–46). Partiendo del conocido estudio de M.H. Abrams, *The Mirror and the Lamp*, propone que la conciliación del "espejo" (mímesis) y "la lámpara" (invención, creación de realidades "vivas," auténticas) en el texto realista, supone en última instancia una poética sexual/textual de afirmación de la virilidad. Las criaturas de la imaginación del autor realista —eminentemente femeninas— son poseídas por el autor/Pigmalión al mismo tiempo que las engendra, en una especie de, como lo denomina Zamora, "incesto textual." Al reconciliar las concepciones especulares y creadoras del texto,

> el padre realista accedía a una nueva forma de objetividad aún mayor que la del espejo, sin tener que renunciar a su fuerza genésica: la subjetividad del autor se resolvía en pura objetivación; sus criaturas no necesitaban ser un reflejo de la realidad, pues, también, milagrosamente, eran realidad en sí mismas. (Zamora, "Secreto" 137)

Que esta capacidad genesíaca era exclusiva del género masculino era una verdad evidente para la mentalidad dominante en el XIX. La tradición judeo-cristiana de un Dios Padre creador (con una Virgen en secundario papel de "medianera de gracias"[14]) venía a su vez a justificar toda la cultura de la domesticidad que situaba a la mujer en el lugar de mera intercesora, de pudoroso "ángel del hogar," de la que únicamente se esperaba docilidad en el área de la reproducción (la iniciativa debía ser siempre del varón). Esta base religiosa que anula la posibilidad creadora de la mujer es recogida por Clarín en su comentario sobre Nietzsche (con cuya misoginia está de acuerdo en más de un aspecto):

> El cristianismo llegó a hacer de la mujer la *madre* de Dios ..., pero nunca una *diosa*. Para el cristianismo no hay diosas. El cristianismo sintió la honda necesidad [...] de unir lo femenino

> [...] al sentimiento religioso [...] con el culto a la Virgen ..., pero sin convertirla en diosa; dejándola mujer, purísima, pero mujer: intercesora, *abogada* nuestra ... en oficio esencialmente femenino. (*Obra olvidada* 204)

No la "madre," sino el "padre" era el único término metafórico aceptable para describir el proceso de autoría: la mujer era inseminada, el hombre inseminaba. Francisco de Icaza lo dejaba bien claro en su conferencia de 1893 sobre las influencias en la obra de Pardo: "Hay intelectos hembras que necesitan para concebir la fecundación extraña. Los libros de la Sra. Pardo Bazán, aunque sean hijos suyos, tienen padre" (en González Herrán, "Zola y Pardo Bazán" 31).

En las siguientes palabras de Menéndez Pelayo, en las que le niega a Pardo Bazán, y a la mujer en general, la posibilidad creadora, se concreta esta poética sexual y textual de la virilidad literaria: "el carácter *femenino* por excelencia," afirma el crítico que es

> el de seguir dócilmente un impulso recibido de fuera. No se quiebran impunemente las leyes de la naturaleza, y en algo consiste que ninguno de los grandes descubrimientos vaya ligado a un nombre de mujer. Toda gran mujer ha sido grandemente influida. Ellas pueden realzar, abrillantar, difundir con lengua de fuego lo que en torno de ellas se piensa, pero al hombre pertenece la iniciativa. ("Doña Emilia Pardo Bazán" 103)

La mujer no puede crear, no puede llegar a las esencias que dan vida a la literatura; la mujer se queda en la superficie, porque su mundo es el del estilo, la forma, el accidente, pero no la sustancia. Volviendo al modelo galdosiano, la falta de identidad, la pasión por la exterioridad fugaz (la moda) que conforma el ser de Rosalía en *La de Bringas* repite al nivel privado el mismo tipo de ruinosa vacuidad del famoso "rasgo" de la reina Isabel,[15] y como a ella, le costaría la expulsión del orden establecido. Como lo expone Paul Julian Smith en su lectura lacaniana de esta novela, "the primacy of phallus deprives woman of authentic identity" (78). Caricaturizando esta falta de autenticidad de la mujer, Galdós en "Un tribunal literario" (1872) representa a una "poetisa" cursi y amanerada, de romanticismo tan postizo como los rizos "tan largos como poco frondosos que de una y otra sien le colgaban" (129), y que cubre con figuras retóricas su "mortal aversión a coser pantalones" y "su absoluta ignorancia en materias de cocina" (129). La literatura en la mujer es por tanto disfraz, excusa, si no un impedimento directo de sus labores domésticas; nunca auténtica creación.

Si para Menéndez Pelayo, Clarín o Galdós la literatura femenina es una literatura de la superficie, la literatura viril es una literatura de la esencia, que penetra hasta la sustancia de la realidad, la hace suya, la posee. Cuando Menéndez Pelayo conceptúa los *Episodios Nacionales* como "simulacro augusto de la patria," está indicando que este texto es más que una reproducción fidedigna; es un texto que permite *interpretar* a la patria, funcionando como metonimia habitable de la nación. El "simulacro" realista de la patria impone una narrativa unificada y teleológica —masculina (augusta, "invencible," "grande")— a la lectura caótica y fragmentaria —femenina ("mutilada y sangrienta," "infeliz")— del "original." Es la narrativa masculina, metonímicamente fálica, la que produce la impresión de totalidad que permite captar la realidad de la nación en toda su sustancia.

Para Clarín en esta labor de desplazamiento y condensación consistía precisamente el ser escritor nacional: "un escritor [Galdós], para merecer un lugar suyo, sólo suyo, en la literatura nacional, necesita ser intérprete del genio nacional" (*Teoría* 83). También para Clarín, el naturalismo, a diferencia del idealismo, que falsifica la realidad a antojo del creador, es un proceso filosófico que busca la "esencia" de las cosas en sí mismas. "Lo más esencial de las cosas (su asunto filosófico) no les viene de fuera, sino que se encuentra en su fondo, y penetrando en ellas, no buscando en otro lado, es como puede encontrarse" (119); continúa más adelante:

> Si el arte debe ser reflejo, a su modo, de la verdad, porque es una manera irreemplazable de formar conocimiento y conciencia total del mundo bajo un aspecto esencial de totalidad y de sustantividad, que no puede darnos el estudio científico, no hay razón para querer que sólo sea el carácter humano lo que sea objeto de tal fuente de percepción, sino que la realidad entera debe y merece ser estudiada y expresada por modo artístico. (143–44)

Así, según este discurso ontológico cargado de connotaciones sexuales, la literatura idealista/romántica/folletinesca que precede a la restauración realista no *penetraba*, no traspasaba la superficie de la realidad hasta llegar a su esencia, no la inseminaba con vida: desde todos los puntos de vista, era una literatura femenina.

¿Qué pasa entonces, volviendo a la pregunta inicial de este capítulo, cuando precisamente sea una mujer, Emilia Pardo Bazán (a la que ya vimos coincidiendo en ideología nacional-literaria con sus colegas), quien se convierta en uno de los adalides del movimiento realista en España? Ya hemos visto como lo resuelve Menéndez Pelayo, devolviéndola a la esfera de la feminidad, de lo impulsado y no de lo que impulsa. Esta será una entre las varias estrategias a las que recurre la crítica de su época para paliar la anomalía de Pardo Bazán, su desafío a las "leyes biológicas" tan esgrimidas en el siglo del positivismo, y a las que también se quiere hacer obedecer a la literatura. Un análisis de la crítica sobre Pardo Bazán revelará los esfuerzos por naturalizar como viril a la literatura española; a su vez, la compulsión con que se repiten estos argumentos permite detectar una creciente inseguridad, ansiedad o incluso miedo ante la posibilidad de una desestabilización en la definición de géneros sexuales en la España de la Restauración.

La cuestión de género en la crítica a Emilia Pardo Bazán

Que la contribución teórica y práctica de Pardo Bazán fue decisiva para el triunfo de la novela realista/naturalista en España es un hecho indiscutible y cada vez más destacado por la crítica. Su análisis y presentación del naturalismo en *La cuestión palpitante*, sus novelas en las que introducía las nuevas técnicas narrativas, los centenares de cuentos en periódicos que las difundían, las múltiples polémicas que mantuvo a través de la prensa con sus colegas, su participación en empresas editoriales destinadas a difundir el "nuevo arte" como *La España Moderna*, contribuyeron a mantener encendido el interés sobre una forma literaria que a la larga acabó aceptándose como expresión del carácter nacional. En 1906 la traductora al inglés de una de sus novelas la celebraba como "the creator and protagonist of Spanish Realism. It has been claimed that she bears to Spain such a relation as Turgénieff to Russia and Zola to France." La edición inglesa le consideraba superior a sus colegas masculinos, alabándola en estos términos: "No masculine pen promises more than that of Pardo Bazán [...] They [sus libros] have been translated into every European tongue" (x–xi).[16]

¿A qué se debieron las continuas reticencias dentro de España a admitir plenamente a la escritora coruñesa en la literatura española canónica, el menospreciarla por no contribuir a la "creación" de esta literatura, por seguir modelos extranjeros, por ser poco castiza, sus textos no tan españoles como los de sus colegas Galdós, Pereda, Clarín o Valera?

Pese a que parte de la resistencia inicial a la autora se debiera al rechazo en sí al naturalismo/positivismo del que Pardo es percibida como defensora (como ejemplo la violenta reacción de Alarcón a *La cuestión palpitante*), veremos que, a la luz de lo expuesto anteriormente, lo que en otros escritores es mérito, en ella, como en el debate en torno al lujo del XVIII, *por el hecho de ser mujer*, será considerado "mal uso," casi delito de lesa patria literaria. Así, si en un principio se le celebra como varón, o en la intimidad epistolar se desprecia o teme su "anormalidad sexual," el argumento esgrimido con más frecuencia por la crítica para "explicar" la presencia de Pardo Bazán dentro del movimiento realista seguirá un patrón discursivo familiar: el de ser, como mujer, seguidora de modas, propagadora de estilos, incapaz de penetrar en las esencias nacionales, y en último término una amenaza para la pureza de la literatura nacional por la sospecha de inconsistencia, de frivolidad extranjerizante que reside en su mera condición femenina. Estudios recientes de esta resistencia a admitir a Pardo Bazán en la literatura nacional como el de Antonio Martín Ezpeleta y Ángeles Ezama Gil ayudan a iluminar en último término el rechazo histórico de la mujer en el *establishment* intelectual español.

La estrategia masculinizadora

El protagonismo de la escritora en la escena cultural provocó diversas manipulaciones en torno a su género para hacerla encajar en la polarizada división de los roles de género que su figura y su obra desafiaban. Una de las primeras reacciones de la crítica española ante el fenómeno Pardo Bazán fue generalmente su inclusión en el campo masculino; una mujer con tales dotes intelectuales, tal erudición y resonancia pública debía, a la fuerza, de ser considerada un "hombre." Por una parte, el que Pardo Bazán se vinculara prácticamente desde sus inicios al movimiento de renovación realista, y su actitud "poco femenina" según los patrones de la época, su audacia, claridad de pensamiento, capacidad polémica, llevan a muchos a categorizarla como "viril," adjetivo que arrastra en su campo semántico al de "castizo," llenándose así de resonancias nacionalistas (Blanco, "Gender and National Identity"). El interés en la creación y defensa de la literatura nacional hizo que en principio se obviara su sexo, porque su trabajo para el batallón masculino-realista era ciertamente necesario. Así lo reconocía Clarín en su correspondencia con Galdós: "Pues si se prescinde de ellos [de los neocatólicos, para formar una revista] se pierde mucho, sobre todo por doña Emilia que habría de trabajar bien y con abundancia" (en Ortega, *Cartas a Galdós* 233).

En 1884 Clarín todavía incluye su nombre entre la nómina de los "hombres" que él considera partícipes de su proyecto literario; sin embargo, recurre a la bastardilla para inscribir a la autora, bien para marcar su diferencia o tal vez como si se tratara de un seudónimo encubriendo su condición viril de "hermano" en el realismo: "No puede Vd. imaginarse lo que fortifica mi ánimo que hombres como Vd., Pereda, Campoamor, *Emilia Pardo*, Valera, Echegaray, M. Pelayo, Gz. Serrano y otros pocos aprecien en algo mi opinión" (en Ortega, *Cartas a Galdós* 215).

Dentro del mismo contexto cultural decimonónico que jerarquizaba lo masculino/femenino como positivo/negativo, Galdós tampoco ocultaba su admiración por el talento —tan poco femenino— de Pardo: "Si sus novelas son dignas de admiración no lo son menos sus trabajos de crítica. En verdad es cosa que a todos maravilla que una mujer posea aptitudes tan relevantes en todos los órdenes y que en cuanto emprenda su pluma sobresalga con igual maestría" (*Obras inéditas* 204). Su solución a esta anomalía es investir a Pardo de una condición varonil que explique su superación de la incapacidad "natural" de la mujer para la creación y la crítica:

> Por el poder de su talento, Emilia Pardo no parece una escritora, pues sus obras tienen un carácter más bien varonil que femenino. La mayor parte de las mujeres que escriben bien, hácenlo sentir de las condiciones intelectuales y modestas propias de su sexo; pero esta abarca mucho más, y se remonta a alturas a que rarísima vez llegan las más felices hembras que descuellan en literatura. Otro de sus caracteres masculinos es la erudición. Es una de las personas de más lectura que se conocen, y seguramente también de las que mejor saben lucir su ingenio y cultura en la conversación. (*Obras inéditas* 205)

Esta masculinización de Pardo fue una reacción inmediata propia de una época en que el genio ("por naturaleza") y la cultura (por una estructura educativa que marginaba a las mujeres), eran privilegio masculino. Pero no todos estuvieron de acuerdo sobre una explicación descriptiva (una mujer que poseía las características intelectuales de un hombre), que si se aceptaba con naturalidad borraba peligrosamente la diferencia entre la condición masculina y la femenina, apuntando a su artificialidad y posibilidad de superación de sus límites.

Anormalidad sexual y su reescritura normalizadora

Pese a su aparente inclusión de Pardo en la hermandad de escritores realistas, Clarín no olvidaba el sexo de la escritora tan fácilmente. Ya en el prólogo a *La cuestión palpitante* había aludido al carácter de "disfraz" (aunque en un sentido elogioso) de la virilidad de doña Emilia al asociarla con Porcia, la protagonista de *El mercader de Venecia* que se viste de hombre para poder asumir la autoridad masculina y defender así una causa justa (*Teoría* 150).[17] Pero esta alabanza la hacía en un texto público, en el que le interesaba poder incluir a la escritora en sus filas. En carta privada a Galdós, Clarín le confiesa "en secreto" (220) que "los únicos novelistas verdaderos son Vd. y Pereda, y de la parte contraria Alarcón y algo Valera" (220); la omisión del "compañero" Pardo habla por sí sola. De hecho, las razones de su hostilidad hacia la escritora (a la que, ganada ya la batalla naturalista y resintiendo su incómoda presencia, procederá a demoler también públicamente) se tratan en esta correspondencia de Clarín con Galdós en términos sexuales. "¿Sabe Vd. por qué empecé yo a *enfriar* con esa señora [Pardo Bazán]? Por una comparación entre Vd. y Cánovas. 'Pero, criatura, me escribía, ¿qué quiere Vd. que envidie Cánovas a Galdós? Sería como si envidiara a la Nevada.' Es una puta, hombre" (en Ortega, *Cartas a Galdós* 260). Creo que no es una coincidencia que este exabrupto de Clarín, en carta del 17 de junio de 1891 coincida tanto con el cénit de la relación amorosa de Pardo y Galdós como con el gran año público de Pardo Bazán, cuando no sólo escribía para casi todos los periódicos destacados del momento, sino también, en enero de este mismo año, había comenzado la asombrosa publicación del *Nuevo Teatro Crítico*, abierto desafío al papel tradicional de la mujer en el mundo del periodismo (Geraldine Scalon). Los estudios de Joan B. Landes y Geneviève Fraisse sobre el confinamiento de la mujer en la esfera privada y su marginación de la pública en la sociedad burguesa que emerge de la revolución francesa resultan también apropiados para el XIX español. Landes propone que "the collapse of the older patriarchy gave way to a more pervasive *gendering* of the public sphere"; como resultado de esta división genérica entre lo femenino-doméstico y lo masculino-público, "[a] public man is one who acts in and for the universal good; […] On the other hand, a public woman is a prostitute, a commoner, a common woman" (2–3). Esta compartimentación genérica de lo público/privado explicaría la airada reacción de Clarín por la transgresión pardobazaniana en los dominios masculinos. En las cartas de Clarín a Galdós, cargadas de homoeroticismo, la presencia opinante de doña Emilia se delinea como cada vez más irritantemente pública, más desvergonzadamente impúdica en sus atrevimientos críticos y literarios. Su afán por destacar la convierte en una "mujer pública"; su anormal voracidad literaria se iguala con una anormal voracidad sexual. Clarín contraataca reestableciendo su independencia masculina, negándose a satisfacer el desmedido, monstruoso deseo sexual/textual de Pardo: "Quería hacerme tributario [Lázaro Galdiano, director de *La España Moderna*] del furor literario-uterino de doña Emilia ayudándola a fuerza de artículos, ¡figúrese Vd.! Total que ahora publico yo en mis folletos el artículo que él quería postergar y el que me pedía él, pero este no les gustará mucho ni a él ni a Doña Emilia" (en Ortega, *Cartas a Galdós* 257).[18]

No es un episodio aislado de misoginia decimonónica el que Clarín saltara a defender a su amigo Galdós y a sí mismo de la perturbación del orden literario/sexual que significaba Pardo Bazán; el temor era generalizado, y hasta el gran pope de la cultura española del XIX, Menéndez Pelayo, se siente amenazado por la inusitada capacidad de esta mujer que está invadiendo su propio terreno. En su correspondencia con Menéndez Pelayo, la escritora le había confiado repetidas veces su proyecto de escribir una Historia de la Literatura Española. En una carta de 1884 a su confidente Gumersindo Laverde Ruiz, Menéndez Pelayo expresa su malestar y pide a su amigo que no muestre a nadie su borrador de la clase de Historia de la Literatura Castellana pues "parece que [Pardo Bazán] no desiste de su proyectada historia de la literatura castellana […]

Te encargo pues que no se lo dejes ver sino a persona de tu mayor confianza, porque si no podría salir cualquiera *desflorándome el pensamiento*, vg nuestra amiga doña Emilia" (en González Herrán, "Emilia Pardo Bazán en el epistolario" 334; el énfasis es mío). El crítico trama entonces una especie de conspiración con Laverde para disuadir a Pardo de llevar a cabo su proyecto, y en cambio entretenerla con la elaboración de monografías múltiples.

Por documentos de la época y cartas de la autora sabemos que tal proyecto realmente existió. Así, Cristina Patiño Eirín refiere como el viajero ruso Isaac Pavlovski cuenta en una carta como Pardo "está escribiendo la historia de la literatura española en diez voluminosos tomos. Sin duda alguna la señora la llevará hasta el final sin contratiempos, ya que cuenta con treinta y tres años y una salud de hierro" (103).

Menéndez Pelayo, para proteger su hombría de la presencia emasculadora de la escritora (no quiere, usando una elocuente metáfora que revierte sus géneros, que Pardo "le desflore el pensamiento"), al igual que Clarín y otros contemporáneos, recurrió constantemente a la inclusión de Pardo en una derogatoria feminidad. Así, tranquiliza por carta a Valera, diciéndole que a doña Emilia "no hay que tomarla por lo serio," pues "como toda mujer, tiene una naturaleza *receptiva* y se enamora de todo lo que hace ruido, sin ton ni son y contradiciéndose cincuenta veces. Un día se encapricha por San Francisco y otro por Zola" (Baquero Goyanes, *La novela española* 198). Esta declaración de Menéndez Pelayo raya en el maquiavelismo si se piensa que esta dispersión de intereses es precisamente la que él le había aconsejado hacer a Pardo, para poder así reservarse él el monopolio de la interpretación totalizadora de la historia de la literatura española.

Unos decenios más tarde, en 1953, el crítico Enrique Sánchez Reyes publica en el *Boletín de la Biblioteca Menéndez Pelayo* una reescritura normalizadora que deforma estos hechos para ajustarlos al patrón de hombre genio superior/mujer sumisa y seguidora. Esta tardía llamada al orden prueba la persistencia del "problema Pardo" y la elasticidad de las construcciones de género sexual en el discurso crítico. La interpretación de Sánchez de las cartas de la condesa contribuye a confirmar a Menéndez Pelayo en su lugar patriarcal en la historia de la literatura, y neutraliza cualquier competencia de Pardo al reducirla al tradicional papel inspirador de la mujer en las letras. La escritora pasa así de "desfloradora de hombres" a musa coqueta y juguetona. Su proyecto de escribir una historia literaria se interpreta como un pretexto para excitar los celos del polígrafo, "haciéndole creer en repetidas cartas que se dispone a la empresa con que él no arremete"; esto no era al fin y al cabo más que "manipulaciones y devaneos femeniles" que "servían de estímulo para llevar la áurea pluma del maestro a tratar de los asuntos en que con más brillantez se desenvolvió siempre" (124).

El artículo de 1953 se encarga de corregir el error decimonónico de considerar hombre a Pardo: "Se ha hecho ya un tópico muy corriente al hablar de la insigne Condesa de Pardo Bazán considerarla como un docto varón, un temperamento con contextura y aptitudes intelectuales más de hombre que de mujer, y nada más lejos de la realidad" (120). Sólo el Maestro supo ver que Pardo revelaba su feminidad en el hecho de ser impulsada desde fuera "[t]odos estaban de acuerdo en opinión tan errada menos don Marcelino Menéndez Pelayo" (120). Al analizar las cartas de la escritora, Sánchez Reyes insiste en su carácter inconfundiblemente femenino: "¡Qué melindres, qué refinamientos femeninos, qué de jugueteos coquetones con las ideas que se le van ocurriendo!" (120), y describe los colores y adornos del papel de cartas de la escritora, como si se tratase de un seductor vestuario femenino. Encerrando a Pardo Bazán dentro de un discurso de la domesticidad muy propio de la posguerra ("perfecta ama de casa"), Sánchez Reyes desarticula cualquier potencialidad subversiva de la ambigüedad sexual de la escritora.

> Esta doña Emilia, tan mujer en todas sus cosas, tan madre que dejaba a un lado su pasión dominante por la literatura para dedicarse personalmente a la crianza de sus hijos, tan perfecta ama de casa que cuidaba en ella hasta de los menores detalles, ¡con qué tino sabe sazonar también sus guisos epistolares poniendo de vez en cuando un poquillo de pimienta que sirva de estimulante! (122–23)

Si esta táctica feminizadora de Sánchez Reyes no es una crítica, sino una alabanza a Pardo-como-mujer, al investirla con el modelo de feminidad estipulado por el nacionalismo franquista, para la mayoría de sus contemporáneos Pardo revelará su condición de mujer en los aspectos femeninos negativos con los que el discurso del nacionalismo cultural de la Restauración buscaba eliminar la presencia femenina de sus filas: el afán de seguir modas, la insustancialidad, la incapacidad creadora, el deseo de lo ajeno en vez de lo propio.

La feminidad a-nacional de Pardo Bazán

"It is vanity, not lust, which is ultimately the cardinal female sin" (93), concluye Aldaraca en su estudio de la ideología de la domesticidad en los años en que escribe Pardo. Y, en contraposición al dictamen de Clarín, establece que para la mayoría en esta época "[i]t is the *furor del lujo*, a frenetic need for luxury rather than '*el furor uterino*' or sexual desire that drives women from their homes and into the world of fashion and society in search of satisfaction" (104–05), hasta llevar al extremo la mentalidad metonímica vigente y afirmarse que la mujer no sólo gusta de las modas, sino que *es* moda, estilo, superficie cambiante. "Femininity is a fashion, a style" (110). Una y otra vez encontramos la misma acusación contra Pardo Bazán: no es una auténtica creadora, sino *como toda mujer*, seguidora de modas.[19] Valera, en sus *Apuntes sobre el nuevo arte de escribir novelas,* ironiza sobre la militancia naturalista de Pardo: "Las damas deben ir vestidas a la moda. ¿Por qué he de tomar yo a mal que doña Emilia se vista de naturalista?" (25). Incluso Luis Vidart, buen amigo de la escritora, no puede escapar de este encuadramiento: "Dios nos perdone el mal pensamiento, si lo es, que la autora de *La cuestión palpitante* en algo de lo que escribe más cede al influjo de la moda, o de lo que entiende que está de moda, que al verdadero dictado de su alto pensamiento" (G. Davis 317). El Padre Blanco García simpatizaba con la aportación intelectual de Pardo al catolicismo, pero no con sus incursiones en el naturalismo, que cree consecuencia de su debilidad femenina por la "moda": "¿Quién sabe si la moda, y no el convencimiento firme, habrá arrastrado su poderosa inteligencia, cuando tales vacilaciones y tan escasa uniformidad encontramos en sus procedimientos?" (537). Otro conservador, Menéndez Pelayo, en carta de 1883 a su amigo Laverde, condenaba con el mismo argumento su participación en el nuevo movimiento literario: "Siento que D. Emilia se haya convertido en defensora acérrima de la más baja y grosera forma del naturalismo francés, quizá por seguir la corriente de la moda" (en González Herrán, "Emilia Pardo Bazán en el epistolario" 335). La perspectiva conservadora coincidía con la del progresista Clarín: "Nuestra polígrafa es también aficionada en extremo a la novedad, a las modas y esto se da mano con la cualidad de escritor *afeminado* de que se hablaba antes, a saber, la curiosidad" (*Folletos literarios* 7: 60). En 1924, tres años después de la muerte de la autora, y ya en pleno modernismo español, César Barja todavía insiste en demostrar a ultranza la feminidad de Pardo; según él, la escritora muestra ser mujer precisamente por el hecho de querer ocultar su feminidad. Confirmando la anterior afirmación de Aldaraca, la condición femenina para Barja consiste precisamente en la capacidad de disfrazarse, el camuflaje continuo, el estilo cambiante:

> La lectura de cada novela de doña EPB [...], nos sugiere la misma interior pregunta: ¿quién ha escrito esto: un hombre o una mujer? [...] y siempre [...] venimos a respondernos que la novela en cuestión es obra de mujer, producto femenino. Y esto no precisamente porque la autora haga alarde de su sexo, sino por ..., por todo lo contrario [...] Raramente, si alguna vez, se ha visto a la mujer entrar en la carrera del arte sin disfraz. ¡Mujer al fin! (549–50)

Cejador y Frauca resulta mucho más explícito al revelar el origen de la negatividad del concepto "moda": las modas son algo que viene de fuera, son cosa de un Otro francés, femenino y transitorio, ajeno al Yo esencial, eterno, castizo, español, y su seguimiento perjudica a la economía e identidad nacionales. Pardo Bazán es "mujer de varoniles arrestos" (270),

> mostrando tan sólo ser mujer en cierta comezón por seguir las modas literarias extranjeras, mayormente las de París, cosas entrambas que la han hecho no del todo bienquista de los más y han maleado algún tanto el valer de su obra literaria. [...] El estilo y lenguaje de doña Emilia, sobre todo, se resiente bastante de extranjerismo: es poco castizo [...] Pongamos juntos á Pereda, á Valera y á Menéndez Pelayo, tres amantes de lo español, de la vieja literatura española, del habla castiza: nadie se atreverá a meter en ese corro á doña Emilia. (270–72)

Conclusiones: Exclusión e inclusión de Pardo Bazán

En vista de los argumentos y datos expuestos hasta aquí, podemos concluir que el proyecto nacionalista del realismo trataba de compensar la ineficacia del estado como agente nacionalizador y el consiguiente fracaso de la construcción nacional en la sociedad española. Una causa importante de esta a-nacionalidad española era la debilidad del producto nacional frente al extranjero, que impedía la formación de un mercado español sólido que sustentase el imaginario nacional. La pasión consumista de la mujer se veía como factor clave de esta desnacionalización de la economía: al utilizar el deseo sexual masculino para poder satisfacer el deseo primordial femenino de consumir los productos de lujo que dictaran las modas fluctuantes, la mujer había adquirido un acceso elíptico a la circulación del dinero y el consumo[20] y una influencia en la orientación del mercado a productos extranjeros. El discurso económico-ontológico en torno a la mujer que establece el nacionalismo cultural de los intelectuales de la Restauración desplaza la necesidad de controlar el acceso a la circulación económica de la mujer (reforzar las divisiones entre lo público y lo doméstico) a su control en la producción y representación literaria.

Negándole la capacidad de penetrar en la realidad, de capturar las esencias de la nación eterna, asociándola o identificándola con la transitoriedad de la moda, la crítica sitúa a "Pardo-como-mujer" en el margen de la nación literaria. Como lo expone Clarín en 1887, Pardo no consigue traspasar la superficie, "Emilia encuentra la naturaleza más digna de atención que el hombre interior" (*Nueva Campaña* 225), y, según la poética sexual/textual de la masculinidad en el realismo, no puede competir en creatividad genesíaca con los "maestros": "Doña Emilia escribe demasiadas novelas: su imaginación no es fecunda ni variada; ella no puede hacer lo mismo que un Pérez Galdós, lo que un Zola y, mucho menos, doble de lo que ellos hacen" (*Obra olvidada* 68). Por eso, el "querer ser lo que no es" de Pardo se castiga con el mayor estigma social de la época, que delata, como ha estudiado Noël Valis, todo tipo de inseguridades sociales y nacionales: la *cursilería*. La autobiografía de Pardo que precede a *Los pazos de Ulloa*, en la que describe su vocación y trayectoria intelectual, "es de una cursilería semi estúpida que tumba de espaldas" (citado en DeCoster 115), escribe Pereda a Galdós. "Yo creo que si en el mundo se perdiese la noción de cursilería, la presencia de esta mujer bastaría para resucitarla," fulmina Palacio Valdés (citado en DeCoster 127).

Pese a todo, Pardo Bazán no fue, como tantas otras mujeres escritoras, borrada del canon. Su nombre, aunque con reticencias y siempre subordinado a los maestros (Galdós, Clarín), continuó registrándose en manuales y antologías y su obra leyéndose como clásico de la literatura española. ¿Cómo fue posible su perduración y consagración a través de todos estos fulminantes ataques y descalificaciones?

La explicación para esta excepcional exclusión/inclusión radica en la lógica poética del nacionalismo literario realista. Como vimos, mediante un desplazamiento metonímico los escritores realistas emprenden la tarea de construir la nación española en la literatura. La enunciación anónima, transparente del realismo funciona como estrategia autoritativa de esta creación; lo narrado adquiere estatus de verdad incuestionable bajo el narrador/Dios. La identidad nacional española es tal cual se representa en los textos realistas. A Pardo, en tanto mujer, se le podrá descalificar *como autora* (la mujer ni puede crear ni debe controlar el proceso productivo), pero como *practicante de la poética realista* se tiene necesariamente que dar validez a su representación de la materia: la transparencia que autoriza el gesto metonímico realista de traslación nacional debe ser respetada. Pardo será extranjerizante, vanidosa, "cursi" —en una palabra, descalificable— en su personalidad literaria, pero sus textos, como creación realista de la nación, no pueden separarse de las otras producciones realistas so riesgo de desautorizar las normas de autonomía estética que rigen el conjunto (el campo literario, como diría Bourdieu). No sólo son las normas del nuevo campo literario, sino el intenso nacionalismo cultural que caracteriza a este grupo de escritores el que paradójicamente acaba salvando a Pardo, pues la nueva institución crítica nacional se basa en la premisa de que la novela realista es más un producto del "espíritu nacional" que despierta de un sueño de siglos que del escritor que le sirve de vehículo u oráculo. Pardo, como veremos en el capítulo 3, es muy consciente de ello, acendrando aún más su nacionalismo español.

Para probar esta explicación de la simultánea inclusión y exclusión de Pardo Bazán en la nación literaria, quiero terminar con una cita de uno de sus más feroces detractores, Cejador y Frauca. Aún censurándola por seguir (como mujer) la moda francesa de la "novela documental, determinista, de solas fealdades sociales y hediondas porquerías, de negrura pesimista y mal humor," termina, como lo hizo la posteridad, por admitir su canonicidad en virtud de la materia (la identidad española) que su escritura construye:

> [s]u españolismo la libró, como a los demás novelistas de por entonces, de tales exageraciones ultrarrealistas. Además, que, como ella misma reconoce, por más que se ahonde en la plebe española, nunca se hallan tan hediondas heces ni tan acanalladas gentes como hallaron los naturalistas en su tierra. La sana alegría y buen humor que da el cielo castellano no se compaginan con las tristezas lóbregas de los escritores franceses, decadentes y gastados. (274)

La propia Pardo Bazán, cuyo pensamiento literario-nacionalista (necesariamente partícipe y divergente del de su generación) analizaremos en el capítulo 3, comparte esta premisa de la "transparencia" del autor, que es la que permite a la novela realista alzarse como "novela nacional":

> Los novelistas no pueden tener diferente ideal que la sociedad que los lee; [...] Los novelistas somos cual podemos y no cual queremos, y no está en nuestra mano formar un mundo a nuestro capricho o según nuestro patrón ideal. (*La revolución y la novela en Rusia* 875)

Fue esta misma necesaria transparencia objetiva que la escritora veía como base de la poética realista la que permitió que, vadeando el en otras instancias insalvable obstáculo de su condición de mujer, la posteridad la sancionara como partícipe del proceso de construcción de una identidad nacional a través de su representación literaria en la novela realista. Veremos en el próximo capítulo como éste no fue exactamente el caso en otra literatura periférica construyéndose paralelamente a la española en el XIX, la gallega, a la que Pardo en teoría también podría haber sido adscrita.

Capítulo dos

Emilia Pardo Bazán en la literatura gallega

El capítulo 1 se dedicó a explorar los motivos de la resistencia a Pardo Bazán por parte de los miembros de su generación, resistencia cuyo eco —el lugar secundario o soslayamiento de una obra crítica y literaria de importancia capital en la configuración de la literatura española— ha llegado en cierto modo hasta nuestros días, como se anotó en la introducción. El presente capítulo tiene como objetivo el estudiar la reacción a Pardo Bazán en el medio galleguista, y el modo en que contribuyó a la construcción de la idea de "literatura gallega" tal y como hoy la conocemos. En palabras de Olivia Rodríguez,

> Emilia Pardo Bazán es testigo y protagonista de la convivencia de dos fenómenos histórico-literarios: la emergencia de la literatura gallega, y la remodelación del sistema literario español en la segunda mitad del siglo XIX. Aspira a ocupar un puesto preeminente en la literatura española, y al mismo tiempo inicia en Galicia lo que terminaría erigiéndose como subsistema gallego de esa literatura en castellano, algo inédito hasta ese momento. (647)

Rodríguez considera a Pardo como fundadora de un "subsistema," la literatura regional gallega en castellano, del que formarán parte otros como Pérez Lugín, Fernández Flórez, Valle-Inclán, o Julio Camba. Sin embargo, la catalogación de este subsistema es necesariamente retrospectiva. En los momentos en que Pardo escribe, las características de ese futuro sistema literario gallego permanecían todavía indeterminadas. Como la propia Olivia Rodríguez recuerda

> Hay que decir que tampoco está clara en este momento en Galicia la división entre sistema literario español y proto-sistema

> gallego [...] pues el criterio filológico no es suficiente ni siquiera para los primeros en historiar la literatura gallega en Galicia, que incluyen escritores en ambas lenguas [...]. (652)

Yendo más allá de concepciones teleológicas actuales, cuestionadas por Joseba Gabilondo y estudiadas por Xoán González Millán —la literatura gallega es exclusivamente en gallego y conlleva una ideología galleguista[1]—, que aparentemente imposibilitarían la comparación, lo que voy a plantear en este capítulo es que el rechazo gallego a Pardo presenta significativos paralelismos con el español, que no han sido tenidos en cuenta hasta la fecha ante los más obvios de su españolismo y escritura en castellano. En esos momentos formativos, es su transgresión de los roles asignados a cada sexo por el nacionalismo español/gallego lo que en último término dificulta su ubicación o asimilación por ambas literaturas nacionales.

Breve historia del nacionalismo gallego

Para poder analizar el impacto de Emilia Pardo Bazán en la formación de la literatura gallega, es necesario trazar el contexto histórico, sociopolítico y cultural en el que nace el galleguismo. Se trata de un proceso prácticamente contemporáneo a la escritora, con cuyos principales protagonistas mantuvo en algún momento relaciones personales o epistolares, en algunos casos amistosas (caso de Eduardo Pondal) y en otros de hostilidad abierta (caso de Manuel Murguía o Manuel Curros Enríquez).[2]

Como exponen los estudios de Ramón Máiz, Ramón Villares y Justo Beramendi, el regionalismo gallego tiene sus raíces en el "provincialismo," movimiento de defensa de la unidad regional emprendido por intelectuales liberales en torno a 1840; el provincialismo no suponía sólo la oposición a la división administrativa de la nación en provincias (llevada a cabo en 1833), que ignoraba los vínculos históricos y naturales a nivel regional, sino una reacción defensiva contra el centralismo madrileño. Durante los años del provincialismo se publican periódicos, se pronuncian discursos reivindicativos, pero no se llega a forjar un programa político coherente más allá de un nebuloso amor y defensa de Galicia. La represión de O'Donnell de la sublevación de 1846 y el fusilamiento y dispersión de sus cabecillas apagará todo movimiento regional hasta la subida al poder de la Unión Liberal en 1854, cuando empieza a formarse una nueva generación galleguista. Como lo condensa Ramón Villares, en la segunda mitad de siglo comienzan a converger tres posturas políticas bajo el amplio paraguas del regionalismo: el federalismo republicano, el regionalismo liberal progresista de Manuel Murguía, y el conservadurismo católico de Alfredo Brañas. Como ejemplo del amplio espectro político del regionalismo gallego, Villares selecciona el siguiente fragmento de un discurso de Brañas con ocasión de un banquete regionalista celebrado en Santiago en 1890:

> Bajo el flotante pabellón de la patria regional, pueden cobijarse el republicano austero afiliado al posibilismo gubernamental, o el federal honrado, infatigable propagandista de nuestra independencia política, lo mismo que el monárquico tradicionalista o el partidario de la forma mixta del gobierno representativo; todos somos aquí, amigos, hermanos, compañeros queridos de alegrías e infortunios, e hijos de la hermosa y adorada patria en que nacimos. (Villares 207)

Aunque Brañas será el primer ideólogo sistemático del movimiento regionalista, Murguía será su teorizador más popular. Ninguno de ellos se declarará separatista. Se definen como "regionalistas," aunque hablen de Galicia siempre en términos de "nacionalidad" y del gallego como "lengua nacional." Protestan contra los que les tachan de malos españoles, pero recuerdan a cada momento los desaires de España hacia Galicia, a la que el Estado trata como una auténtica colonia. Aunque se llaman a sí mismos "regionalistas," en todos existe una confusa noción y un uso aleatorio de los términos "patria," "nación" y "región." Así, en menos de dos páginas, Murguía se refiere indistintamente, como si fueran equivalentes, al "espíritu rexional galego" ("el espíritu regional gallego"), "o sentimento nacional de Galicia" ("el sentimiento nacional de Galicia") y al "espíritu provincial" (en Fernández del Riego, *Pensamento galeguista* 98–99). Lo que sí está claro es que, aunque no reclaman un estado propio, sí piden mayor autonomía, y consideran a Galicia una nacionalidad histórica; en palabras de Murguía:

> E un feito, pois, que pola orixe, polo territorio e a linguaxe de igual xeito que pola súa historia e a comunidade de sentimentos e desexos, estes pobos do noroeste forman una nación con caracteres de seu, distinta de gran parte das que constitúen o Estado español. (en Fernández del Riego, *Pensamento galeguista* 102)

> Es un hecho, pues, que por el origen, por el territorio y el lenguaje, de igual modo que por su historia y la comunidad de sentimientos y deseos, estos pueblos del noroeste forman una nación con características propias, distinta de gran parte de las que constituyen el Estado español. (mi traducción)[3]

Los hechos diferenciales que se aducen son, pues, el contar con una lengua (que no dialecto) propia, el gallego, un territorio más o menos delimitado (el noroeste peninsular), diferente de los que lo rodean, y presentar una historia de independencia y voluntad nacional (con énfasis en el oscuro periodo en el que fue Reino suevo —siglos V–VI— y la Galicia de Gelmírez); así mismo, se aportaban justificaciones raciales: Galicia tenía una población mayoritariamente celta, pues éstos constituían el sustrato protohistórico antes de la invasión romana (que nunca llegó a consolidarse). Dominaba por tanto la raza aria, frente a la mayoritariamente semítica del resto de la península. Los argumentos aportados por los primeros regionalistas gallegos coinciden con el cambio que Eric Hobsbawm apunta en cuanto al concepto de nación en torno al romanticismo. Hobsbawm en *Naciones y nacionalismo* enfatiza la influencia del romanticismo como detonante de un nuevo tipo de nacionalismo europeo que empieza a producirse en la segunda mitad del XIX. Prescindiendo del "principio del umbral" postulado por Mazzini (una nación adquiría rango de tal si reunía los tres criterios de estar asociada históricamente con un estado, existía una antigua élite cultural de lengua vernácula literaria y administrativa, y tenía capacidad de conquista), el nuevo nacionalismo de base romántica afirmaba que podía ser nación cualquier grupo social que lo reclamara, basado no ya en una nacionalidad histórica, sino en principios étnicos y lingüísticos.

Aunque Alfredo Brañas haya sido el primero que codificó el ideario regionalista en su libro *El regionalismo* (1889), Manuel Martínez Murguía fue sin duda el alma del galleguismo[4] durante toda su dilatada vida y a él se deben la mayoría de los argumentos anteriores, que han constituido y constituyen la base del organismo mitopoético galleguista.[5] Sin embargo, ya fuera por el dramático final de la primera generación de activistas gallegos, o porque, siendo un conglomerado de diferentes ideologías se carecía de una línea política definida, lo cierto es que hasta los años veinte del siglo siguiente el galleguismo se mantiene en un nivel prácticamente discursivo, caracterizable como nacionalismo culturalista, dedicado a la consagración literaria de la lengua gallega y al estudio del pasado de Galicia como forma de creación de una identidad nacional.

Este es el contexto político-ideológico en el que tiene lugar el llamado "Rexurdimento" o "renacimiento" de la lengua y cultura gallegas. Este movimiento de reivindicación cultural de lo gallego comienza a producirse desde los años 60, dentro de la onda expansiva de la explosión de nacionalismos que sigue a los movimientos revolucionarios de 1848 en Europa, enlazados con la pasión por lo vernacular del romanticismo. Aunque se califique de "renacimiento," en realidad casi cabe más hablar de un "nacimiento" de la literatura en gallego. Los nuevos autores gallegos no sólo carecían de una base social para su proyecto de renovación cultural, en una región afligida por un tremendo atraso económico y desangrada por la emigración, con una burguesía minúscula, una nobleza absentista, un analfabetismo galopante y un caciquismo endémico, sino que, literariamente, tenían que empezar desde cero. Era virtualmente inexistente una tradición en la que insertarse y legitimarse, y ni siquiera se contaba con un modelo de lengua literaria (el gallego era de uso prácticamente oral); la poesía medieval galaico-portuguesa era en general desconocida, y lo que en España se conoce como los "siglos imperiales" en Galicia son los "siglos oscuros," de desintegración de las instituciones regionales y caída en el marasmo que se prolongaba hasta el presente (Tarrío 69–94; Vilavedra 81–94). Estos son años de tanteos y vacilaciones; sus propios protagonistas, como será el caso de Rosalía de Castro, tendrán dudas acerca de la viabilidad del gallego como lengua literaria, oscilando entre el uso del gallego y del castellano.[6] Así, el *Almanaque de Galicia para el uso de la juventud elegante y de buen tono, dedicado a todas las bellas hijas del país: 1868,* consideraba como igualmente valiosos para Galicia los *Cantares Gallegos* y *El caballero de las botas azules*:

> Hoy salen de las prensas de Galicia, obras que, como su anhelada *Historia* [que estaba siendo escrita por Murguía], recorren ambos mundos [y] son acogidas en la córte y en provincias con el más grande aprecio. De ello es una prueba, el cuento extraño, que lleva por título *El caballero de las botas azules*, debido á la pluma de una distinguida colaboradora del *Almanaque* y cuyo

> éxito ha superado á todas las esperanzas que la autora de los *Cantares Gallegos* hacía concebir al país y á sus admiradores. (Soto Freire, Conclusión, *Almanaque de Galicia* 99–100)

Pese a los titubeos, estos años iniciales son cruciales para determinar nóminas canónicas y señas de identidad. Si toda literatura y toda crítica literaria es, como afirma Vassilis Lambropoulos, una institución nacional (9), esto es mucho más acentuado en el caso gallego (González Millán). La nueva literatura en gallego o de Galicia, sin contar con una tradición previa, surge y se desarrolla paralelamente a la ideología galleguista, con lo que adquiere un enorme peso político. Pese a que la representación literaria de la galleguidad era todavía fluctuante en la segunda mitad de siglo, no tardó en ser codificada y presentada como el cimiento inamovible de lo que debe ser la literatura gallega, y del galleguismo como proceso evolutivo.

Los protagonistas del "Rexurdimento" tienen su origen entre la pequeña burguesía desarrollada en núcleos urbanos (A Coruña, Pontevedra, Vigo, Santiago) y en el medio estudiantil compostelano, ayudados por el capital económico e ideológico de las colonias gallegas de ultramar, y estimulados por el ejemplo catalán de recuperación de la cultura regional y cubano de reclamación de mayor autonomía de una metrópolis explotadora e ineficiente.[7] Se usa tradicionalmente el año 1862 para marcar el inicio del renacer: es el año de la celebración en A Coruña de los primeros Juegos Florales (significativamente patrocinados por un indiano),[8] y de la aparición del *Álbum de la Caridad*, en el que se publicaban las poesías premiadas en los Juegos, así como otros poemas en gallego; entre ellos los de Rosalía de Castro, que en 1863 habría de publicar el primer libro de poemas en gallego, de pronta y extraordinaria popularidad:[9] *Cantares Gallegos*. A éste le seguirán los libros de Valentín Lamas Carvajal (*Espiñas, follas e frores*, 1871), Eduardo Pondal (*Rumores de los pinos* —bilingüe—, 1879), Manuel Curros Enríquez (*Aires d'a miña terra*, 1880), *Follas novas* de Rosalía y *Saudades Gallegas* de Lamas Carvajal, ambos de 1880, Benito Losada (*Soazes d'un vello*, 1886), y otros.[10] Por el momento, la prosa de ficción y el teatro no son cultivados en gallego, salvo contadas excepciones.

El rechazo de Pardo Bazán por el regionalismo gallego

Volviendo a la pregunta de la que partía este capítulo: ¿Por qué es rechazada por el regionalismo cultural Emilia Pardo Bazán, gallega que escribe sobre Galicia y es estrictamente contemporánea al Rexurdimento, con un rechazo que la crítica gallega ha mantenido casi unánimemente a lo largo de más de un siglo? Los motivos más aparentes se mencionaron al principio de este capítulo: su nacionalismo español y su elección del castellano como lengua literaria. Ambos son sin duda factores importantes en la ubicación actual de Pardo en los sistemas literarios peninsulares, pero, como veremos, no fueron cuestiones determinantes en los años en los que la autora sitúa a Galicia como parte central de su mundo de ficción literaria y actividades de gestión cultural.

Repasando las fechas anteriores, puede decirse que hacia los años 80, el renacimiento gallego es un hecho consolidado. Su auge coincide con los años en los que Emilia Pardo Bazán, en plena fase naturalista de su novelística, ha convertido a Galicia en centro temático de su producción. Publica *La Tribuna* en 1882, *El Cisne de Vilamorta* y *Bucólica* en 1884, *Los pazos de Ulloa* en 1886, *La madre naturaleza* en 1887, e *Insolación* y *Morriña* en 1889.[11] Durante los meses de marzo a octubre de 1880 Pardo dirige y publica artículos en *La Revista de Galicia*. En 1888 publica *De mi tierra*, colección de ensayos sobre poetas y otros temas gallegos, que constituye el primer estudio de conjunto sobre la literatura regional gallega. En 1884, organiza y preside la asociación "Folklore gallego,"[12] que ese mismo año edita un volumen —*El folklore gallego*— para la serie organizada por Antonio Machado Álvarez. María Rosa Saurín ha estudiado como, tras un periodo de dudas iniciales, Pardo desarrolló una tremenda actividad organizadora en torno a la cuestión del folklore, llegando incluso a incitar y participar en la creación de las sociedades de folklore catalana, vasca, puertorriqueña y cubana. Con éste y múltiples motivos Pardo se cartea con toda una serie de estudiosos y prohombres gallegos, manteniéndose al tanto de todo lo que se publica en su tierra. En varias bibliotecas y archivos gallegos he localizado cartas inéditas de Pardo Bazán que muestran un frecuente y fecundo intercambio de ideas con intelectuales gallegos, como la que en 1881 dirige al naturalista Víctor López Seoane, comentando sus recientes libros *Notas* y *Ortópteros*, sobre fauna gallega, y discutiendo extensamente las teorías darwinistas (Archivo del Monasterio de Poio, Pontevedra); o la de 1882 a Emilio Álvarez Giménez, discutiendo libros de texto en las escuelas gallegas y la publicación de obras de Pardo en folletos en periódicos de Pontevedra (Archivo del Museo de Pontevedra).

No obstante, parece que toda esta actividad no le proporciona precisamente gratitud en su tierra, pues Pardo se duele en varias ocasiones del poco aprecio, incluso de la hostilidad, para ella inexplicable, que existe contra ella en Galicia:

> Siempre será para mí un enigma el porqué con todos estos antecedentes, no se me ha incluido desde luego en el catálogo de los escritores favorables a Galicia. Ignoro completamente que sucedería si yo, en vez de ensalzar, describir y retratar, agotando todo mi sentimiento, que tarda más en agotarse que mi ingenio al país donde nací, me hubiese encerrado respecto a él en completo silencio, o hubiese dicho a las gentes que me leen que esta tierra ni merece verse, ni visitarse, ni ser amada. [...] Sus glorias legítimas han tenido siempre en mí un panegirista incondicional, y repito que no sé que sucedería si hubiese sido de otro modo, pues procediendo así se quejan de mi desvío y de mi despego hacia Galicia.[13]

Hacia el año 1899 parece haber encontrado una explicación a la enemistad de los regionalistas: su anti-separatismo españolista.

> Por conocer mi españolismo, no faltaron regionalistas gallegos que me acusasen de desafecto a Galicia, no obstante haberme pasado buena parte de mi vida literaria pintando costumbres, estudiando caracteres y pintando paisajes gallegos, con filial interés. Así es que se produce un caso curioso: mientras los que me traducen allá por lueñes tierras creen que yo profeso el más apasionado regionalismo artístico y que del perfume de mi tierra está enteramente impregnada mi producción, los de acá me conceptúan *castellana* y no me reconocen. La explicación, pardiez, que es sencilla; yo seré regionalista por amor e instinto; separatista, jamás. (*La vida contemporánea* 79)

Sin embargo, Pardo está incurriendo en un error frecuente propio de una perspectiva centralista, el considerar el regionalismo político como separatismo o falta de patriotismo español.[14]

Los regionalistas gallegos decimonónicos, aunque exalten la nacionalidad propia frente a la española (emblematizada por Castilla-Madrid), a la que consideran abusiva y decadente, jamás manifestaron intenciones de querer separarse del Estado español; muestran su malestar, pero aspiran a que se cumplan sus aspiraciones regionales dentro del marco legal de este estado.

En 1902 J. Pella y Forgas defiende en "El problema del regionalismo" que los regionalismos no son sino beneficiosos para el conjunto del Estado. Su argumento, de índole spenceriana-darwinista, parte del fracaso de España como nación (todavía es reciente el desastre del 98). Para la supervivencia de un organismo, arguye el articulista, la ley de la evolución reclama la especialización de sus diferentes miembros. El hecho de que en la periferia española estén resucitando antiguos nacionalismos no es sino un paso adelante en la evolución del estado español. En el pensamiento de Murguía el regionalismo gallego se insertaba en este mismo argumento de regeneración de España mediante su descentralización:

> na actual situación de España, cando todo nos llama á unión e concordia como base forzosa da nosa rexeneración, non unha tolería senon un crime inconcebible sería o non aceptar xa que logo as actuais institucións [...] para as reformas que dexesamos ver implantadas. (en Fernández del Riego, *Pensamento galeguista* 124)

> En la situación actual de España, cuando todo nos llama a la unidad y la concordia, no ya una tontería sino un crimen inconcebible sería el no aceptar las actuales instituciones [...] para las reformas que deseamos ver implantadas. (mi traducción)

Sus palabras son categóricas: "errónea ou intencionadamente acúsasenos de separatistas. E non é verdade" (125; errónea o intencionadamente se nos acusa de separatistas. Y no es verdad; mi traducción).

Si el regionalismo no era concebido por sus partidarios como un movimiento separatista, sino todo lo contrario, como agente renovador de España, podemos descartar la divergencia ideológica indicada por Pardo Bazán —su oposición al supuesto separatismo de los galleguistas— como el motivo principal de su exclusión del "catálogo de escritores favorables a Galicia." Sin embargo, la propia Pardo era capaz de ver los beneficios del regionalismo dentro del marco del regeneracionismo. Así, en su discurso en los Juegos Florales de Orense de 1901 afirma que "los juegos florales continúan siendo un elemento centrífugo, algo que reparte por todo el cuerpo la ebullición de la vida" (citado en Sotelo 720).

Una causa de su rechazo que desde la perspectiva actual parece definitiva e insalvable es que, a diferencia de los autores del Rexurdimento, Emilia Pardo Bazán escribe exclusivamente en castellano. Según los manuales de literatura y programas de enseñanza actuales, el uso de la lengua gallega es el criterio principal que delimita la literatura gallega.[15] Sin embargo, como he adelantado en la introducción al capítulo, en sus momentos de gestación la divisoria lingüística no estaba tan clara. Los ideólogos del galleguismo escriben en castellano. Murguía mismo, el principal antagonista de Pardo Bazán, nunca escribió en gallego, aunque significativamente el galleguismo contemporáneo asimila la producción de Murguía, reeditando sus obras traducidas al gallego (cosa que no sucede, por ejemplo, con Pardo Bazán). Los poetas tienen una producción bilingüe, y la prosa (caso de las novelas de Rosalía de Castro) parece concebirse posible sólo en castellano. De hecho, aunque Murguía dotaba al gallego de unos fantásticos estatutos de nobleza filológicos— "la lengua que nos es propia, hija del celta, modificada por el latín [...] enriquecida por el habla y sentimientos suevos, y ajena a toda influencia árabe" (3)[16]—, reconocía la necesidad política del bilingüismo: así, establece una división ideal entre los escritores provinciales,

> los unos [...] empleando en sus trabajos la lengua nacional, y que los demás, semejantes á las piedras limitáneas que miran á las dos tierras que separan, usasen a la vez las dos lenguas, la de la nación y la de la provincia. Hay veces que conviene que nos oigan y entiendan fuera del país. *Les Bretons* es un poema tan provincial, a pesar de estar escrito en francés, como *Mireya,* que lo está en lengua de *oc.* (*Los precursores* 142–43)

Murguía, por tanto, no duda en "galleguizar" la obra en castellano de su esposa Rosalía de Castro: "El mismo amor a la tierra natal que inspiró sus versos gallegos, anima también a los que escribió en castellano. Todo es en ellos igual, la nota, el color, el perfume, la luz; todo, incluso el triunfo alcanzado" (*Los precursores* 199). También escribió un glosario en castellano para los *Cantares Gallegos*, el libro-emblema de la resurrección del idioma gallego, con el objetivo probable de ampliar el campo de recepción más allá de los por entonces estrechos y difusos límites de la nacionalidad gallega. No es extraño por tanto que, saliendo al paso a la insistencia en la lengua como índice de nacionalidad de Murguía y sus correligionarios,[17] la propia Pardo, aun alabando la producción poética en gallego, señalara la artificialidad de su uso: "Hoy el gallego posee, como el catalán y el provenzal, una nueva literatura propia; pero á diferencia de estos dos romances meridionales, el gallego no lo hablan los que lo escriben" (*De mi tierra* 296). Es decir, Pardo señala (errónea y clasistamente, según Olivia Rodríguez) que paradójicamente no era el gallego, sino el castellano, el idioma materno de los campeones del regionalismo.

Joanna Courteau, en un interesante artículo sobre lengua y etnicidad en Rosalía de Castro, afirma que ésta escribió en castellano pese a la opinión contraria de Murguía.[18] No obstante, en base a lo que acabo de exponer, es obvio que resulta igualmente aplicable a su marido la intención que Courteau cree ver en la opción de Rosalía por el castellano. Puesto que en el siglo XIX "it was difficult to predict whether, in spite of the efforts of the literary renaissance group, Galician would survive as an independent language," la solución para no desaparecer como grupo étnico, según la lectura de Courteau, consiste en inscribirse en la principal tradición escrita, el castellano, aunque conservando los rasgos característicos del grupo. En el caso de Rosalía, Courteau propone como tales índices de galleguidad el uso de motivos celtas, como el especial sentimiento hacia la naturaleza o la convivencia de vivos y muertos (un argumento debatible, puesto que estos son rasgos comunes en la poesía romántica).

De todas formas, si se repasa la correspondencia de Rosalía a Murguía, salta a la vista que su abandono del gallego no es ni mucho menos porque se proponga rescatar la galleguidad a través del castellano, sino porque es ella la que se siente injustamente abandonada por Galicia, castigada por romper reglas que vedaban a la mujer el tratar ciertos temas. A su decepción por la falta de respuesta popular a su último libro en gallego, *Follas Novas* (más subjetivo y personal que de base folklórica, como lo había sido el exitoso *Cantares Gallegos*), se unió el ataque de un grupo de seminaristas orensanos a la imprenta en que se publicó su artículo "El Codio" (sobre la costumbre marinera de ceder mujer o hija por una noche al huésped que vuelve de una larga estancia en el mar), considerado ofensivo y escandaloso para el honor de Galicia, sobre todo por venir de una mujer. Rosalía es contundente en su carta de 1881 a su marido:

> me extraña que insistas todavía en que escriba un nuevo tomo de versos en dialecto gallego [...] ni por tres, ni por seis, ni por nueve mil reales volveré a escribir nada en nuestro dialecto, ni acaso a ocuparme de nada que a nuestro país concierna. Con lo cual no perderá nada, pero yo perderé mucho menos todavía. [...] Aún dado el caso (que niego) de que yo hubiese realmente pecado, por lo que toca al artículo en cuestión, ¿era aquello tacha literaria grande o pequeña de cualquier escritor que hubiese dado siempre probadas muestras de amor patrio, como creo yo haberlas dado? (1563–64)

La poeta siente que ya no tiene ninguna obligación hacia el pueblo que así la maltrata ("No quiero volver a escandalizar a mis paisanos" [1564]), se desliga de la comunidad imaginaria que había ayudado a construir, manifestando su "resolución de no volver a coger la pluma para nada que pertenezca a este país, ni menos escribir en gallego" (1564), y regresa a una lírica intimista (*En las orillas del Sar*) en la que había sido su lengua original en poesía, el castellano.

Así pues, es evidente que los primeros pasos literarios de Galicia son vacilantes en cuanto a la lengua en que expresar el espíritu regional. Saliendo al paso de estas vacilaciones lingüísticas, Courteau defiende la posibilidad de una literatura nacional en una lengua diferente de la de la nación (postura que abriría las puertas de la "literatura gallega" a escritores gallegos en castellano como Valle-Inclán, Wenceslao Fernández Flórez, Torrente Ballester, Camilo José Cela o la propia Pardo Bazán). Sin embargo, hemos visto en el ejemplo de Rosalía —cuyas quejas acerca de la ingratitud de sus paisanos guardan un interesante paralelismo con las de Pardo— que su rebelión contra el gallego era también una rebelión contra el sistema de valores que se establecen en la nacionalidad incipiente, en la que veía su papel literario reducido a los parámetros de la feminidad al uso, dulce cantora del idilio regional, y no narradora realista de costumbres locales ofensivas a la moral del nacionalismo burgués (como las que Pardo, también escandalosa y transgresoramente, tantas veces retrató en sus relatos naturalistas sobre Galicia).[19]

Vemos en estos polémicos inicios cómo en la cuestión nacional llega a pesar tanto o más que la ideología y la lengua en que se escribe, el que el autor y su representación se ajusten a temas y estilos adecuados al reparto de roles sexuales que conforma la base de la imaginación nacional. Será interesante el contrastar las manipulaciones de Murguía en torno a la iconización de su esposa como máximo símbolo de la feminidad gallega, con la rebeldía y fuerte problematización del nacionalismo que Rosalía plantea en su carta.

La crítica gallega actual presenta una visión mucho más limpia y aséptica de las fronteras de la literatura nacional, aunque a veces es posible detectar una cierta ansiedad en la delimitación que revela la presencia de esos orígenes ambiguos. Veamos este párrafo que abre un popular manual de literatura gallega (1993), que apunta a lo inestable y artificial de la relación entre "literatura nacional" y "lengua nacional":

> Dicir a estas alturas que a literatura dun país, dunha nación, é a que está escrita na língua propia desde país ou nación, parece unha obviedade. Dicir, polo tanto, que a literatura galega abrangue soamente a que é ou foi escrita en galego parece que vai de seu. Ademais, na situación actual da nosa literatura, podemos asegurarlo rotundamente, sen temor a nos equivocar. (Tarrío 9)

> Decir a estas alturas que la literatura de un país, de una nación, es la que esté escrita en la lengua propia de ese país o nación parece una obviedad. Decir por lo tanto que la literatura gallega abarca solamente la que fue escrita en gallego parece evidente. Además, en la situación actual de nuestra literatura, podemos asegurarlo rotundamente, sin temor a equivocarnos. (mi traducción del gallego)

"The Nation is the point where repression and the return of the repressed take place simultaneously" (Gourgouris 45) y efectivamente, fantasmas reprimidos parecen alentar bajo este párrafo, con su extraña conjunción de términos aseverativos ("obviedad," "evidente," "rotundamente") y dubitativos "parece" que encabezan cada aseveración, socavando la autoridad final que trata de cerrar la cuestión a toda duda con un "sin temor a equivocarnos"; tal construcción sintáctica no lleva sino a subrayar, contra la intención autoritativa/autoritaria del párrafo, ese "temor." Porque el temor existe, precisamente porque se habla "a estas alturas," "en la situación actual de nuestra literatura," es decir, desde un presente de normalización lingüística que oculta desde la "evidencia" de esta "normalidad" la conflictividad histórica en torno a la lengua. De la existencia de un ideal de galleguidad lingüística, y por tanto del carácter artificial, fruto de una depuración, de esta lengua gallega, nos informa el mismo autor más adelante: "[...] ata hai pouco tempo, e gracias á investigación filolóxica e conseguintes diccionarios fiables, non se comezou a erradicar o castelanismo dunha forma rigorosa e contundente" (Tarrío 102; "hasta hace poco tiempo, y gracias a la investigación filológica y consiguientes diccionarios fiables, no se comenzó a erradicar el castellanismo de una forma rigurosa y contundente"; mi traducción).

A la hora de analizar los motivos del rechazo a Pardo Bazán es necesario por tanto ir más allá de la perspectiva de la crítica actual que ve a la literatura gallega como "en gallego," y que sin embargo, revela su inseguridad en torno a los orígenes "impuros" de una lengua y una literatura que sólo tras los esfuerzos de limpieza filológica desarrollados "no hace mucho tiempo" ha conseguido erradicar el castellanismo. Episodios como la doble actitud —según lo que conviniera— de Murguía hacia el uso del gallego o el castellano en literatura, y la rebeldía de Rosalía hacia el papel que se le quería asignar en la nueva literatura regional, enturbian, al menos en sus orígenes, la posibilidad de usar el factor lengua como delimitador de una literatura gallega.

Descartadas la ideología españolista y el uso del castellano, todavía queda sin responder la pregunta inicial: ¿cuál fue, entonces, la razón de la hostilidad del medio galleguista hacia Pardo Bazán; por qué, pese a su reconocida calidad literaria y su dedicación a Galicia no se le celebró, como a Rosalía de Castro, como escritora de Galicia, como madre literaria del imaginario gallego?

Para poder responder a esta pregunta, propongo analizar a Pardo Bazán como "locus" del conflicto provincia/metrópolis, origen del nacionalismo. Esto nos ayudará a encontrar algunas claves que demuestren que su expulsión del corpus galaico es más que una cuestión lingüística o de afiliación política, y que está directamente vinculada al proceso de esencialización y masculinización común a todo proceso de construcción nacional.

Inviabilidad cultural de la provincia según Pardo Bazán

La novela *El Cisne de Vilamorta* (1884) de Emilia Pardo Bazán se abre de forma emblemática: en la primera escena nos encontramos al romántico "cisne" del pueblo gallego de Vilamorta, Segundo García, en el acto de convertir la creación poética original en repetición distorsionada; inflamado por la belleza de la campiña y lo romántico de la hora, Segundo declama en voz alta las rimas de Bécquer para que el eco se las devuelva en absurdo diálogo poético (reflejando, como afirma Valis ["Pardo Bazán's *El Cisne*" 218], el carácter narcisista del romanticismo en sí): "Y el interlocutor del eco [...] con lenta canturria empezó a recitar versos de Bécquer, sin atender ya a la voz de la muralla que, en su precipitación de repetirlos, se los devolvía truncados y confusos" (199–200).

Así, desde esta primera página, la ficción novelística va a representar los juicios que a Pardo Bazán le merecía la literatura de provincias: mero eco rezagado y confuso, perdido ya el significado original del movimiento, de lo que se produce en la metrópolis (Madrid), doblemente retrasado si se tiene en cuenta que Bécquer ya era un epígono del romanticismo, cuando en España y el resto de Europa triunfaba el realismo. Los nombres propios escogidos por la autora hablan por sí mismos:[20] "Vilamorta" alude al carácter intemporal y apático del poblachón gallego en el que se desarrolla la acción;[21] "Segundo" apunta al papel secundario, desfasado, del poeta, y el vulgar "García" de su apellido a su tipicidad anodina. Cuando la prensa madrileña finalmente destroza los poemas del vate de provincias, éste debe borrarse del mapa cultural, refugiándose en la última periferia, la emigración; y el narrador se ensaña ante esta retirada: "El Cisne ha dejado su lago natal o, mejor dicho, su charca; ha cruzado el Atlántico en alas del vapor" (271; el énfasis es mío). En una conversación entre el "cisne" y don Victorino, el político madrileño que vuelve a Vilamorta para tomar las aguas, la infructuosidad de ser poeta de provincias queda abiertamente declarada:

> —Pero hijo, ¡si las letras no son carrera! ¡Si no hay tal cosa! Vamos claros: ¿ha salido usted alguna vez de Vilamorta..., digo, de Santiago y de estos pueblos así?
>
> —No, señor.

> —¡Entonces comprendo esas ilusiones y esas niñadas! Por aquí todavía creen que un escritor o un poeta, en el mero hecho de serlo, puede aspirar a… Y usted, ¿qué escribe?
>
> —Versos.
>
> —¿Prosa no?
>
> —Algún artículo suelto … Casi nada.
>
> —¡Bravo! Pues si se fía usted de los versos para navegar por el mundo adelante … Yo he notado en este país una cosa curiosa, y voy a comunicar a usted mis observaciones. Aquí los versos se leen todavía con mucho interés, y parece que las chicas se los aprenden de memoria … Pues allá, en la corte, le aseguro a usted que apenas hay quien se entretenga en eso. Por acá viven veinte o treinta años atrasados: en pleno romanticismo. (229)

Como para confirmar su desdeñoso juicio, unas páginas más adelante encontraremos a una de estas rapsodas de provincia, la cursi Elvira Molende, que sabía "de memoria muchos versos buenos y malos, por lo regular pertenecientes al género tristón, erótico y elegíaco" (247). Si como recitadora de cosas ajenas es pasable, sus creaciones propias son deleznables, pero delatan el deseo y la carencia propias de una minoría de edad ("como el párvulo declara su hambre") cultural (alejada de los circuitos de la fama y la instrucción) y sexual (reprimida por las leyes sociales y la moralidad provinciana):

> Recitó la poetisa, después de los indispensables remilgos, dos o tres cosillas casi sin forma poética, flojas, sinceras en medio de su falsedad sentimental; de esos versos que no revelan facultades artísticas, pero son indicio cierto, infalible, de que el autor o autora siente un anhelo no satisfecho, aspira a la fama o a la pasión, como el inarticulado lloro del párvulo declara su hambre. (247)

En el prólogo a *El Cisne de Vilamorta* había establecido ya Pardo sus propósitos de "huir del estrecho provincialismo," distanciándose de vocaciones culturales tan improductivas como la de la señorita de Molende o el propio Cisne:

> Al escribir *La Tribuna* me guiaban iguales propósitos que al trazar las páginas de *El Cisne*: estudiar y retratar en forma artística gentes y tierras que conozco, procurando huir del estrecho provincialismo, para que el libro sea algo más que pintura de usanzas regionales y aspire al honroso dictado de *novela*. (670)

Pardo se adscribe por tanto a lo que proporciona un lugar "honroso" en la república de las letras, lo que permite el acceso a una posición central, metropolitana y moderna: la prosa, la novela, el realismo; mientras que bajo el signo "provincia" se alinean la poesía, el costumbrismo, el romanticismo y lo femenino, metonimizado en esas "chicas" memorizadoras de versos, representativas, según la cartografía cultural que trazaba don Victorino, de la cultura provinciana. Sin embargo, como Valis concluye en su análisis de *El Cisne de Vilamorta*, no es el romanticismo en sí como movimiento lo que rechaza Pardo en esta novela, sino su "mal uso," su desacralización y superficialidad en poetas de segunda como Segundo García. De hecho, la tensión o contrapunto realismo/ romanticismo en esta novela es lo que acaba salvaguardando las auténticas instancias de romanticismo, como la trágica muerte de la maestra Leocadia, quien pese a no ser poeta preserva, como lectora, el espíritu del romanticismo de forma mucho más pura que sus pálidos imitadores escritores (Valis, "Pardo Bazán's *El Cisne*" 215, 228).

De la misma forma que el realismo le sirve paradójicamente para preservar esa idealidad romántica caricaturizada por poetas epigónicos, para Pardo Bazán practicar una escritura *desde* la metrópolis *sobre* la provincia redime del provincialismo y preserva el espíritu y la identidad regional. Pardo se muestra en este doble movimiento acorde con la teoría política de su admirado John Stuart Mill, quién proponía que la supervivencia de las nacionalidades más débiles (como Gales, Irlanda o Escocia) dependía necesariamente de ser englobadas en la más fuerte (Inglaterra):

> Experience proves, that it is possible for one nationality to merge and be absorbed in another; and when it was originally an inferior and more backward portion of the human race, the absorption is greatly to its advantage. Nobody can suppose that it is not more beneficial to a Breton, or a Basque, or a French Navarre, to be brought into the current of the ideas and feelings of a highly civilized and cultivated people [the French nationality]. (293)

Esta estrategia discursiva que se intuye en *El Cisne* y que consiste en hablar desde el centro sobre la periferia para poder así salvar o redimir esa periferia, y viceversa, partir de la periferia para revivificar el centro, se encuadra dentro de un sistema dialéctico que articula el pensamiento de Pardo a varios niveles. Como veremos en el próximo capítulo, Pardo teoriza el lugar de la mujer en la cultura nacional como una continua trasposición entre lo femenino (natural, empírico, genuino) y lo masculino (cultural, racional, abstracto). La función de Galicia en la escritura y pensamiento de Pardo es paralela a la de la mujer. Para poder existir como "cultura," debe ser incorporada al discurso imperante (castellano, masculino, realista), pero a su vez su incorporación fecunda a este discurso, le da nuevo vigor. En palabras de Mill, con quien tantos paralelismos tenía la escritora española[22] (y en las que una vez más resuena la influencia darwinista):

> Whatever really tends to the admixture of nationalities, and the blending of their attributes and peculiarities in a common union, is a benefit to the human race. Not by extinguishing types [...], but by softening their extreme forms, and filling up the intervals between them. The united people, like a crossed breed of animals, [...], inherits the special aptitudes and excellences of all its progenitors. (293)

Muy similar es lo que propone Pardo en la relación Galicia/España. En su estudio sobre "Feijoo y su siglo" (*De mi tierra*), pide más actividades culturales en las provincias "que ayuden a descentralizar la actividad literaria, hoy condensada en Madrid" (126). Esta culturización la comprende como un movimiento del centro a la periferia, pues igual que reyes y magnates visitan las provincias, también debe visitarlas "la literatura, mensajera del cielo, Iris alada que transmite a los más apartados países el latido misterioso del cerebro universal y la divina luz de la belleza" (126). Una centralización excesiva, sin embargo, puede resultar dañina para el espíritu nacional, arruinando lo que haya de genuino en la nación en su manto homogeneizador. Así sucedió en España en el siglo XVIII, dice la escritora, cuando la nueva política borbónica procedió a "modificar profundamente nuestro carácter nacional, destruir las últimas reliquias de la vieja libertad del municipio y del fuero, centralizar la administración y extirpar todo lo castizo que aún conservamos" (128), causando la decadencia cultural de la nación. El Padre Feijoo, aportando su originalidad galaica al grisáceo panorama de su siglo, logró dar nueva vida a la cultura nacional y reivindicar con ello la gallega: tras la etapa de oscuridad de Galicia que siguió a su esplendor medieval, "[r]eservado nos estaba," dice Pardo, "brillante desquite en el siglo XVIII," pues

> esta tierra de trovadores [...] había de salir nuevamente a escena y rehabilitarse, después de dos siglos, con el campeón del prosaísmo y la cultura racional, con el Padre Feijoo [...] las dotes intelectuales de Feijoo están marcadas con el sello de su país. Era el gallego sagaz, sesudo y tesonudo [...] con buen sentido innato, y que lleva en su equilibrado temperamento las aptitudes necesarias para imponer a una nación fogosa, pero razonadora y aguda, el criticismo, la independencia y la cordura científica. (145–46)

A todas luces Pardo veía en Feijoo un precedente de sí misma (de ahí que llamara a su propia enciclopédica empresa periodística *Nuevo Teatro Crítico*, en honor del erudito gallego, y que algún compañero la calificase de "Madre Feijoo"). Como él, ella había contribuido a la renovación de la cultura nacional con el aporte de su especial idiosincrasia regional y sexual, uniendo pragmatismo y abstracción, naturaleza y cultura, arte y ciencia, valores femeninos y masculinos. Pardo alaba la índole moral de la galleguidad de Feijoo en términos de resistencia o inquebrantabilidad espiritual bajo la hegemonía del más fuerte, en línea con la aportación femenina de reserva espiritual de la nación que le veremos ensalzar en el próximo capítulo. Según Pardo la gallega es una "raza que no se fía sino de sí misma, que tiene más dócil el cuerpo que el espíritu, y a quien es más fácil dominar que convencer" ("Feijoo" 146).

Si la conciliación dialéctica era para Pardo la fórmula viable para la cultura española y la gallega, tanto el provincianismo y la cultura femenina (que se ajusta a la sentimentalidad e "inocencia" del "ángel del hogar") como obcecarse en el centralismo-masculinismo eran vías muertas de la cultura nacional.

La literatura gallega —como la literatura femenina que menospreciaba Pardo—, girando todavía en torno a la poesía y el costumbrismo románticos, era, además, doblemente provinciana. El sociólogo Edward Shils lo plantea de esta manera: "There are also provinces which are doubly provincial with respect to both the worldwide metropolitan center and their own national metropolis" (360). Para Pardo, no sólo Galicia, sino España entera, eran provincianas.

Don Victorino, el político madrileño de *El Cisne de Vilamorta*, posee también esta conciencia y expande el panorama desolador que para las letras presentan las provincias a un nivel nacional; "¿quién lee en España?" se pregunta desesperanzadamente; porque España, concluirá Pardo en uno de los artículos de su dolorida serie de 1898 en *La Ilustración Artística*, es "el Eccehomo de las naciones" ("Las Cortes" 282). En un artículo de 1902 en *La Ilustración Artística*, Pardo sigue insistiendo en la inexistente cultura española: "Aquí (será monótona la queja, á fuerza de repetirse, pero ¿cómo no quejarse de un dolor continuo?), aquí no se lee, o se lee cada día menos" ("Pinceladas de literatura" 154). El resto de España presenta la misma oquedad cultural que Galicia, y de hecho no es sino otra provincia más de la gran metrópolis cultural del momento: París. "Respecto a París, todos los europeos somos provincianos," afirma Pardo[23] en una polémica con Pereda en la que rebate la actitud de menosprecio de corte y alabanza de aldea sostenida por éste. Esta polémica, que hinca sus raíces en la famosa descripción de la obra de Pereda por Pardo en *La cuestión palpitante* como "huerto bien regado, bien cultivado, oreado por aromáticas y salubres auras campestres, pero de limitados horizontes" y que se desarrolló en las páginas de *El Imparcial* durante 1891, se inicia por la defensa de Pereda, que se siente atacado por "Madrid" (personificado en la condesa como madrileña advenediza) del derecho de la narración provinciana a ser considerada novela. Para Pardo Bazán, el tipo de novela que defiende Pereda, reducida a la esfera del costumbrismo, era incapaz de competir con la gran novela europea (francesa, y en ese momento, a través de la francesa, la rusa):

> [E]l mundo se nos acaba en la frontera, o tal vez en la Puerta del Sol; no atribuimos importancia sino a nuestras mezquinas agitaciones políticas, a los nimios acontecimientos de nuestra vida interna; y mientras tanto nuestra influencia exterior se anula, vivimos intelectualmente arrinconados. (*La revolución y la novela en Rusia* 761)

La solución al provincianismo anquilosante de esta "tierra de garbanzos" (*La cuestión palpitante* 178) es la apertura a Europa, especialmente a "la capital del mundo latino" (*La revolución y la novela en Rusia* 760), el París que la condesa solía visitar en los inviernos y cuyos círculos literarios frecuentaba, "[l]a France, quant elle détenait la royauté culturelle, Paris étant la métropole inégalée des Lettres et des Arts."[24]

Tres décadas más tarde encontramos un juicio muy similar en una carta de otro autor que, como Pardo, habita los límites del espacio cultural gallego y el español sin llegar a ser asimilado totalmente por ninguno: Ramón del Valle-Inclán. En una carta a un amigo gallego que le consulta sobre el futuro literario de su hijo, Valle-Inclán emite el siguiente juicio: los escritos que le han mandado muestran cierto talento, "pero un funesto sentido provinciano," que no se cura con salir de Galicia, sino también de España:

> Es o debe ser ecuménica la hora que vivimos y los momentos no son propicios para que un joven de provecho pierda su tiempo soplando la vieja chirimía del celtismo gallego. La minerva gallega nunca ha dado más que curiales [...] Si vale mi consejo, envíe a su hijo a la Sorbona, a seguir una especialidad de letras, y si usted prefiere no extrañarlo fuera de España, mándelo aquí, a Madrid, al centro de Estudios Históricos.[25]

Shils, analizando las reacciones de los intelectuales de provincia al enfrentarse con la metrópolis, encuentra dos disyuntivas: o bien se incorporan al circuito y modos culturales de la metrópolis (sería el caso de Pardo o Valle), o la rechazan, potenciando lo que hay de creativo en la provincia (el ideal de un Pereda o un Murguía):

> The belief that one's own quality will be elevated by the assimilation of certain features of metropolitan life is one response to the sense of inadequacy of one's own provincial culture. No less significant are the deliberate rejection of the standards of the metropolis and the subsequent effort to stress the creativity of the provincial. (357–58)

La segunda opción es la que da origen a la construcción de una identidad provincial, que se afirma como valor en sí mismo y no por la relación de subalternidad con el centro. Este primer paso para la aparición de una conciencia nacional está relacionado al nivel simbólico con la valoración decimonónica de los géneros sexuales: dejarse aculturar es afeminarse, mientras que afirmarse en lo propio y no dejarse subyugar se asocia con lo masculino (= poder, hegemonía, autodeterminación). Cuando se trata de una nacionalidad como la gallega, la irlandesa o la india, que se considera colonizada o subordinada a otra más poderosa, la representación del proceso de liberación o afirmación de esta nacionalidad se llevará a cabo en la forma de una nación femenina a la que sus hijos deben reconquistar de la imposición del rival ajeno para recuperar el honor nacional. Ann Jones y Peter Stallybrass, en "Dismantling Irena" analizan un proceso similar de feminización/masculinización en el nacionalismo irlandés. Es significativo también el que naciones-estado consolidadas como Gran Bretaña o Alemania escojan por esta época como sus encarnaciones nacionales figuras femeninas con la denominación de la "nacionalidad" bajo el dominio romano —Britania, Germania—, ahora señoras de sí mismas, o más bien desposadas con sus señores legítimos (Mosse, *Nationalism and Sexuality*). Veremos cómo se llevó a cabo este proceso de sexualización en el caso de la identidad cultural gallega.

La reacción provinciana como inicio de la construcción de la nación

La existencia de la primera tendencia señalada por Shils, la metropolitanista, es condición para que surja la segunda reacción, la provincianista, al existir dentro de la provincia miembros metropolitanizados que agudizan la percepción de la provincianidad. Autores como Pardo Bazán o Valle-Inclán, nadando entre las dos aguas metropolitanas y provinciales, que escribieron una literatura metropolitana de la provincia (y en la lengua de la metrópolis), fueron necesariamente conflictivos en el proceso de negociación de esta identidad. No es casualidad que sus nombres aparezcan unidos como molestos obstáculos a la causa galleguista emprendida por Murguía y su grupo ("A Cova Céltiga"); en palabras de Francisco Fernández del Riego:

> os escritores galegos daquel tempo, atraguidos polas publicacións e as tertulias de Madrid [...] arelaban —engaiolados polos ésitos da Pardo Bazán e de Valle-Inclán— facer unha literatura de Galicia en lingua castelá. (*Manual de historia da literatura galega* 121)

> los escritores gallegos de aquel tiempo, atraídos por las publicaciones y las tertulias de Madrid [...] ansiaban —engolosinados

> por los éxitos de la Pardo Bazán y de Valle-Inclán— hacer una literatura de Galicia en lengua castellana. (mi traducción)

El análisis realizado por Ricardo Axeitos y Patricia Carballal de la recepción en la prensa gallega de la obra teatral *La Suerte* de Pardo Bazán es reveladora en este sentido. Cuando *La Suerte* se estrena en teatros madrileños en 1904, Galo Salinas, autor teatral y crítico coruñés de simpatías regionalistas, escribe una reseña en la *Revista Gallega* elogiando con ardor la obra de Pardo (la cual todavía no ha visto), como encarnación del Alma Gallega y contribución espléndida a la incipiente dramaturgia gallega, pues "si bien lo escribió en castellano [...] está pensado en gallego" (citado en Axeitos y Carballal 158). Sin embargo, cuando la obra se estrena en A Coruña, con escasísimo éxito de público y crítica, el propio Galo Salinas rectifica, y contesta desde posiciones de orgullo regional a la crítica madrileña que acusa de "ignorantes" a los coruñeses que rechazan la obra de Pardo. Lo que se rechaza, explica Galo, es la visión deformada para un público castellano de la realidad gallega: "no transigió [el público] con el lenguaje que en el diálogo se emplea, que ni es gallego, ni bable, ni castellano, sino algo así como la caricatura del nuestro tan hermoso, rico y armonioso y puesto en ridículo por el empleo de frases y giros que por aquí no conocemos" (159). El desencuentro entre los principios geopolíticos/literarios de Pardo y el de los regionalistas se evidencia en una nueva queja de Pardo, en carta a su amiga Blanca de los Ríos, sobre la falta de recepción que ha encontrado su obra entre su propia gente: "No me equivocaba. Han rechazado *La Suerte*, creo que hasta ruidosamente [...] los regionalistas, que son cuatro gatos [...] organizaron la patifestación" (citado en Axeitos y Carballal 160).

Estas figuras híbridas de la literatura peninsular, como Valle o Pardo, aceptadas y rechazadas a un tiempo por ambos *establishments* nacionales —del gallego finalmente excluidas—, necesariamente influyeron en la formación de esas literaturas, aunque fuera por negatividad, dejando la huella del vacío de su expulsión (lo que *no* debe ser esa literatura) o su clasificación como anomalía. Así, en el caso de Galicia, influyeron en la elección de una lengua propia como forma de diferenciarse de la metrópolis, y en que se cultivaran una serie de características que se consideraban inherentes al ser gallego.

Los esfuerzos de Pardo Bazán por incorporar a las que consideraba "culturas provincianas" (en su opinión inviables en tanto que eco retrasado de la metrópolis[26]) en la órbita metropolitana incentivaron el movimiento defensivo de creación y delimitación de las respectivas "literaturas nacionales" de ambos espacios. Ya hemos visto en el capítulo 1 cuál fue su función catalizadora de las propiedades de la "literatura española," y veremos que a nivel gallego desempeñó un rol semejante.

La labor "metropolizadora" de Pardo fue muchas veces, tanto para la literatura gallega como para la española, un irritante recordatorio de su provincianismo; su personalidad cosmopolita, su obra que absorbía las principales corrientes europeas, la alejaban de los que se mantenían dentro de los esquemas de la provincia. El poema que le dedica Emilia Calé, poeta gallega miembro del grupo "La Galicia Literaria,"[27] es sintomático de la conciencia de la separación entre la cultura provinciana y lo que representaba doña Emilia:

> Hoy nueva luz que en torno de ti gira,
> en tu senda abrillanta con anhelo
> Las flores de ese numen que te inspira
> Y yo admirando tu grandioso vuelo,
> Te ofrezco el eco de mi tosca lira
> Ya que eres gloria del gallego suelo. (283)

La voz poética, localizada en los parajes que vieron nacer a la novelista, la despide mientras ésta se aleja, y proclama su nuevo estado, diferente de cuando aún vivía en "la herculina zona" (A Coruña). Aunque respetándola como "gloria del gallego suelo," Calé representa a la escritora coruñesa como algo separado ya de su mundo, alejándose, distanciándose, marcando un agudo contraste entre su "grandioso vuelo" y la "tosca lira" que resuena en los parajes provincianos.

La persona y obra de Pardo Bazán supusieron para el medio intelectual gallego, "the meeting of province and metropolis," hecho que, según estudia Michael Kugler en su artículo sobre los intelectuales provincianos en Francia e Inglaterra, "led to the self-conscious creation of provincial culture" (165). Afirma Kugler que, así como a mediados del siglo XVIII en la intelectualidad ilustrada de Europa predominaba la creencia en el progreso de una civilización europea, a fines del XVIII "[m]any provincials" [como Rousseau, Schiller o Herder] "believed that the rise of a European empire would reduce individual nations to provinces, while the resulting political order would degenerate into an effeminate despotism" (161). Es sumamente significativa esta vinculación de provincianismo y afeminación o castración,[28] y nos abre el camino para una definición de provincia más amplia, en línea con la que propone el sociólogo Shils (355). "Provincia," en un sentido laxo, no corresponde solamente a cada una de las divisiones administrativas de un país fuera del área de influjo de la capital, sino que connota todo aquello subordinado, dominado, subalterno, alejado de donde "pasan las cosas." Etimológicamente, *provincia* procede del latín *pro-vincere,* "vencer, subyugar, dominar"; el sujeto provinciano es por tanto aquél mantenido al margen del poder, que habita un "territorio conquistado," y es incapaz o está incapacitado para ejercer su propia voluntad. Así, el provincianismo de Lucía, la protagonista de la novela de Pardo *Un viaje de novios*, consistía no sólo en no haber salido nunca del estrecho marco de León sino también en su condición de mujer (privada de educación y voluntad propia) y su origen modesto, lo que provoca el progresivo desprecio de su marido (burócrata madrileño) y contribuye a su desastroso final.

A finales del XIX, ser mujer en un mundo de hombres, ser gallego en España, ser español en Europa, era ser provinciano, vivir en los confines de las decisiones, alejado del centro del poder cultural, económico y político. La mayoría de los intelectuales decimonónicos de Galicia, provincia intelectual y política[29] de Madrid, y de España, provincia cultural de Francia, reaccionaron ante la situación de inferioridad y marginación que suponía esta relegación, defendiendo unas señas de identidad "nacionales" que las convertían en moralmente superiores a la metrópolis. De hecho, frente a los que les criticaban por atentar a la unidad patria, los regionalistas de fines del XIX se consideraban a sí mismos como la alternativa sana y viril, capaz de salvar a España de su decadencia, como se desprende de estos versos de Pondal:

> Non cantes tan tristemente
> probe e desolada nai;
> non lle cantes cantos brandos
> pra adormecer o rapaz,

onde está a cova do sono
no céltico carballal;
cántalle cantos ousados
que esforzado o peito fan;
cántalle o que xa cantara
o nobre bardo Gundar:
¡a luz virá para a caduca Iberia
dos fillos de Breogán! (*Queixumes* 92)[30]

No cantes tan tristemente, / pobre y desolada madre; / no le cantes cantos blandos / para adormecer al niño, / donde está la cueva del sueño / en el céltico robledal; / cántale cantos osados / que hacen esforzado el pecho; / cántale lo que ya le cantara / el noble bardo Gundar: / *¡la luz vendrá para la caduca Iberia / de los hijos de Breogán!* (mi traducción)

Frente a los cantos blandos, femeninos, de la madre España, el poeta ofrece la voz bronca —masculina— del "bardo Gundar" (alter ego poético de Pondal) que despertará del sueño a los gallegos (una de las figuras más repetidas en la retórica galleguista desde mediados de siglo), y ellos, los hijos de Breogán, la noble estirpe céltica, llevarán la luz al resto de la "caduca Iberia."

El nacionalismo "defensivo," de raíz provinciana —español y gallego—, se origina en un sentimiento de inferioridad y postergación, a diferencia de los nacionalismos triunfadores o triunfalistas, que afirman su superioridad sobre el otro, como el catalán,[31] el vasco,[32] o el francés; la reacción provinciana consiste en convertir esa inferioridad histórica en una "natural" superioridad moral sobre el otro que oprime.

Es significativo en este sentido el esquema de poderes que Rosalía de Castro establece en su prólogo a *Cantares Gallegos.* La poeta describe un sistema de círculos concéntricos de provincianismo, en el que la situación española se describe en pie de igualdad con la gallega; ambas están humilladas y vejadas por un poder externo (España por Francia, Galicia por España), que las ignora y desprecia. Este paralelismo ya venía señalándose en el pensamiento y la prensa galleguista; así Antonio de la Iglesia González afirma en 1865 que

Os erros que os extranxeiros abrigan contra a España, adoitan seren iguais os que ate os demáis españois alimentan contra os seus propios irmáns os galegos. (63)

> Los errores que los extranjeros abrigan sobre España suelen ser iguales a los que los demás españoles alimentan sobre sus propios hermanos los gallegos. (mi traducción)

O Benito Vicetto (1865):

> parodiándo o sonado insulto do abate D. Prats "a Africa comenza nos Pirineos," dixeron tamén dos galegos, *a civilización de España detense nas augas do Douro*. [...] así como os franceses ridiculizaron aos españoles, os españoles ridiculizaron á súa vez aos galegos. (citado en Fernández del Riego, *Pensamento galeguista* 73–74)

> parodiando el sonado insulto del abate D. Prats, "África comienza en los Pirineos," dijeron también de los gallegos, *la civilización se detiene en las aguas del Duero*. [...] así como los franceses ridiculizaron a los españoles, los españoles ridiculizaron a su vez a los gallegos. (mi traducción)

Si bien ambas situaciones de provincianismo son igualmente indeseables, el subrayar el "provincianismo" español sirve a Rosalía para recordar la ilegitimidad de la "provincianización" (mediante el olvido o la ofensa) de Galicia. Puesto que España no es una auténtica metrópolis, no tiene derecho moral a "olvidar" (y recordemos con Renan que el "olvido" histórico es un componente fundamental de la formación de la nación[33]) a sus provincias más atrasadas y es por ello "aún más culpable" que Francia respecto a ella. Afirma Rosalía:

> Ben din que todo neste mundo está compensado, e ven así a sofrir España dunha nación veciña que sempre a ofendeu, a misma inxusticia que ela, inda máis culpabre, comete cunha provincia homillada de quen nunca se acorda, como non sea pra homillala inda máis. Moito sinto as inxusticias con que nos favorecen os franceses, pro neste momento casi lles estou agradecida, pois que me proporcionan un medio de facerlle máis palpabre a España a inxusticia que ela á súa vez conosco comete. (*OC* 266)

> Bien dicen que todo en este mundo está compensado, y viene así a sufrir España de una nación vecina que siempre la ofendió [Francia] la misma injusticia que ella, aún más culpable, comete con una provincia humillada de quien nunca se acuerda, como no sea para humillarla aún más. Mucho siento las injusticias

> con las que nos favorecen los franceses, pero en este momento casi les estoy agradecida, puesto que nos proporcionan un medio de hacerle más palpable a España la injusticia que ella a su vez comete con nosotros. (mi traducción)

Resulta revelador en esta cita el ambiguo, inclusivo/exclusivo uso del pronombre *nos*; la autora, que en su prólogo habla, como lo hará en los "cantares" en los que asume la voz popular, en nombre del pueblo, en nombre de Galicia, afirma sentir las injusticias con las que *nos* favorecen los franceses, incluyéndose por tanto dentro de la colectividad española que sufre estas ofensas; sin embargo, al final del texto, se empieza a demarcar un *nosotros* diferente, una colectividad en formación, un *nosotros* gallego todavía inscrito pero ya apartándose del *nosotros* español; un sujeto que emerge de esta situación de humillación especular, y que en este paralelismo de la provincianidad va a encontrar la base moral para empezar a definirse como nación: Galicia no olvida el olvido de España; de aquí a afirmar "Probe Galicia, non debes / chamarte nunca española, / qu' España de ti s'olvida / cando eres, ¡ay! tan hermosa" (*Cantares Gallegos, OC* 359; "Pobre Galicia, no debes / llamarte nunca española, / que España de ti se olvida / cuando eres, ¡ay! tan hermosa"; mi traducción) sólo hay un paso. Este *nosotros* todavía balbuceante y todavía incluido en el marco nacional de un "nosotros-españoles" de la cita de Rosalía preludia el *Nós* desafiante que en los años veinte dará nombre a la primera generación de nacionalismo gallego militante, la "xeración Nós."

La naturalización de la nación

La reacción de los intelectuales provincianos ante la "humillación" metropolitana es, siguiendo el análisis de Kugler, construir una identidad que suponga la situación marginal, ex-céntrica, de su comunidad, no como una desventaja sino como una garantía de un "ser" más auténtico, más virtuoso, y más natural que la metrópolis. Rousseau afirmaba que para conocer la auténtica identidad de una nación había que viajar a las provincias:

> To study the genius and character of a nation you should go to the more remote provinces, where there is less stir, less commerce, where strangers seldom travel, where the inhabitants stay in one place, where there are fewer changes in wealth and

> position ... The French are not in Paris, but in Touraine; the English are more English in Mercia than in Scotland, and the Spaniards more Spanish in Galicia than in Madrid. (Kugler 159)

Como Rousseau, Fernán Caballero también admiraba en Galicia el inmovilismo, la preservación de las tradiciones; alaba Santiago, "la grave y antigua capital" que se mantiene incólume, "desdeñando el comercio y su mezquino e interesado movimiento" (Bouza Brey 295). Aún siendo la forma nación una creación de la modernidad, una expresión del progreso, necesita recurrir a la tradición como razón de su ser para poder llevar a cabo las rupturas que la modernización exige sin desbaratar la identidad nacional.[34] La escritura de la nación moderna, afirma Homi Bhabha, "comes laden with atavistic apologues" (*Nation and Narration* 293), "paradoxically representing the nation's modern territoriality, in the patriotic, atavistic temporality of Traditionalism" (300). A modo de ancla contra el desarraigo de la modernización, la literatura y el arte nacionalista o regionalista de fines de siglo recurrieron frecuentemente al paisaje o al mundo rural como imágenes eternas e imperecederas de identidad. En el caso del regionalismo gallego, cajón de sastre que albergaba tanto a progresistas como a conservadores, no se basará tanto el valor de cambio de Galicia como nacionalidad en la preservación de tradiciones, sino en la celebración de la naturaleza. Es decir, en la textualización de la nación gallega predominará la dimensión espacial sobre la temporal, la Naturaleza sobre la Historia.

Los autores del Rexurdimento, que escribían prácticamente en el vacío, no disponían, como los castellanos, de una rica tradición literaria; no podían, como la generación realista de 1868, remitirse a los valores nacionales de la literatura de los siglos de oro para redimir la literatura del presente del "yugo francés" (castellano en su caso). Carentes de tradición literaria, el referente que toman para la representación textual de Galicia no es tanto "el pueblo" (iletrado y dudoso destinatario de las obras) como la propia tierra, la Naturaleza, en la que, más que en la Historia, se inscribe este pueblo. Rosalía, en el prólogo a *Cantares Gallegos,* alaba "esta Galicia donde todo é espontáneo na natureza e en donde á man do home cede o seu posto á man de Dios" (*OC* 265; "esta Galicia donde todo es espontáneo en la naturaleza y en donde la mano del hombre cede su puesto a la mano de Dios"; mi traducción), declarando ser la tierra gallega superior a la no-naturaleza de la meseta reseca y la artificialidad de la vegetación levantina. Benito Vicetto afirma que el campesino gallego es "o home natural, de bondade innata; de sentimentos verdadeiramente evanxélicos" (citado en Fernández del Riego, *Pensamento galeguista* 79; "el hombre natural, de bondad innata; de sentimientos verdaderamente evangélicos"; mi traducción). Murguía iguala la tierra y el pueblo que la habita: "Esta tierra de granito cubierta de robles, según la feliz expresión del poeta celta, da los hombres semejantes a ella" (citado en Fernández del Riego, *Pensamento galeguista* 20). En la poesía gallega del Rexurdimento, en los textos de defensa y amor a Galicia, la imaginería es consistentemente tomada de la naturaleza: los verdes valles, los claros ríos, los cendales de brumas, los pinos, los robles, las rocas, se repiten obsesivamente creando lo que Gourgouris ha denominado un "deseo topográfico" (40). La nación gallega, carente todavía de una historia (Murguía nunca llegó a terminar la que proyectaba), con una comunidad escindida e iletrada que difícilmente puede empezar a imaginársela, es imaginada y deseada por sus pioneros "in the most tangible of metaphors: the earth" (Gourgouris 41); la "hortiña," el lar, los montes, playas y pinares, se convertirán en los principales protagonistas de las poesías, sobre todo en forma de ausencia/memoria, deseados e invocados por la nostalgia del emigrante o el que debe partir.

Se está llevando a cabo una, ciertamente literal, naturalización de la nación, al concebir su territorio como "nothing but natural space, that is, a space devoid of the Other [...], a *purely* natural space —or better yet, a space *naturalized to the point of becoming Nature*" (Gourgouris 33–34). Al recurrir a la naturaleza como supuesto texto de referencia, los pensadores y escritores del galleguismo dan el primer paso para crear una situación de *impasse* propia del nacionalismo. La literatura autentifica, "naturaliza" doblemente a Galicia, le da carta de naturaleza entre las naciones, expresa el ser de Galicia, pasando, en palabras de Pierre Bourdieu "from the representation of reality to the reality of representation" (*Field* 224). Esto crea una dinámica circular ineludible, pues a su vez es "Galicia," la imagen mental, la representación de lo que debe ser la auténtica Galicia, la que autentifica esa literatura y a lo que esa literatura debe ajustarse si quiere ser considerada gallega. A veces el criterio es el ajustarse a la imagen preexistente, a la nación como *natura naturata* (presencia); otras el de contribuir a la creación de la nación como *natura naturans* (potencia). O, como Bhabha propone, la imposible narración[35] de la nación [puesto que "[i]n the separation of language and reality —in the process of signification— there is no epistemological equivalence of subject and object, no possibility of the mimesis of meaning" (*Location* 309)] explica su problemática temporalidad, dividida entre lo performativo y lo pedagógico: la nación como construcción y la nación como modelo, como origen y como destino. Esta trampa circular permitirá a la crítica manipularla para poder dictaminar quién forma parte y quién no de la literatura gallega; de ella se valió Murguía para marcar como *outcast* por "antinatural" a Pardo Bazán.

Murguía como "rex" gallego; sexualización de la nación

Pierre Bourdieu, recurriendo a los estudios lingüísticos y etimológicos de Emile Benveniste, relaciona el regionalismo con el acto de magia social consistente en *regere fines*, la demarcación por un *rex* de los *rectos* límites de la *regio*:[36]

> *Regere fines*, the act which consists in "tracing out the limits by straight lines," in delimiting "the interior and the exterior, the realm of the sacred and the realm of the profane, the national territory and foreign territory," is a religious act performed by the person invested with the highest authority, the *rex*, whose responsibility is to *regere sacra*, to fix the rules which bring into existence what they decree. (*Language and Symbolic Power* 221–22)

Mediante el acto de trazar estos límites, "he saves them from their arbitrary nature, [...], making them worthy of existing, in conformity with the nature of things, and thus 'natural'" (222).

Si alguien aspiró al título de "rex" del regionalismo gallego en el XIX, fue sin duda Manuel Martínez Murguía. Quiero analizar aquí un texto suyo que demuestra, en primer lugar, cómo traza efectivamente las fronteras de lo que debe ser la literatura gallega, naturalizándola como modelo para el futuro así como prueba de pertenencia en el presente y el pasado, y en segundo lugar, la manera en que Emilia Pardo Bazán es despojada de cualquier reclamación a la regencia de la región en virtud de su antinaturalidad, como mujer y como gallega.

El texto se titula "Cuentas ajustadas, medio cobradas," y consiste en una serie de artículos que Murguía publicó en 1896 en *La Voz de Galicia*, ya muerta Rosalía.[37] Su intento, nos dice el escritor, es defender la memoria de ésta, manchada por las manipulaciones mezquinas de la envidiosa Pardo Bazán. Pero veremos que va mucho más allá de la mera defensa de su esposa, y lo que defiende son los límites que definen la galleguidad y la literatura gallega tal y como él y su generación la habían imaginado y como Rosalía de Castro icónicamente representa. Así lo decreta el patriarca:

> La literatura gallega se distinguió siempre por una especial dulzura de expresión, por una vaguedad y melancolía en la forma y en el fondo, que constituye su verdadera característica. Su nota dominante es el sentimiento; faltar a ella es faltar a algo propio y esencial, negarse a ser de la raza a que uno pertenece. Femenina si se quiere, pero peculiar y dominante en sus principales rasgos. Ningún escritor gallego dejó de ser desde este punto de vista hijo de su pueblo. Solo Doña Emilia, que como mujer estaba doblemente obligada a seguirla, se aparta del todo de la general corriente. (28–29)

Es sorprendente la seguridad y carácter de regla universal con que Murguía construye este párrafo, sobre todo si se tiene en cuenta que la literatura gallega hallaba en su haber menos de 50 años de vida cuando lo escribió. Sin embargo, afirma que estas características de dulzura, vaguedad y melancolía las poseyó *siempre*, que el sentimiento es su *verdadera* característica. Usa el infinitivo ("faltar a ella es faltar a algo propio y esencial") de forma que comunica a la sentencia validez universal e intemporal, a modo de mandamiento religioso; infringirlo es una traición que se sale de lo racional, que rompe las leyes de la naturaleza, pues significa "negarse a ser de la raza a que uno pertenece." Y esta raza aparece caracterizada, con cierta reluctancia, como "femenina" (concesión al tópico decimonónico que asocia lo sentimental con lo femenino), "si se quiere," pero precisando "peculiar y dominante en sus principales rasgos."

Esta "feminidad peculiar" con que caracteriza a Galicia, es tanto más peculiar cuanto que Murguía no llegaba a fijar una imagen estable de la sexualidad con que quería que la nación gallega fuera imaginada. Unas veces, propone un modelo de virilidad, proclamando la necesidad de crear una nación de hombres que sepan expresarse como tales ("No hay otro remedio si somos hombres y queremos ser pueblo, que acordarnos de que los extraños nos lastimaron con sus hechos" [Risco 125]); otras, como en este texto o en la dedicatoria a *Historias perversas* de Valle-Inclán,[38] insiste en lo femenino del ser gallego. Martha LaFollette Miller observa también esta aparente contradicción:

> His myth [of Galicia] embodies two different and sometimes contradictory visions of his homeland. The first of these, which I term the "feminine" myth of Galicia, has as its base emotivity, humility, innocence, and circumscription, while the second, the "masculine" myth, is characterized by reason, combativeness, superiority, and intervention in forums beyond the limits of Galicia. ("Mythical Conceptualizations of Galicia" 269)

La explicación de Miller de los dos mitos en conflicto se basa en una diferente temporalidad: cuando mira el presente, Murguía ve la impotencia y frustración de Galicia y por eso la caracteriza en términos femeninos, con su connotación de debilidad y derrota; pero en un futuro, cuando los gallegos recuperen la hombría de sus antepasados celtas, Galicia será una nación libre y viril.

Yo propongo otra interpretación a esta dicotomía: la hombría de la causa galleguista consiste en dominar, en apresar ese discurso femenino, para así poder "seize their own imagination" (Gourgouris 118); para poder expresarse como hombres, tienen que, paradójicamente, apropiarse del idioma *materno*, y hacer una literatura femenina, del sentimiento. La masculinidad, tal y como la ve Murguía, radica en el acto de poder de la apropiación, de alcanzar una voz propia, verdadera:

> Los poetas gallegos, para hacerse poetas modernos y europeos se vieron obligados a abandonar el uso de una lengua que los ligaba para siempre a lo artificial y convencional de una poesía en la que la rotundidad del metro y el rumor de las palabras parece ser lo esencial. Para sacudir, pues, su yugo y poder expresar, *como hombres*, sus sentimientos de gente civilizada, tuvieron que usar el idioma materno. El castellano no les servía. ("A Don Juan Valera" iv; el énfasis es mío)

Murguía no estaba solo en esta perspectiva. George Mosse ha demostrado la importancia de la fraternidad varonil en la construcción de la nación, y Murguía no es una excepción, estableciendo la hermandad masculina, propia de la "raza," como base del renacer nacional. En palabras cargadas de homoeroticismo afirma el "patriarca gallego":

> La especial costumbre del *compagnonnage*, parece propia de cuantos pueblos derivan de la noble raza ariana. Por no se sabe qué interna devoción y especial movimiento, se encuentran hombres que se unen y confunden tanto con los que escogen por amigos, compañeros o jefes, que vienen a ser otros como ellos. Les siguen como la sombra al cuerpo, y al viento los rumores. (*Los precursores* 69)

En este mismo libro, elegía por una generación de "hermanos" gallegos, el poeta Aurelio Aguirre es llorado por Murguía como "su amigo [de Pondal] y mi hermano por el amor y la sangre" (132); frente a la "estéril osadía" de la generación actual que entorpece el galleguismo "con sus pretensiones y su impotencia," Murguía vuelve los ojos a la fértil fraternidad de sus años universitarios, en los que los jóvenes "miraban a Pondal y Aurelio Aguirre como hermanos y camaradas. Les buscaban y seguían, les tenían por amigos y por jefes, les formaban su leyenda [...]" (133–34).

De hecho, el "bardo" Eduardo Pondal, a quien Murguía llamaba "[su hermano] por la raza, por el país, por la religión de los usos de la patria" (*Los precursores* 130), insistirá también en la necesidad de la lucha *viril* por la causa gallega. Su poética se basa en una dialéctica de lo blando y lo férreo, lo vago y lo fuerte; ambos constituyen la esencia del sujeto poético en su obra: "Algo de vago e fero / do meu ser no profundo / Eu levo, como as brétomas" ("Algo de suave y fiero / de mi ser en lo profundo / llevo yo, como la niebla"). Pero es sólo mediante la sujeción de lo blando como los "férreos propósitos" pueden triunfar:

> Non, non están nos brandos
> Regalos ociosos
> Nin nas cousas muliebres
> Nin nos afectos mórbidos
> A meta esclarecida
> Do ánimo glorioso;
> Mais sóo nas causas fortes
> E nos férreos propósitos. (Pondal, *Queixumes* 11)

> No, no están en los blandos / Regalos ociosos / Ni en las cosas mujeriles / Ni en los afectos mórbidos / La meta esclarecida / Del ánimo glorioso; / Más sólo en las causas fuertes / y en los férreos propósitos."

Pondal, en fin, busca una poesía de "viriles / Ritmos ousados / Que ceibaron as cordas de ferro" (*Queixumes* 118; "viriles / Ritmos osados / Que liberaron las cuerdas de hierro").[39] La patria, como estudian Jones y Stallybrass en el caso de Irlanda, se sexualiza como femenina, y es la misión de los hombres conquistarla, "luitar pol-a patria doce e bella" (Pondal, *Queixumes* 207; "luchar por la patria dulce y bella"). Este es el mecanismo visible en la poesía de Pondal, donde "[l]o férreo, lo fuerte y duro son elementos viriles que conducen a la libertad; lo dulce y blando es mórbido, femenino, y trae consigo la esclavitud" (Varela 217).

La razón por la que Murguía va a retirar su estatus de natural gallega a Pardo Bazán es que, siendo mujer, no se ajusta al modelo de feminidad que estipulan los padres de la patria como ideal femenino nacional (el modelo rosaliano). Pardo carece de sentimiento; no puede ser una buena madre, pues sus versos a su hijo Jaime, sin emoción alguna, son un desastre de poesía y sintaxis. Su prosa es también antifemenina: "es un alma prosaica, y lo que escribe, prosa avellanada y seca, sin otro adobo" (Murguía, "Cuentas" 18). Por supuesto no es más que una plagiadora, porque la mujer no puede producir más que insustancialidades: "en toda ella no hay más que un buen gusto y connatural acierto para la adaptación de las ideas ajenas, una especial habilidad para hacerlas pasar por propias y una eterna simulación de talento" ("Cuentas" 33). Murguía se remite como autoridad a su propia —idealmente sumisa— esposa, que en el prólogo a *Follas Novas* había confesado la debilidad mental de las mujeres, no aptas por naturaleza para la meditación. Exclama el historiador, al comparar *La cuestión palpitante* y otras obras sobre el mismo tema escritas por varones, "qué diferencia tan enorme. La que hay entre el cerebro de un hombre y el de una mujer." Sin embargo, Pardo osa romper los dictámenes de la naturaleza y aparecer como innovadora, cuando sólo era divulgadora, insistiendo en entrar en la Academia (a la que Murguía alaba por preservar sabiamente su ley sálica), y creyéndose en definitiva hombre hasta llegar a "entrar de lleno en el cuadro de las degeneradas" ("Cuentas" 51).

El anormal deseo de Pardo de ser hombre la empujó hasta querer rivalizar con el *rex* de la literatura gallega, el propio Murguía, al disputarle la propiedad sobre la voz emblemática de la galleguidad: Rosalía de Castro. Murguía no le perdona a Pardo el discurso en el que, en una velada organizada por el Círculo de Artesanos de A Coruña en honor de la poeta muerta, analizó su obra poética en vez de limitarse a un humilde panegírico de ocasión: "aquel día y por primera vez, pudo dar Doña Emilia la medida de sus fuerzas y pretensiones, y de su soberano deseo de *regentar*, permítasenos el galicismo, la literatura gallega, y algo más" ("Cuentas" 61). Sobre todo porque Emilia es la anti-Rosalía, encarna lo contrario de todo lo que Murguía había acumulado sobre la figura de su esposa hasta convertirla en musa, madre, santa, mártir, perfecta mujer gallega.[40] Como buena mujer, Rosalía había renunciado a la esfera pública [él publicó su obra contra su voluntad]: "era tan grande el desprecio que aquella malograda señora tenía por todo lo vano [...], que yo fui el que más se alegró de sus triunfos y el que menos pudo soportar las injusticias y olvidos que la hirieron en vida y en muerte" (2–3). En correspondencia con su mitificación de los nobles gallegos, Murguía pone especial cuidado en subrayar el origen noble de su esposa (ocultando su ilegitimidad):

> De esas clases distinguidas salió aquella infortunada señora, que unida al suelo de la patria por más de veinte gloriosas generaciones, dio a Galicia una poesía regional, sin que hasta el presente haya llegado mujer alguna á igualarla en su tierra, ni por las dotes del entendimiento ni por la grandeza de su alma. ("Cuentas" 2)[41]

Al mismo tiempo, trata de socavar la nobleza de Pardo Bazán, sugiriendo un oscuro origen judío y una mentalidad burguesa. Cuando la escritora se desplaza a Madrid para encontrar un teatro más grande para su gloria, los críticos madrileños saben leer su "corazón prosaico" y su "vanidad sin límites" (probable referencia a Clarín), descubriendo que la condesa es "una burguesa de tomo y lomo; No sabían que los Bazán de Cambados habían sido en su tiempo motejados de judíos" (Murguía, "Cuentas"18).

David Clark, en su estudio del celtismo de Murguía y otros regionalistas gallegos del XIX, afirma que:

> Their support for a revival of the Galician language was coupled with a desire for the repossession of Galician land by the people who worked it. In hindsight, and after the terrible events of the twentieth century, the concept of race is difficult to justify in terms of progressive political ideas. It is, nevertheless, tempting to see their conception of "race" as being little more than a definition for a group of people sharing the same history, culture and geographical space. Nowhere in Murguía can one find the élitist proto-fascist physical description of race to be found in other writers from other cultures of the same period. The exclusivity of the Basque nationalist leader and founding father Sabino Arana is absent from the works of these Galician writers. (15)

Sin embargo, comentarios como el antisemítico dirigido a Pardo nos hacen pensar en un componente importante de género detrás de la "benigna" ideología racial de Murguía que no es posible dejar pasar desapercibido.

Murguía elabora su ataque en todos los frentes y discursos posibles. Alimenta su retórica también con el discurso de novela sentimental y moralizadora, dibujando en sus "Cuentas" a la heroína, Rosalía, recluida, humilde, sufriendo en el silencio doméstico sus dolores de esposa y madre. Su malvada rival, Emilia, el epítome de la vanidad, busca sólo la gloria y pompa mundana. Murguía las contrapone en una plástica y novelesca imagen; presenta a la condesa pasando con ruido de risas y carruaje bajo la ventana de Rosalía, sin dignarse a pasar a verla, pues

> no supo o no quiso honrarse visitando a quien siendo igual a ella por el nacimiento, le era superior por la edad, la gloria alcanzada y el valor verdaderamente heroico con que soportaba su desgracia [...] sabía que tras de aquellas paredes silenciosas como la muerte, había una esposa y una madre que sufría lo que sólo su corazón de mártir pudo soportar sin romperse. ("Cuentas" 55)

Pero el concepto en que Murguía tiene a la mujer desdice su sublimación de Rosalía. Aunque destinado a Emilia, el dardo incluye también a Rosalía y refuerza consecuentemente su autoridad de patriarca, al extenderse su diatriba antipardobazaniana contra todo el género femenino. Afirma Murguía que no ha visto mujer como Pardo

> ni más absorbente, ni más aborrecida y calumniada. Ella se tiene la culpa. Fuere modesta, imitase a Jorge Sand en esto de callarse, reconociese que por mucho que sepa —y todavía no está averiguado que así sea— *es sólo como mujer*, y por lo tanto que sabe de modo imperfecto, y entonces sería menos traída y llevada. ("Cuentas" 20; el énfasis es mío)

La inferioridad de la mujer es un hecho biológico: Pardo Bazán se cree "la primera de las mujeres y el último de los hombres. Y conste que esto lo digo por lo de la escala zoológica" (Murguía, "Cuentas" 12–13), y al fin y al cabo, afirma Murguía, ni siquiera cuenta con una individualidad propia: "me contentaré con repetir para su uso aquella profunda frase de Amiel, 'la mujer es género, el hombre individuo'" ("Cuentas" 51).

Murguía no está aquí simplemente defendiendo a su mujer. El líder regionalista está luchando con todas las armas que le da el código de géneros sexuales de su tiempo por su derecho a regir la literatura gallega, a defender su "auctoritas," amenazada por Pardo Bazán. La novelista había cuestionado su autoridad patriarcal, no reconociéndole, o subordinándole a Rosalía: "Sé que me tiene en tan poco que ni siquiera se molesta en recordarme" (52), se resiente en las "Cuentas," y continúa su queja contra la falta de reconocimiento por parte de la más notoria representante de Galicia en Madrid:

> si yo no hubiese sido el esposo de Rosalía Castro, ó ésta no hubiera escrito una sola línea, es más que probable, seguro, que nuestra distinguida paisana no se molestaría en ocuparse de mí. Me hubiera, con toda justicia, echado al montón masculino en que tiene arrinconados á cuantos más ó menos escriben en su país. (1)

Para poder recuperar su autoridad puesta en entredicho, el patriarca se dedica entonces en su serie de artículos a reducir a Pardo a la inferioridad del sexo femenino (género sin individuos), declarando que las pretensiones de hombría de la escritora no hacen sino revelar su vanidad femenina. Aunque tal vez tales pretensiones, sugiere Murguía, sean índice de una degeneración clínica, y éste sea el motivo que le ha impedido desarrollar los tres caminos literarios femeninos: el sentimiento, la imaginación o la comicidad. De todas formas es ineludible a su condición de mujer: como tal es envidiosa,[42] vanidosa, plagiadora, incapaz de un pensamiento original, sólo capaz de añadir detalles, superficie, accidente pero no sustancia. Es por ello que su obra no puede resistir la comparación con la de los varones: "En la novela de Zola solo se halla lo necesario, en *La Tribuna* domina lo superfluo" ("Cuentas" 46).

Indirectamente, Murguía arguye la imposibilidad de escapar de la inferioridad femenina, pues tratar de hacerlo, imitando a los hombres, no hace sino confirmar que se reconoce esa inferioridad:

> Dicen algunos —yo no lo creo porque sería un auténtico contrasentido— que quien pide para su sexo todas las prerrogativas del ser privilegiado, reniega de su condición de mujer, reconociendo así, implícitamente, la aborrecida inferioridad a que como hembra se supone condenada. ("Cuentas" 51)

Murguía, a través de estos artículos publicados durante tres meses (del 20 de octubre al 27 de diciembre de 1896) en uno de los periódicos gallegos de más tirada de su época, pone las cosas en su lugar, ajusta las cuentas, delimita las fronteras de su reino, y vuelve a apropiarse y regir con su autoridad patriarcal la femenina literatura gallega, de la que doña Emilia, por renegar del sexo al que pertenece, es limpiamente expulsada:

> No conoció nunca ni su tierra ni su gente, de la cual solo ve el exterior; el interior, su alma, ó no le fue revelada jamás, ó no acierta a reproducirla. Porque siendo mujer y gallega, no conoce la muger [*sic*] gallega, sobre la que cae todo el trabajo y todo el dolor de su tierra. ("Cuentas" 67)

Pardo, a diferencia del propio Murguía, es incapaz por tanto de llegar a conocer el ser de Galicia.[43] Al retirarle la facultad de conocer, Murguía está también retirando el obstáculo a su reconocimiento como autoridad de Galicia. Poniendo fuera de combate a Pardo Bazán como "mala" o "falsa" gallega, confirma la legitimidad con la que él puede dictaminar lo que es gallego y lo que no, y recupera su autoridad masculina sobre el discurso de Rosalía que Pardo Bazán había tratado de usurparle. La virilidad (en lo que supone de autoafirmación e independencia frente a la metrópolis castellana) de la literatura gallega, tal y como la concibe su "rex," consiste precisamente en la demarcación y dominio de una feminidad específica (lírica, emotiva, humilde) que se considera genuinamente gallega.

Para concluir esta lectura de las "Cuentas" de Murguía, cabe recordar la propuesta de Bourdieu sobre la función del "rex" en el regionalismo:

> The act of social magic which consists in trying to bring into existence the thing named may succeed if the person who performs it is capable of gaining recognition through his speech for the power which that speech is appropriating for itself by a provisional or definitive usurpation, that of imposing a new vision and a new division of the social world. (*Language and Symbolic Power* 223)

El acto de magia social que lleva a cabo Manuel Murguía es la creación de un movimiento regionalista basado en la creencia en una nacionalidad gallega. El discurso por medio del que crea esta nacionalidad está basado en la división de roles sexuales propia de la mentalidad burguesa decimonónica, y el modelo que conforma esta "nueva visión" de Galicia es el más utilizado en los procesos de concienciación de nacionalidades subalternas. Según este modelo, la tierra, la patria, se representa por medio de una imagen y código femenino: bella, pura, maternal, llena de sentimiento, y circunscrita a unas fronteras que sus legítimos propietarios se encargan de demarcar. La literatura femenina, como es el caso de la obra de Rosalía de Castro, pertenece a ese discurso del sentimiento y la imaginación de la nacionalidad, pero es a los hombres a los que corresponde la interpretación —el dominio— de ese discurso.

Por tanto, Emilia Pardo Bazán, traidora, tránsfuga, travestida, que transgrede el marco de la provincia, de la literatura regional, femenina y lírica, no merece según este modelo ya no sólo regir, sino formar parte de la literatura gallega, a la que "naturalmente" ha dejado de pertenecer.

Pervivencia de Murguía en la crítica literaria gallega

Al principio de este capítulo se constataba el hecho de que la crítica literaria gallega contemporánea considera la lengua como la línea divisoria de lo que es y no es literatura gallega. Un caso excepcional, resaltado por su singularidad en el contexto peninsular por José-Carlos Mainer en *Literaturas regionales*, es el de Benito Varela Jácome en su *Historia de la literatura gallega* (1953), pues más que por una justificación nacionalista, la inclusión de Pardo Bazán se debe a una mera concepción territorial de la literatura, aceptando como gallega cualquier producción literaria escrita en Galicia o por gallegos, sin tener en cuenta la lengua en que se escribe. Sin embargo, pese a excepciones como ésta, los criterios que predominan hoy en día son expresados elocuentemente en esta cita de Dolores Vilavedra:

> Es necesario dejar bien claro, ya de entrada, que por literatura gallega entendemos aquella formulada en este código lingüístico. [...] estamos hablando de una literatura sin estado, de modo que el peso de los elementos institucionales y la utilización de las fronteras políticas, resultan prácticamente inútiles a la hora de fijar sus lindes. (15–16)

Resulta sin embargo sumamente iluminador revisar algunas instancias de los años de reconstitución del sistema literario gallego tras la guerra y represión franquista, en las que la lengua no es uniformemente utilizada como criterio. En los ensayos de los nuevos padres de la patria cultural del siglo XX perviven muchas de las ideas de Murguía en torno a lo que debía ser la literatura nacional gallega.

En 1975, el historiador de la literatura gallega Ricardo Carballo Calero comparaba en términos de su galleguidad la obra de Eduardo Pondal y la de Emilia Pardo Bazán. Carballo Calero hacía resaltar "el calor de autenticidad" de la visión de Galicia en la "poesía eminentemente masculina" de Pondal al compararlo con la visión lejana, llena de la superioridad que da la articulación del discurso desde el centro, de Pardo Bazán:

> Doña Emilia juzga a su tierra "pintoresca" y como tal nos la describe, situada a conveniente distancia del modelo. Nos da una sensación irremediable de superioridad benévola [...] La condesa viene de Madrid o de París; viene pensando en sus hermosas nativas ventanas. Pero desde estas ventanas contempla a su tierra con los elegantes impertinentes de una aristocrática y cosmopolita mundanidad. (293)

Nos encontramos aquí con el conflicto entre la mirada provincialista y la cosmopolita que hemos analizado más arriba. Pardo Bazán no mira desde dentro, sino desde fuera, y los filtros (el viaje, la ventana, los impertinentes) que el cosmopolitismo interpone entre ella y su tierra hacen que su escritura, lejos del calor de autenticidad de la poesía viril de Pondal (que se realza gracias a la comparación como lo puro frente a lo mixto), caiga en lo meramente pintoresco: el adorno, lo superficial, la decorativa mirada femenina.

El segundo ejemplo es más interesante porque contrasta la obra de Pardo con la de otro escritor gallego en castellano, Ramón de Valle-Inclán. El argumento se monta esta vez a base de criterios sintácticos, bajo los que subyace, una vez más, el binomio sustancia/accidente como distinción de lo masculino/femenino. Francisco Fernández del Riego considera en *Sonata Gallega* que Valle-Inclán sabe captar el espíritu gallego (aunque ya sabemos cuál era la nada santa opinión que le merecía a Valle la "vieja chirimía" galaica) mediante, curiosamente, la estructura sintáctica que predomina en su escritura: la frase nominal. Resucitando filosofías platónicas o medievales (tan acordes por otra parte con la calidad imaginaria de la nación), Fernández del Riego considera que el nombre, el sustantivo privilegiado por Valle, encierra y crea mundos, mientras que la sintaxis decimonónica de la condesa, con sus largos y a veces didácticos periodos, dispersa, debilita, y avienta el misterio de lo gallego que sabe apresar el verbo valleinclaniano. En este sentido Fernández del Riego conecta con la crítica metropolitana que menospreciaba el estilo "poco castizo" y "extranjerizante" de la escritora. En Pardo predomina "o parrafón desalentador, suxo de xerundios" ("el parrafón desalentador, sucio de gerundios"), mientras que en Valle "[m]orre o clausulón" y "trunfa a oración elemental" (8; "muere el clausolón y triunfa la oración elemental"). La sintaxis elaborada de la condesa sustenta la visión de alguien ajeno a Galicia:

> Doña Emilia pinta a Galicia con tonalidades superficiás; [...] o sustantivo que enche e posee as paisaxes humás e xeográficas do noso país, eslíese, esváese nun coorido literario. (8)

> Doña Emilia pinta a Galicia con tonalidades superficiales; [...] el sustantivo que llena y posee los paisajes humanos y geográficos de nuestro país, se difumina, se desvae en un colorido literario.

Por el contrario Valle

> cala máis fondo no cerne do galego; penetra na súa esencia e dá corporeidade ó que é fondamente noso. (8)

> cala más hondo en el ser de lo gallego; penetra en su esencia y da corporeidad a lo que es profundamente nuestro.

Emilio González López trae a colación viejos argumentos que vinculan la escritura, el sexo y el a-nacionalismo de la condesa: "Tres cosas se propuso doña Emilia: no ser regional, aparecer poco femenina, y afirmar su realismo afrancesado" (79). Su supuesto afrancesamiento sería más bien coquetería femenina, deseo de parecer cosmopolita y no una vulgar provinciana:

> [...] el temor de que, si se circunscribía en sus novelas a lo puramente gallego, le pudieran tomar por provinciana apaletada. Muchos de sus actos nos producen la impresión de que para deshacer semejante sospecha ponía especial interés en vestirse a la moda del último figurín literario recién llegado de la capital francesa, emperifollándose con lazos extranjeros, con cualquier cosa que revelara a las claras su origen afrancesado. (55)

Para González López, como para Murguía, Emilia no puede evitar el ser mujer y provinciana, pero trata de torcer su propia naturaleza, adoptando una identidad cosmopolita fingida.

Finalmente, Francisco Rodríguez argumenta en contra de la inclusión en la literatura gallega de Pardo no sólo por el dato objetivo de que no escribe en gallego, sino porque, dentro de una perspectiva marxista, el contenido de su literatura se alía con los explotadores colonialistas en vez de con los campesinos gallegos colonizados (ve su barbarie como un hecho literario, estético —distancia necesaria para la autonomía del campo literario buscada por el realismo, según Bourdieu—, sin solidarizarse con ellos), a diferencia de Rosalía que sí empatiza con su pueblo.

Tras estas opiniones negativas en cuanto a la pertenencia de Pardo a una literatura nacional gallega, veamos un caso muy curioso de inclusión. En vez de extirpar la molesta presencia de Pardo Bazán del canon gallego, Domingo García Sabell (bajo el seudónimo Pedro Abuín) va a naturalizarla como producto inevitable del "ser gallego," aunque para ello tenga que contradecir el credo literario manifestado por la propia autora. García Sabell sostiene que Pardo es gallega porque le es imposible mantener una relación objetiva con la realidad (o sea, practicar un auténtico realismo en sus novelas); según él los gallegos son naturalmente románticos, pues impregnan de su "yo" a todo lo que les rodea. La condesa de Pardo Bazán no puede escapar a este romanticismo inherente al alma gallega, que le impide llegar a la objetividad que exige la poética realista, y su "yo" se manifiesta por doquier en sus textos. El cosmopolitismo, la práctica de una novela metropolitana (realista) no es más que un mero barniz tras el que se transparenta la ineludible galleguidad de la aristócrata coruñesa.

De todas formas, pese a curiosas excepciones como la de García Sabell, en general la crítica regionalista/galleguista rechaza a Pardo Bazán como integrante de la literatura gallega. Sin embargo, bajo las causas más aparentes subyacen cuestiones de género sexual inherentes al origen del nacionalismo, que se evidencian especialmente al cotejarlas con las razones de la hostilidad de la crítica española metropolitana a Emilia Pardo Bazán y comprobar que fue el salirse de las normas trazadas para su sexo en el marco nacional un componente importante de las reacciones negativas de ambas críticas.

Capítulo tres

Mujer, nación y literatura

Emilia Pardo Bazán y el proyecto de novela nacional del realismo

> Si a protestar fuésemos, protestaría yo
> de eso de que soy naturalista por moda. [...]
> Malas o buenas, mis novelas no podrían ser nunca,
> siendo mías, sino lo que son.[1]
>
> —Carta de Emilia Pardo Bazán,
> a Menéndez Pelayo

En el capítulo 1 se revisó la política sexual/textual del realismo, según la cual, por su condición de mujer, Pardo Bazán no podía ser considerada auténtica creadora. Si en los otros escritores el realismo es la vuelta a las esencias nacionales, en Pardo se percibe como su antítesis ontológica: es la "moda," lo fugaz, desustancializado, extranjerizante, influido, imitativo. Su persona de mujer intelectual es invalidada socialmente como "cursi": fuera de lugar, pretendiendo ser lo que no es, y sospechosa de atentar contra la integridad de la literatura nacional con su afán de "figurar" importando novedades extranjeras. En 1898 Pardo, cansada de batallar con este tipo de crítica, ironizaba tras su descubrimiento de un paralelo francés a uno de sus cuentos: "Verdaderamente me asombra, lector entendido, que mis vigilantes aduaneros y agentes del resguardo no hayan gritado '¡matute!' cuando inserté este cuento en *El Liberal*" ("Prefacio a *Cuentos de amor*" 1213).[2]

Pese a todo, como vimos, su práctica de la prosa realista (consagrada como género nacional) hizo posible su admisión en el canon español. Pero esta pionera del feminismo, figura pública intelectual que pasa su vida recibiendo ataques por su condición de mujer que ocupa un espacio que se quiere masculino ¿tuvo el mismo proyecto de novela nacional que sus compañeros de generación? ¿Su condición femenina afectó sus presupuestos sobre una literatura nacional? ¿Cómo compatibiliza —si es que lo intenta— su feminismo y el modelo de cultura "varonil" que propone para la mujer y para España?

Si los capítulos anteriores se centran en el papel catalizador que representó la figura y obra de Pardo en la configuración de la literatura gallega y española, este capítulo explora las teorías desarrolladas por la propia Pardo para poder conciliar las contradicciones entre su feminismo liberal, su adscripción a la escritura "masculina" de la novela realista, y su intenso nacionalismo español, aún con la conciencia de que la nación liberal había relegado a la mujer a una esfera doméstica que impedía su pertenencia a la nación como sujeto de pleno derecho. A través del estudio de prólogos, ensayos, cartas, cuentos y novelas de su época de mayor acercamiento al realismo/naturalismo, propongo que para Pardo la inclusión de la mujer en la cultura nacional era un paso clave para circunvenir la lógica de la representación del Realismo y Liberalismo en la moderna nación-estado. Al argüir que la inclusión de la mujer como un igual es lo que conseguiría fundar en la realidad la representación nacional ("darle vida y sangre"), Pardo adopta problemáticamente la dicotomía patriarcal que asigna la pertenencia de las mujeres (y la región, femenina también en el imaginario nacional) a la Naturaleza y los hombres a la Cultura, pero también lo subvierte al negar su relación meramente suplemental. Una revisión de pasajes clave de su obra crítica permite recomponer la teoría que Pardo elabora para reincorporar a la mujer y la región como componentes significativos del discurso literario-nacional.

El proyecto de novela nacional en la crítica de Pardo Bazán

Emilia Pardo Bazán fue, junto a Clarín, la voz crítica más importante de su generación. Germán Gullón ha subrayado el papel, en su opinión no suficientemente apreciado, de Pardo Bazán como crítica de su tiempo: "Ningún crítico del período, incluidos Luis Alfonso, Manuel de la Revilla, Leopoldo Alas, Juan Valera, Menéndez Pelayo y los historiadores de la novela, como el padre Francisco Blanco García, escribieron páginas más profundas o actuales sobre la ficción decimonónica" (186).[3] En el legado crítico de Pardo hay no sólo un perspicaz análisis y defensa del proyecto de novela nacional del realismo, sino que, expandiéndose hasta bien entrado el siglo XX, nos permite analizar las subsiguientes revisiones a este proyecto.[4] Nos ofrece además, en contraste con el punto de vista masculino expuesto en el capítulo 1, la perspectiva sobre la relación entre mujer, cultura y nación del único miembro femenino de la generación realista que logró perdurar en el canon.

La relación nación/escritura va lógicamente a evolucionar en la trayectoria literaria de Pardo Bazán; voy a resumir aquí brevemente esta evolución que servirá de marco de referencia para conclusiones posteriores. Como se constata en los prólogos de sus primeras novelas, en la escritura de Pardo está presente desde un principio esta preocupación nacional. Es en este aspecto muy significativa la diferencia señalada por Maryellen Bieder entre el poema que una Pardo de 15 años remite en 1866 a *El Almanaque de Galicia* y los de las otras poetas que comparten las páginas de la revista. Mientras Rosalía de Castro publica "A la luna" y Emilia Calé "El huérfano," el poema de Pardo destaca por su orientación político-social, muy diferente a la intimista y sentimental de sus colegas femeninas, titulándose "Reflexiones del agonizante año de 1866" (Bieder, "Emilia Pardo Bazán and Literary Women" 21).

A mediados de los 1880 (momento de plenitud literaria y personal), Pardo Bazán llegará a la cumbre de su optimismo sobre la capacidad nacionalizadora de la novela, como se desprende de los "Apuntes autobiográficos" y de su ciclo de conferencias de 1887, *La revolución y la novela en Rusia.* A raíz de la muerte de su padre en 1890, su concienciación feminista va a determinar un cambio en su nacionalismo: se hace más político (no ya solamente literario) y busca soluciones prácticas como la potenciación del papel de la mujer en la vida nacional (especialmente mediante una educación igualitaria con el hombre) como medio de reformar un sistema político en descomposición.[5] Su desaliento sobre la situación nacional española y su reacción literaria a ésta llega al paroxismo con la guerra de 1898 y la pérdida de las últimas colonias. Como ya ha señalado Nelly Clemessy, en estos años Pardo ensaya la representación literaria de su programa de regeneración nacional (centrado en la idea de superar tanto la idealización del pasado como el derrotismo paralizador) en *Cuentos de la patria* (1902) y *El Niño de Guzmán* (1899), para luego abandonarla por "un modo de acción más directo: los artículos de prensa y las conferencias" (Clemessy, *Emilia Pardo Bazán como novelista* 565). Durante los dos primeros decenios del XX su nacionalismo, como su pensamiento en general, se hace cada vez más abstracto y alejado de la práctica política. "Las letras y el arte, a cada paso me han parecido lo único que dura, 'fuerte como los bronces'" (*OC* 3: 1543), confiesa Pardo en su conferencia de 1916 "El porvenir de la literatura después de la guerra." Del mismo modo, sus novelas dejan de preocuparse por la sociedad y realidad inmediata y giran en torno a mundos artísticos, refinados, artificiales, de orientación modernista, como en *El saludo de las brujas* (1897), *La Quimera* (1905), *Dulce dueño* (1911), o en su novela inédita *Selva* (1913?),[6] lo cual no quiere decir, como veremos en el próximo capítulo, que la idea de nación abandone su escritura. Hasta el final de sus días, Pardo mantiene que el nacionalismo es el motor de la cultura occidental. Así en "La literatura después de la guerra" de 1916 mantiene que el nacionalismo es un "gran ideal colectivo" (*OC* 3: 1545) que, aunque ahora diluido por "la infiltración del espíritu crítico en la intelectualidad" (*OC* 3: 1545), "inspirará, es de presumir, a los escritores venideros" (*OC* 3: 1548).

Como lo que nos interesa aquí en primer lugar es determinar si su propuesta de una novela nacional realista presenta disonancias con el pensamiento generacional, voy a limitarme a revisar sus escritos críticos de los años de inicio y triunfo de la novela realista (1879–90) para probar que el pensamiento de Pardo no sólo coincide, sino que amplía e ilumina la filosofía de la historia y los presupuestos metafísicos del proyecto nacional del realismo español.

Pardo Bazán se considera incorporada al movimiento de restauración de la literatura nacional que se venía gestando desde 1868 con la publicación de su primera novela realista, *Pascual López: Autobiografía de un estudiante de medicina* en 1879. En sus "Apuntes autobiográficos" Pardo declaraba que

> En aquellos años de 1879 a 1880 empezaba a destacarse ya la generación hija de la Revolución de septiembre del 68 [...]; la novela se aprestaba a [...] recobrar su brillante puesto en la literatura nacional. [...] *Pascual López* no se eximió de esta tendencia restauradora. (717–18)

Tras su contacto con la novela francesa realista y naturalista, Pardo desecharía como inviable el ensayo arcaizante de *Pascual López* en el prefacio a su segunda novela, *Un viaje de novios* (1881).[7] En este "Prefacio," Pardo explicitará que con su primera novela había pretendido "recordar el sazonadísimo y nunca bien ponderado género picaresco" (573). Cervantes, como en la novelística galdosiana, está también muy presente como modelo en esta novela, tanto en el motivo del manuscrito encontrado (con el que Pardo justifica la autobiografía desde un punto de vista realista), como en el hecho de prologarse a sí misma, entablando un diálogo directo con el lector, o en el tipo de Pastora, la heroína, cortado por el patrón de las "doncellas virtuosas" cervantinas. Pero el resultado había sido, confiesa la autora, una fórmula estática, bella pero improductiva en su nostalgia; como las viejas ciudades españolas en las que se ha detenido el tiempo, era una urna funeraria de la Nación. La acción de la novela se desarrolla en Santiago de Compostela, y la autora explica su elección en aras de su nostalgia por lo irrecuperable nacional: "Toledo, Burgos, Salamanca, Santiago, guardan, cual urnas cinceladas y roídas por el tiempo, las cenizas del espíritu nacional, el polvo de los colosos de nuestro espléndido ayer" ("Prólogo a *Pascual López*" 12).

Para Pardo Bazán, una novela nacional que pudiera competir con las otras novelas nacionales europeas debía armonizar felizmente tradición y modernidad, señas de identidad y capacidad de renovación. Pardo expone así su nuevo credo literario: "En el día —no es lícito dudarlo— la novela es traslado de la vida, y lo único que el autor pone en ella es su modo peculiar de ver las cosas reales" ("Prefacio a *Un viaje de novios*"), siguiendo de cerca la definición de Zola de la novela realista: "un coin de la nature vu a travers un tempérament" (en Villanueva 33). Al peso autoritativo ("no es lícito dudarlo") de la modernidad realista, Pardo añade, en línea con Galdós, Clarín y otros militantes del realismo,[8] su conexión con un supuesto realismo nacional cuajado en el Siglo de Oro, realismo no sólo más completo, sino más *natural* que el naturalismo francés:

> ¡Oh, y cuán sano, verdadero y hermoso es nuestro realismo nacional, tradición gloriosísima del arte hispano! ¡Nuestro realismo, el que ríe y llora en *La Celestina* y el *Quijote*, en los cuadros de Velázquez y Goya, en la vena cómico-dramática de Tirso y Ramón de la Cruz! Realismo indirecto, inconsciente, y por eso mismo acabado y lleno de inspiración; no desdeñoso del idealismo, y gracias a ello, legítima y profundamente humano, ya que, como el hombre, reúne en sí materia y espíritu, tierra y cielo! ("Prefacio a *Un viaje de novios*" 572)

La novela realista, por tanto, tal y como la conciben Pardo y su generación, responde en su equilibrio entre tradición y modernidad no tanto al modelo evolucionista lineal spengleriano, como al recurrente propuesto por Giambattista Vico. Vico (1688–1744) concebía la nación todavía en su sentido premoderno, es decir, como "nacimiento," como grupo que comparte un origen común, ya sea una tribu, etnia, familia, o incluso el hecho de hablar la misma lengua (Danesi 9). Pardo Bazán conocía la obra de Vico y lo cita en varias ocasiones. Así, en uno de sus artículos de *De siglo a siglo* ("Margaritas," diciembre 1898) se muestra conforme con su filosofía de la historia: la reciente historia española le recuerda "aquella famosa serpiente que se muerde la cola, símbolo de la Historia en opinión de Vico (el filósofo)" (144). En *La vida contemporánea* repite la imagen: "La historia, ha dicho Vico, es una serpiente que se muerde la cola" (335).Vico dividía el curso de las naciones en tres edades: la divina, de naturaleza poética y lenguaje metafórico, en la que se crearon los mitos; la heroica, en la que se crean las leyendas que justifican el dominio de los héroes; y finalmente, la edad de la naturaleza humana, racionalista, "intelligent and hence modest, benign, and reasonable, recognizing for laws conscience, reason and duty" (Danesi 8). Para Vico, a diferencia de Spengler, esta división no es irreversiblemente evolutiva, sino que era posible el "*ricorso,* the return to an earlier age in the life of culture" (Danesi 7). Del mismo modo, Pardo concibe el mejoramiento de su propia era racionalista (que empieza con la erudición enciclopedista) con el retorno a la "invencible tradición," a la edad poética y heroica del subconsciente nacional:

> Para que surja en su seno arte y literatura nacional, necesitan los pueblos haber atravesado dos épocas: una en la que la elaboración obscura e incierta de lo futuro condensa los mitos y destaca la personalidad de los héroes que simbolizan y encarnan la patria; en que las creencias, las aspiraciones no definidas todavía por el pensamiento reflexivo, se revelan en la poesía popular, en la leyenda; y otra en que, después de un período erudito, vuelve la raza, sacudiendo toda imposición ajena y artificial, a edificar ya conscientemente su arte propio sobre la base de la invencible tradición. (*La revolución y la novela en Rusia* 765)

Este proceso trazado por la escritora gallega refleja el "dreamwork" propio de la creación del nacionalismo, según la interpretación sicoanalítica de Stathis Gourgouris en *Dream Nation*. Desde este planteamiento, la construcción de la nación consiste en un proceso de desplazamiento y condensación (hemos visto este mecanismo metonímico en la revisión de la poética realista del capítulo 1), pero que, a diferencia de los sueños, recurre voluntariamente al olvido para existir como nación, y no encuentra en una definitiva interpretación su meta, sino en la continua reelaboración de interpretaciones sobre el subconsciente nacional, esa primera época "obscura e incierta" de la que habla Pardo Bazán.

Una vez que adquiere esta responsabilidad histórica en el proceso de interpretación del subconsciente nacional, la novela no puede ser ya "sencilla y más o menos entretenida" (12), como calificaba a su *Pascual*, sino, según su definición en el prefacio a *Un viaje de novios* (1881), es ahora "estudio social, psicológico, histórico" (572). Sin duda la novela era, por encima de la poesía o el drama, el género más adecuado para la era de las masas, signo de los tiempos modernos por su capacidad sincrética y heteroglósica; la novela, dice Pardo, adelantándose a Bajtín, es "el género más comprensivo e importante en la actualidad, y más propio de nuestro siglo, que reemplaza y llena el hueco producido por la muerte de la epopeya" (*La cuestión palpitante* 176).

La poética realista y el desvelamiento del ser nacional

En cuanto a la poética realista, Pardo se muestra consciente de su raigambre platónico-romántica. Así en *La cuestión palpitante*, Pardo, tras valorar la libertad para el arte que supuso el idealismo hegeliano, afirma que "el realismo contemporáneo, y aun el propio naturalismo, [se fundan y apoyan] en principios proclamados por la escuela romántica" (169). También en las reacciones contemporáneas al naturalismo, como los *Apuntes para el arte nuevo de escribir novelas* de Valera, se había señalado su relación con el romanticismo.[9] De hecho, la formación filosófica idealista de la condesa siempre estuvo presente en su pensamiento (ver, más abajo, su concepto fichteano de nación). Significativamente, en su artículo homenaje a la muerte de Giner de los Ríos, Pardo cuenta como su espíritu conectaba con el idealismo krausista, pero no con el "estilo extranjerizante" en que se expresaban ("Don Francisco Giner" 1520). Pese a estas influencias romántico/idealistas, Pardo valora la mímesis aristotélica de la realidad presente como ancla ontológica de la novela, que legitima el proceso creador ("como es debido"): "Este privilegio concedido al novelista de crearse un mundo propio, permite más libre inventiva y no se opone a que los elementos todos del microcosmos estén tomados, como es debido, de la realidad" (Prólogo, *La Tribuna* 57).

Pardo concibe esta poética como un instrumento hermenéutico, medio de llegar a la verdad *aletheia* (desvelamiento de la auténtica identidad del ser) a través de la verdad *adequatio* (adecuación, verosimilitud).[10] La verdad, por tanto, radica más en la forma en que se escribe que en el contenido de lo que se escribe. La mayor ambición del estilo realista es la transparencia; el texto se acerca tanto más a la verdad cuanto menos llame la atención sobre sí mismo. Su colega Alarcón definía de forma elocuente esta pretensión de transparencia del realismo, de encuentro y no búsqueda: "Yo no pregunto a las cosas su secreto, sino que me planto en medio de ellas y trato de comprender su particular lenguaje" (*Diario de un testigo de la guerra de África* 444). Pardo en su prólogo a *La dama joven* (1885) repite ideas similares a este "dejar ser" la realidad: "Un estilo correcto, terso e intachable, lejos de ayudar a que el lector comprenda y vea patente lo que intenta mostrarle el autor, se interpone entre la realidad y la mirada como un paño de púrpura o un velo de gasa de oro (paños y velos al fin),[11] y fatiga al espíritu ansioso de percibir lo que el rico tejido encubre" (666).

El modelo ideal para lograr esa presencia viva de verdad sin velos retóricos es la oralidad, el lenguaje en la inmediatez de su "natural" estado de uso: "¡Cuánto gozarías" —anima Pardo—, "oh lector discreto, al dejar los trillados caminos de la retórica novelesca diaria para beber en el vivo manantial de las expresiones populares, incorrectas y desaliñadas, pero frescas, enérgicas y donosas!" (Prólogo, *La Tribuna* 58). Pardo Bazán insiste en que esto no significa caer en un mero periodismo. Cuando es el autor quien habla, entonces el estilo debe ser clásico, pero cuando lo hacen los personajes, "traduzca sus pensamientos" y "no enmiende la plana a la vida" ("Prólogo a *La dama joven*" 667). En el habla popular, afirma la autora, hay una conexión directa entre pensamiento y habla (lo que Derrida examinará como el mito occidental de la oralidad como presencia del ser) que hay que respetar por encima de todo: "Juzgo imperdonable artificio en los escritores alterar o corregir las formas de la oración popular, entre las cuales y la idea que las dicta ha de existir sin remedio el nexo o vínculo misterioso que enlaza a todo pensamiento con su expresión hablada" ("Prólogo a *La dama joven*" 666).

La novela realista presenta por tanto para Pardo la posibilidad de una hermenéutica nacional. Este fin hermenéutico consistiría en lograr, mediante el extrañamiento en la obra de arte de la "equipmental reliability" (recurriendo a la teoría heideggeriana sobre la verdad en el arte) del lenguaje oral —pérdida de su valor de uso—, llegar a conocer la verdad de los seres constituidos por ese lenguaje, uniendo a la *tierra* (el material lingüístico) el *mundo* (social y espiritual) que le corresponde.[12]

La novela, como concluirá Pardo Bazán en *La cuestión palpitante, La revolución y la novela en Rusia* o la "Presentación" del *Nuevo Teatro Crítico* (1: 79), es el género nacional por excelencia por ser el medio más adecuado para revelar la unión de "tierra" y "mundo" que constituye el ser nacional. En un pasaje fascinante de sus "Apuntes autobiográficos" (escritos, a petición de su editor, como prólogo a la primera edición de *Los pazos de Ulloa* en 1886), Pardo Bazán asocia su propia iniciación en la escritura con este impulso por atrapar entre las líneas el "enigma nacional." Siendo niña, Emilia presenció desde los balcones de su casa en A Coruña el desfile de las tropas victoriosas en la guerra de África. Entusiasmada por el espectáculo, de pronto siente

> algo muy grande y digno de ser celebrado, algo que no era del gobierno —de quien solía yo oír pestes en mi casa— sino de otra cosa mayor, tan alta, tan majestuosa, que nadie dejaba de reverenciarla: La Nación. Y viendo que no me hacían caso ninguno, ni tenía con quien desahogar mi entusiasmo, me refugié en mi habitación y garrapateé mis primeros versos. (701)

Aquí aparecen unidas ya tres constantes en su relación escritura/nación: en primer lugar, la independencia de la nación respecto del estado, siendo éste siempre concebido en términos negativos. En segundo lugar, la nación como original grandioso, conocimiento preternatural, instintivo, del que la escritura es copia (o suplemento) insuficiente; y por último, el hecho de que para Pardo Bazán, como para Rousseau la Naturaleza (recordando la lectura derridiana de Rousseau), la escritura surge como un esfuerzo por fijar una presencia en el tiempo, por representar lo irrepresentable (ese "algo" inenarrable que es la nación).[13]

La nación no es percibida por Pardo como producto de una determinada coyuntura histórica (artefacto cultural al fin y al cabo), sino como algo natural, preexistente a la conceptualización de la idea, y como la Naturaleza ("la cosa sin nombre" de *La madre naturaleza* 247), inefable, siendo el texto escrito una especie de sombra platónica, pero rastro por excelencia para intuir la grandeza del original. En *La revolución y la novela en Rusia* (1887), entusiasmada por la posibilidad de expresar el ser nacional que percibía en el realismo espiritual ruso, Pardo exclama:

> Mas si nosotros [...] consiguiésemos llegar a encarnar en nuestra novela no sólo trozos de realidad fragmentaria, individualismos artísticos, sino el espíritu, el corazón y la sangre de nuestra patria, lo que se elabora, lo que late en todos nosotros, en el conjunto ..., a fe que sería bueno, muy bueno. (878–79)

El logro del realismo hasta la fecha había sido el reflejar la sociedad "objetivamente."[14] En el mismo ensayo Pardo no deja lugar a dudas de que "[l]a novela es espejo clarísimo, expresión cabal de las sociedades" (875). Pero la Nación es entonces "algo más" que la sociedad, en la cual Pardo, después de todo, no tenía grandes esperanzas. La actitud de Pardo hacia la sociedad de su tiempo no es de todas formas uniforme, sino que evolucionó con los años. A diferencia de Galdós —probablemente determinada por su clase, pero también por su sexo, pues veía en la ideología burguesa el origen de la esclavitud femenina—, Pardo mantuvo siempre una actitud de rechazo hacia la clase media, que se incrementa a medida que avanzan los años 1880. La espontaneidad del pueblo y el refinamiento y superioridad intelectual/moral de la aristocracia son aún rasgos positivos de la sociedad española; en *La revolución y la novela en Rusia* comenta:

> El payo avilés [...], el mendigo burgalés [...]; el mozo gallego que guía su yunta de bueyes uncida al carro gemidor de primitiva forma, no sólo remueven en mi alma la santa idea patriótica, pero me producen emoción estética que jamás experimentaré ante una levita y un sombrero de copa alta. (789)

A medida que avanzan los años 1890, y sobre todo a raíz de la guerra de Cuba, va aumentando su escepticismo hacia la sociedad en general. *El Niño de Guzmán* (1899) marca el cénit de su pérdida de fe en todas las clases (y el comienzo de la transición al modernismo estetizante en sus novelas); en esta novelita Pardo pinta una aristocracia estúpidamente cosmopolita, sin personalidad (aunque la clase media sigue siendo su mayor horror), y un pueblo sumido en la incultura y el ovejismo, dominado por la codicia de los caciques. La nación es, por tanto, una esencia inefable, es algo que se resiste a adquirir una presencia plena en la escritura, con la irreductibilidad epistemológica del "no sé qué" de Feijoo[15] o "la cosa grande"[16] que es la naturaleza.

El mito del progreso que domina su era reaparece en este ideal nacional de Pardo Bazán. Como en el sueño científico masculino del doctor Frankenstein denunciado por Mary Shelley (la sustitución de Dios como creador, última meta de la idea de progreso), recurriendo a la misma imagen de la sangre que usan Clarín, Galdós o Menéndez Pelayo, Pardo aspira a dar vida al texto inanimado (lograr una "novela chorreando vida"[17]), insuflando a la materia inerte (la escritura/la sociedad) a través del genio del artista "el espíritu, el corazón y la sangre," los elementos vitales que metonímicamente darían vida, al textualizarla, a la nación española, "casa hermosa, pero vacía" (48). Esta última frase es el comentario de los que se pasean por la Casa de España en la exposición de París de 1900 que Pardo recoge en su crónica *Cuarenta días en la Exposición*. Imagen plástica de esa Nación-Cripta a la que la novela moderna infunde nueva vida, la casa de España es un palacio "bello, sereno, fuerte, impecable en su estilo"; es su interior lo que no está a la altura de la casa: "causa una impresión de grandeza —grandeza melancólica. La vida, la vida real y presente, la que no se traduce en recuerdo ni epopeya, falta allí en absoluto" (48). Lo mismo sucede en uno de sus *Cuentos de la patria* titulado "El palacio frío": la frialdad mortal de su palacio, que atormentaba al soberano, sólo desaparece cuando por sus puertas y ventanas penetra la vida y el calor de la calle —alegoría para la nación, pero que igualmente funciona para la literatura española revivificada por la novela realista—: "el palacio se templaría abriendo de par en par las puertas y las ventanas para que se llenase del ambiente exterior, las ráfagas de la calle y hasta la gente de la calle, la gente humilde" (*OC* 1: 1778).

* * *

El proyecto de novela nacional de Pardo Bazán parece por tanto básicamente igual al de los otros miembros de su generación. La autora, como sus colegas, también concibe la novela realista (modernizada por el positivismo contemporáneo) como el género más apto para ser "nacional." No sólo une fértilmente tradición y modernidad, sino que presenta una poética hermenéutica a través de la que llegar a expresar la "verdad" del ser nacional. Pero lo que sería "médium" para llegar a la esencia nacional se convierte en fin en sí mismo ante la a-nacionalidad del referente. En consonancia con los literatos de su grupo, para Pardo la verdad de la nación no reside en la sociedad ni en el estado, sino en la novela realista. La sociedad española se halla desnacionalizada, y sólo su élite intelectual (realista) preserva las señas de identidad de la raza:

> me enorgullezco de las facultades de nuestra raza, al par que me aflige el mezquino premio que logran los ingenios de España, y me abochorna la preferencia vergonzosa que tal vez concede la multitud a rapsodias y versiones pésimas de Zola, habiendo en España Galdós, Peredas, Alarcones y otros más que omito por no alargar la nomenclatura. ("Prefacio a *Un viaje de novios*" 573)

Las arremetidas de Pardo Bazán contra el público español van *in crescendo* a lo largo de su vida. En 1887 afirma en *La revolución y la novela en Rusia*: "[d]esde que sentamos el pie en territorio español, desaparece la novela como elemento social," por "falta de preparación en el público, sobre el cual, en su estado presente, no puede ejercer dinamismo la novela" (879). En el *Nuevo Teatro Crítico* reconoce que "nuestro público es muy escaso. Constituye una minoría social insignificante, y por la misma razón descontentadiza [...] La novela ni ha entrado en nuestras costumbres, ni forma parte de nuestras necesidades, ni casi de nuestros lujos" (*NTC* 8 [agosto 1891]: 25).

A Fray Conrado Muiños, que exigía una función moralizadora de la escritura, le contesta una indignada Pardo, cerrando filas en defensa de su clase intelectual, cuya labor *nacional* no es apreciada por el público y la crítica cegata:

> ¿Y cree V., Fray Conrado, que, cuando se tiene, a falta de la mezquina vanidad personal, el noble orgullo colectivo de pertenecer al número de los que aspiran (si no consiguen) honrar a su patria y dejar en pos de sí, al morir, un leve destello de gloria, cree V., digo, que cuando un día tras otro depuramos nuestra conciencia y pensamos hacer obra santa, no nos sabe a rejalgar y a acíbar fino ese sistemático desprecio que nos reduce

> a optar entre dos papeles igualmente airosos: el de corruptor de menores y peste del hogar, o el de confitero que envuelve en caramelitos las píldoras de la virtud para remedio de la gente frívola o tibia en la fe? (*NTC* 6 [5 mayo 1891]: 31–32)

Su alejamiento moral e intelectual del público irá en aumento. En 1899, en el prólogo a los *Cuentos Sacroprofanos*, se resiente de las críticas a su ortodoxia y afirma que "[L]a precaución es, más que oportuna, indispensable en país donde la escasa cultura y el encubierto pero general indiferentismo han engendrado una vidriosa e hipócrita suspicacia, que en toda manifestación artística del sentimiento religioso ve impiedad tremenda" ("Prólogo a *Cuentos Sacroprofanos*" 1216).

Por lo tanto, correspondiendo al análisis de Max Weber sobre el nacionalismo cultural citado en el capítulo 1, Pardo se ve a sí misma y a su grupo generacional imbuidos de una misión cultural nacional que los coloca en una posición de prestigio moral en la nación, superior a la que erróneamente la sociedad adjudica al Gobierno. Los escritores son los auténticos intérpretes de la vida nacional,[18] y una de sus misiones, arguye Pardo, es desenmascarar al Estado, mostrarlo como una desviación inauténtica del deseo nacional, un falso fetiche:

> es absurdo el que un pueblo cifre sus esperanzas de redención y ventura en formas de gobierno que desconoce [...] Como la raza latina practica mucho este género de culto fetichista e idolátrico, opino que si escritores de más talento que yo lo combatiesen, prestarían señalado servicio a la patria. (Prólogo, *La Tribuna* 58)

En *La cuestión palpitante* señala también este error de los españoles: "[E]n España casi no se puede contar con el público; la amante del público español no es la literatura, es la política [...] la novela, en nuestra tierra de garbanzos, dista mucho de ser, como en Inglaterra, una cuestión social" (178).

¿Existe entonces una comunidad exacta de pensamiento entre Pardo y los otros escritores? Sí y no. La diferencia, palpable en todo lo expuesto hasta aquí, radica en la *intensidad* y *duración* del discurso nacionalista de Pardo. La explicación que encuentro a su casi obsesiva reflexión sobre el papel de la literatura en la nación[19] (en especial, su insistencia sobre la naturalidad de la nación), es la aguda conciencia de Pardo —incluso cuando su fama ya estaba asegurada— de su inestable posición como mujer en un papel (figura pública intelectual) que el nacionalismo le veda a su género. La dificultad de la empresa de Pardo Bazán debe medirse sobre el trasfondo del ideal de sumisión y domesticidad de la mujer en la nación descrito por Mosse:

> Nationalism [...] used the example of the chaste and modest woman to demonstrate its own virtuous aims. [...] Those who did not live up to the ideal were perceived as a menace to society and the nation, threatening the established order they were intended to uphold. (90)

Mujer, nación, literatura

Si, como observa Stathis Gourgouris, la relación entre nación y sujeto nacional es una de reciprocidad, un intercambio de credibilidad, "one's recognition by the nation in exchange for one's loyalty as a national subject" (26), Pardo Bazán va a invertir un considerable caudal de energía en acreditar su ser "buena española." El dilema al que se enfrenta, sin embargo, es que el modelo cívico femenino que se venía tratando de internalizar en la sociedad española desde el siglo XVIII chocaba directamente con la intelectualidad y publicidad a que aspiraba la autora. "[L]a intensidad de educación, que constituye para el varón honra y gloria, para la hembra es deshonor y casi monstruosidad" (Pardo Bazán, *Mujer española* ed. Schiavo 74), se lamentaba la escritora.

El patrón de comportamiento femenino que arranca de la Ilustración conminaba a la mujer a "entregar su libertad en aras de la felicidad colectiva" (Llanos 200), dedicándose en exclusividad a la vida doméstica como aportación al bien común nacional.[20] Sin embargo Pardo rompe abiertamente con este rol nacional tradicional de la mujer, y, como concluye Maryellen Bieder, "clearly positions herself within the tradition of the realist novel as practiced by male novelists" ("Gender and Language" 102), reclama su individualidad intelectual, y adquiere una antifemenina visibilidad pública.

En el prólogo a su primera novela, *Pascual López,* Pardo se mostraba a la vez desafiante y consciente de su vulnerabilidad. Contra la norma sobre todo en el caso de mujeres noveles, Pardo ni va a ocultar su sexo, ni recurre a una autoridad exterior que la prologue y legitime como escritora, ni hace uso del tópico de la modestia femenina. Una de sus razones para no pedir a un autor consagrado que la prologue es la posibilidad de que la obra supere al prólogo "de favor" del "condescendiente crítico que le perdona la vida" (11). Pardo da significativamente el ejemplo de una autora famosa que no nombra: "díganlo los prólogos de las obras de uno de nuestros ingenios más floridos (que por más señas vestía faldas y ya abandonó este mundo)" (11).

En el prefacio a *Un viaje de novios*, consciente del paso revolucionario (mayor por venir de una mujer) que estaba dando en su primera incursión en el modo realista/naturalista, la escritora rogaba, suplicaba ser incorporada a una tradición literaria española (masculina): "le pido por caridad [al crítico que califique a la novela de realista] que no me afilie al realismo traspirenaico, sino al nuestro, único que me contenta y en el cual quiero vivir y morir" (573).

En *La cuestión palpitante* Pardo insiste en su afiliación al realismo hispano, superior en su opinión al excesivamente determinista y materialista naturalismo francés. Es significativa la lectura selectiva que efectuó gran parte de la crítica de su tiempo (por ejemplo, Menéndez Pelayo, Valera, Pereda o Luis Alfonso), que no vio en la serie de artículos más que una apología del naturalismo francés, propia de una dama "a la moda."

La admisión, desde luego, no iba a ser fácil. Diecisiete años más tarde, en el prefacio a los *Cuentos de amor* (1898), su voz denota la amargura de una lucha larga y solitaria con la cerrazón del patriarcado literario español:

> sólo encontrarás aquí [en el prefacio] unas cuantas advertencias, por otra parte innecesarias si para mí no rigiesen distintas leyes que para los demás autores, y si en mí no se calificase de delito lo que en ellos es acción indiferente, cuando no gracia merecedora de aplauso. (1213)

La crítica que más le dolía —el precio a pagar por abandonar su lugar asignado en la nación en razón a su sexo y pasarse al de los hombres letrados— fue la que hemos examinado en el capítulo 1, el cuestionamiento de su españolidad.

¿Cuál es la respuesta de Pardo a esta acusación? En primer lugar, resemantizar la idea de nación tal y como la comprendían sus críticos. Para poder compatibilizar su estatus de buena española con el de buena intelectual, Pardo rechaza la forma nacional origen de tal conflicto, señalando que la nación liberal —basada en la ideología burguesa del "contrato social"— es la fuente de la injusta y nefasta desigualdad sexual contemporánea. Pierre Vilar estudia cómo la burguesía crea la falsa idea de comunidad horizontal en la nación ("igualdad, fraternidad") para legitimar su hegemonía como clase. Por lo tanto, dice Vilar, el Estado-Nación es un "hallazgo dialéctico porque se trata de una creación recíproca y contradictoria: la nueva comunidad reemplaza a las antiguas reafirmando su unidad cuando se agudiza la lucha de clases" ("Sobre los fundamentos de las estructuras nacionales" 11). La crítica de Pardo se basa en la diferencia de género más que en la de clases. Definitivamente, opina la escritora, tal contrato ha sido llevado a la práctica sin el consentimiento de las mujeres y es la causa de su marginación actual:

> en efecto, la burguesía que hizo las revoluciones políticas, no las hizo sino para el varón: a la mujer se puede afirmar que en vez de aprovecharla, la perjudicaron; antes de ellas no era tan inferior al hombre. Un marido del siglo XVIII, sin derechos políticos, se encontraba más cerca de su esposa que el burgués elector y elegible del siglo XIX. (*La vida contemporánea* 121)

En "Feminismo: Las mujeres francesas han obtenido el voto," Pardo se muestra escéptica hacia la participación en un sistema parlamentario que ha sido al fin y al cabo el origen de la discriminación femenina:

> la mujer pudo decirle al liberalismo "ni contigo ni sin ti." Este desvío hacia la causa feminista fue, ciertamente, una de las piedras de toque donde pudo contrastarse que a los partidos los mueven *los intereses creados* y no idealidades ni aspiraciones generosas. Como instrumento, la mujer pudo convenir en momentos dados. Libertarla de sus cadenas seculares, no convenía. (252)

Pardo no va por ello a renunciar a ser sujeto nacional, sino que, como vimos en el análisis de su teoría de la novela, procede a cuestionar la metonimia política de la nación liberal (su restricción de la ciudadanía a un sector limitado de la sociedad) para así poder habitarla. Concibe la nación como "natural" e "instintiva," aunque transmisible sólo a través de la cultura, siendo la escritura realista el vehículo donde mejor se revela su ser. Pardo borra así el componente ideológico del nacionalismo como creencia consciente (contrato social entre sujetos autónomos) para acercarse a la versión althusseriana de ideología no como sistema de creencias analizables y separables de la práctica, sino como aquello que de forma "natural" rige y determina nuestras prácticas materiales. En su "ideological fantasy" (Žižek, *Sublime Object* 28), Pardo Bazán no plantea su nacionalismo en términos de decisión consciente y voluntaria, sino como "acto" (performance) que tiene lugar, prioritariamente, en la escritura. Así lo enfatizó en su discurso "El sentimiento de la patria" pronunciado en el Ateneo de Valencia en 1901. En un artículo de *La vida contemporánea* en el que comentaba el homenaje recibido en Valencia, Pardo afirma:

> tantos y tan rendidos homenajes me los habían ganado unos rasgos de tinta sobre unas cuartillas; fuerza quizás, bien mirado, más real y persistente que ninguna [...] [N]os honramos los que la representamos [la fuerza de las letras] si la ofrecemos al ideal de la hora presente, lo que llamé *el altar de Nuestra Señora de la Patria.* (87)

Esta interesada "ceguera ideológica" de Pardo, que rechaza ver la nación como formación política de organización social con un preciso origen histórico en la modernidad, le va a permitir reclamar su condición de sujeto nacional, al hacer a la nación parte constitutiva de su ser, expresada performativamente en su acto de escritura. Para la escritora, la Nación, como la Naturaleza, no son "ideas" cognoscibles y cuestionables. La nación (y el nacionalismo), originándose en la esfera no de la reflexión sino de la naturaleza y el instinto, no puede ser, en absoluto, ideología en su sentido consciente, ni patrimonio de nadie, ni se adquiere por méritos especiales, sino que simplemente "es." Asegura Pardo:

> Lo que afirmo es que el sublime escalofrío del amor patrio es anterior a todo conocimiento reflexivo de la idea que lo produce [...] De mí sé decir que ese sentimiento es uno de los que no han modificado ni lecturas, ni estudios. ("Apuntes autobiográficos" 701)

Hay en esta preternaturalidad de la acepción de nación de Pardo un contenido místico que le acerca al nacionalismo idealista de tipo alemán, que había sido, como mencioné antes, su primera escuela intelectual. En sus "Apuntes autobiográficos" recuerda su atracción hacia el idealismo alemán como superación de su sucedáneo Krause: "la famosa *identidad* de Schelling, el *yo que se pone a sí mismo* del elocuente Fichte, la razón pura de Kant, las discutibles pero magníficas teorías estéticas de Hegel" (711). De hecho, en 1901[21] Pardo explicitará el origen fichteano de su concepto de nación en su discurso en los Juegos Florales de Orense:

> Aunque radique en el instinto, en el apego material, por decirlo así, a la tierra, el amor patrio se eleva a concepto racional, fundado, según las enseñanzas de [...] Fichte, en la idea de la duración, de la perpetuidad del pueblo y la raza al través del tiempo, que presta al fenómeno fugaz de la existencia individual la solidez de lo eterno; idea que la poesía expresa al decir que ganan eterna vida los que saben morir por la patria.[22]

Anotemos por ahora este movimiento de lo instintivo a lo racional, de lo fugaz a lo eterno en el proceso de constitución de la nación, pues será importante para analizar las premisas en base a las que Pardo negocia su lugar dentro de la cultura nacional. Este proceso se ejemplifica en la imagen final que Pardo evoca ante su audiencia:

> Por ejemplo, señores: yo al hablaros, vosotros al oírme, hemos trabajado esta noche para acercar a la realidad el divino ideal de la patria resucitada, saliendo del sudario, ascendiendo a los cielos entre irradiaciones triunfales. Si es sueño, decidme cómo habríamos podido soñar juntos, en este momento de nuestra vida, algo más hermoso.

La nación se produce entonces en el espacio abierto entre la materia y el espíritu; la comunicación que crea un sentido de colectividad, "acerca a la realidad" el sueño nacional, sueño cuya idealidad reside sobre todo en el ser colectivo, para lo que la oradora acude hábilmente a una imagen cristológica compartida por todos sus oyentes (la resurrección y ascensión a los cielos). Esta relación nacional mística, religiosa, presenta puntos de contacto con la utopía medieval de comunidad cristiana horizontal que Ruskin y el grupo prerrafaelita soñaban para Inglaterra por estos mismos años. De hecho Pardo consideraba la Edad Media española (sobre todo la espiritualidad franciscana, con su armonía de lo sensorial y espiritual, feminidad y masculinidad) como una de las etapas modélicas de la historia (ver, por ejemplo, el capítulo sobre "San Francisco y la mujer" en su estudio *San Francisco de Asís* de 1881 [184–204]).

La autora continúa su discurso proponiendo, como Fichte para la nación alemana, la creación de una auténtica comunidad nacional de la que el Estado fuera expresión, y no imposición: "Para remediarnos —dice el filósofo— el patriotismo ha de dominar al mismo Estado, y ser tenido como potencia superior, última y definitiva, absolutamente independiente" ("Discurso leído"). Pardo, en su ardor nacionalista, llega a repatriar el pensamiento fichteano, afirmando que estos fueron los principios que el pueblo español siguió por instinto en su reacción a la invasión francesa de 1808, "justamente cuando Fichte, que pensaba de seguro en nuestro alzamiento glorioso, y soñaba para su patria iguales viriles arrestos, leía sus discursos en la Academia de Berlín."

Pardo concibe la renacionalización de España como una labor pedagógica, de auto-reconquista espiritual a través de la cultura[23] —pues con el instinto nacional se nacía—, para liberarse así de la actuación colonizadora del Estado. Lo importante es establecer un plan de acción, decidir

> *cómo* haremos para establecer esa dominación del patriotismo en el Estado, sobre el Estado y contra el Estado, si preciso fuese; *cómo* hemos de orientarnos para la educación nacional, para que nos formemos racional y libremente y con sujeción a regla segura, y nos desenvolvamos física e intelectualmente y recobremos nuestro honor nacional. ("Discurso leído")

Recordando la cita anterior, la educación nacional consiste precisamente en ese paso del instinto a la racionalización (del "apego material" al "concepto racional"); revirtiendo la idea de Pardo, no es la muerte por la patria lo que da vida eterna a los héroes, sino la textualización poética de su hazaña como patriótica. La existencia de la nación depende de esa interpretación/textualización perpetuadora del instinto de patria; este planteamiento se traduce en el plano literario con la textualización de lo inmediato, espontáneo nacional, a través de la interpretación selectiva y reflexiva del escritor realista.

Mujer, naturaleza y cultura

Esta era la teoría literaria-nacional de Pardo a la altura de 1901. Unos años antes, Pardo había desarrollado en novelas y ensayos[24] una intensa campaña en pro de la educación igualitaria del hombre y la mujer, empresa que puede considerarse en términos de una "renacionalización" de la mujer española a través de la cultura, y a la que ella misma contribuye publicando desde 1892 una "Biblioteca de la mujer" que incluye títulos destinados a ilustrar y estimular la conciencia feminista de las españolas, como *La esclavitud de la mujer*, de John Stuart Mill, o *La mujer y el socialismo* de August Bebel. En su discurso sobre la educación del hombre y la mujer (*La mujer española*), en el que asume una postura muy diferente a la de la mayoría de las mujeres de la época, que no veían en la educación sino un refuerzo para su papel de madres/esposas, Pardo defiende para la mujer lo que hasta entonces había sido el modelo masculino de educación y actividad intelectual, de cultura *per se* y no "para relacionarse con." Ella, como argumenta Bieder, sería "the living fulfillment of their [de las feministas] calls for educational opportunities for women" ("Emilia Pardo Bazán and Literary Women" 19), al tiempo que rompía las fronteras de género que otras escritoras trataban de preservar.[25]

Una educación sistemática e institucionalizada, propone Pardo en múltiples ocasiones, liberaría a la mujer de la falsa doctrina de la domesticidad impuesta por el sistema patriarcal dominante del que el Estado (que impide su educación igualitaria con el hombre y su acceso a puestos públicos) es una prolongación. La situación actual de la cultura femenina (en especial la de la mujer de clase media) es ruinosa para la nación. La educación a medias que reciben las mujeres españolas, es lo que Gourgouris señala como una de las peores amenazas para la identidad nacional, una semi-cultura; partiendo del concepto de Theodor Adorno de semi-cultura o *halbbildung*, Gourgouris la concibe como "self maintenance without a self," "qualitative antithesis to culture and indeed, so long as it prevails, the annihilation of culture as a source of social autonomy" (88). La vida natural en total ignorancia es por tanto preferible a esta media cultura que afecta no sólo a las clases medias, sino, con el aumento de la industrialización, al pueblo —último reducto de la identidad nacional—:

> la media cultura fabril, la afinación de los nervios, el empobrecimiento de la sangre y el continuo y malsano roce de la ciudad, crean una mujer nueva, mucho más complicada y más desdichada, por consiguiente, que la campesina. (Pardo, "Apuntes autobiográficos" 726)

El tema de la media cultura preocupaba evidentemente a Pardo; lo trató literariamente en *La Tribuna*, satirizando el barniz político/oratorio que adquirían las obreras de la fábrica de tabacos con la lectura de periódicos incendiarios, o en el personaje de Ángel "el Gallo" en *La madre naturaleza*, y sus grotescos intentos por dominar los detalles periodísticos de la diplomacia internacional, o el habla ridículamente pedante del estudiante protagonista de *Morriña,* formado más en revistas y periódicos que en la seriedad de las aulas. En *De mi tierra* es contundente: el pueblo es para Pardo sobre todo

> la gente campesina, próxima a la naturaleza reveladora, en quien no ha ejercido su efecto desastroso y desflorador la media cultura, la instrucción barata, la lectura de periódicos [...] Un paisano de cerebro fresco o un *burgués* de cerebro afinado: esto es el poeta popular o el poeta culto. (119)

En términos de civismo, el excesivo énfasis en la reducción a lo doméstico de la mujer ha hecho que ésta pierda todo interés en el bien común nacional:

> privada la mujer de toda clase de derechos políticos, mientras el varón desde la Revolución francesa los ha adquirido plenísimos y sin distinción de capacidades, la vida pública, los fastos de su nación, son a la mujer cada día más indiferentes, y las vergonzosas transacciones, las flaquezas de los que intervienen en la gobernación y administración de la república, encuentran aprobación y halago en el hogar doméstico, donde ni se conocen ni se pueden conocer más leyes que las de la casera economía. (Pardo, "La educación," en *Mujer española* ed. Schiavo 91)

La cultura era entonces la clave de la mejora de la mujer, y con ella, de la de España. En cuanto al modelo cultural a seguir, Pardo no supera el horizonte de pensamiento de su era; al no existir una tradición cultural femenina (o si existía era bajo la forma de "media cultura"), el único modelo de cultura válido que se le presentaba a Pardo es el masculino. "Viril" es el calificativo con el que Pardo celebra la labor intelectual de eruditas como Blanca de los Ríos o pensadoras como Concepción Arenal,[26] mientras que el tipo de cultura que desarrollaban la mayoría de las mujeres de su época (destinada en su mayoría a potenciar el papel femenino de "ángel del hogar") recibe su más profundo desprecio:

> Porque así Dios me salve cómo me iba hartando de historietas sentimentales o tontamente licenciosas, y de pujos morales, y de extravagancias espiritistas, con otras malas yerbas y flores cursis del erial femenino —que no quiero llamar literario. ("Blanca de los Ríos," *NTC* 8: 88)

Pardo coincide con Freud en relacionar el origen de la cultura con el varón, con el padre. Como establece Noël Valis en su estudio sobre *Insolación*, la labor de Freud, como ya recordara Foucault, no surge *ex nihil*, sino que expresa y articula sistemáticamente un cuerpo de ideas que ya estaban latentes en la sociedad. Así, al unir a la figura del padre el origen de la cultura, Freud no hacía sino confirmar el carácter patriarcal, el monopolio masculino de la cultura de su siglo. El pensamiento literario y nacional de Pardo estaba necesariamente condicionado por los mismos paradigmas genéricos que alientan tras la teoría freudiana y que estructuraban la mentalidad colectiva de su época. Según expone Freud en *Moses and Monotheism*, el reconocimiento de la figura paterna es el primer paso en la creación de cultura, la primera abstracción que lleva a cabo la mente: "This turning from the mother [cuyo conocimiento es empírico, autoevidente] to the father, however, signifies above all a victory of spirituality over the senses —that is to say, a step forward in culture" (179). Bieder ha señalado como la formación de Pardo, desde su padre a los distintos mentores que va escogiendo (Menéndez Pelayo, Clarín, Galdós) es exclusivamente masculina ("Emilia Pardo Bazán and Literary Women" 19–20). Es posible ver como resultado esquizofrénico de esta internalización del modelo masculino de cultura (razón sobre sentimiento) lo que la escritora llamaba "esta pícara dualidad mía. [...] que, permitiéndome sentir el valor inestimable de la ilusión poética, me obliga al mismo tiempo a analizarla y por consiguiente a destruirla" (*De mi tierra* 71). A esta lucha interna entre sus sentidos y su mente Pardo alude en numerosas ocasiones; así, dice preferir la prosa a la poesía por ser la primera un "deleite mucho más sano y espiritual," mientras los poetas son "señores de mis nervios" ("Apuntes autobiográficos" 712). Por eso es también la objetividad y carácter de estudio del texto realista superior a la pasión y sentimiento desatado e improductivo del romanticismo. El realismo, como dice Pardo en carta a Menéndez Pelayo, ha logrado la perfecta unión de arte y ciencia: "Lo que hay en el fondo de la cuestión [se refiere a su reciente *La cuestión palpitante*] es una idea admirable con la cual soñé siempre: la unidad de método en la ciencia y el arte. ¡Ahí es nada! La división arbitraria ha desaparecido, y la observación y experimentación se aplican lo mismo a la novela que a los estudios anatómicos" (en González Herrán, "Emilia Pardo Bazán en el epistolario de Marcelino Menéndez Pelayo" 341).

Por el mismo razonamiento, Pardo identifica a Galicia, "la tierra," lo inmediato abarcable por los sentidos, con lo femenino y lo poético (los poetas regionales "nos envuelven en la atmósfera natal, tibia como el claustro materno" [*De mi tierra* 16]), mientras que la nación española y el "habla majestuosa de Castilla" son superiores (masculinas) por su mayor grado de abstracción o depuración de los sentidos por la razón.

> Galicia no es sino la *tierra*, algo íntimo y dulce, algo quizá más caro al corazón, más necesario para la vida que la misma patria: pero la patria representa una idea más alta aún, y la patria, para los españoles todos [...] es España, inviolable en su unidad, santa en sus derechos. (*De mi tierra* 40)

En *De mi tierra*, especialmente en los ensayos "La poesía regional gallega" y "El olor de la tierra," comparando la lengua gallega y castellana, Pardo llega a esta curiosa analogía con el diferente desarrollo anatómico de los dos sexos: "El castellano, rudo y musculoso, necesitó mucho más tiempo para formarse, quizás por la misma causa que influye en que la pubertad sea más pronta en las hembras que en los varones, y más rápido el desarrollo de su osatura" (44). El portugués, la lengua hermana del gallego, es también menos viril que el castellano, "le falta la amplitud, nobleza, entereza, valiente musculatura y sana complexión del castellano" (28). El poeta Lamas Carvajal es para ella el mejor representante del alma regional: "el alma que veo en sus versos es un alma femenil, resignada y *saudosa*, por consiguiente adecuada a maravilla para comprender a nuestros campesinos y expresar sus íntimas querellas" (56).

En su vida personal la escritora va a escoger un modelo de vida explícitamente masculino en su voluntad de independencia y acción pública. Debido al escándalo provocado por el atrevimiento crítico de *La cuestión palpitante*, Pardo rompe con las reglas del comportamiento femenino, separándose de su marido, que desaprueba su actividad intelectual. La escritora representa literariamente esta incompatibilidad entre domesticidad y actividad pública en *La dama joven*. En este caso la protagonista sí sacrifica su gran futuro de actriz por un marido; la novela breve termina con un diálogo entre los dos actores que la ven marchar, que no permite presagiar un fin feliz para la joven:

> Acaso ese novio, que parece un buen muchacho, le dará una felicidad que la gloria no le daría.
> —¿Ese? —exclamó Estrella, cortando con los dientes la punta del puro— Lo que le dará ese bárbaro será un chiquillo por año … y si se descuida, un pie de paliza. (927)

En carta a su entonces amante Galdós, Pardo no puede ser más explícita sobre el modelo genérico que va a seguir su vida a raíz de su separación:

> si me emancipo en cierto modo de la tutela paterna, debo justificar mi emancipación no siendo en nada dependiente; y este propósito, del todo varonil, reclama en mí fuerza y tranquilidad. […] Lo dicho, esta especie de trasposición del estado de mujer al de hombre es cada día más acentuado en mí, y por eso no tengo tanta zozobra moral como en otro caso tendría. De los dos géneros de virtudes que se exigen al género humano, elijo las del varón … y en paz. (en Ortega, *Cartas a Galdós* 90)

Esta doble faceta de Pardo en su denuncia del patriarcado y abrazo del modelo patriarcal, haría difícil una clasificación de su labor como mujer escritora según el esquema ginocrítico diseñado por Elaine Showalter. Si por un lado correspondería al modelo inicial de imitación masculina, por otro lado su constante denuncia de la desigualdad femenina le incluiría en la segunda fase de protesta. Sin embargo, la autoinclusión de Pardo en una alta cultura nacional no significa su elección inamovible del polo positivo-poderoso de la dicotomía jerárquica masculino/femenino, hombre/mujer. En sus reflexiones sobre la nación y la novela que la representa, Pardo presenta la cultura nacional no como algo estático, no como un producto final, sino como un *proceso* pendular continuo que va del instinto a la razón, de la naturaleza a la cultura. Ambos términos del binomio, como argumentará Cixous, no pueden significar aislados, se necesitan mutuamente, pues uno es un suplemento del otro. Para lograr una cultura nacional es necesario partir de un sentimiento genuino de nación; y viceversa, no se puede reconocer el instinto nacional como tal a menos que haya una cultura nacional que lo avale. Igualmente, para lograr un texto que funcione como metonimia nacional, es necesario enraizar la escritura en la realidad inmediata, en la presencia viva y oral de la realidad nacional. No es extraño entonces que prácticamente todas las novelas de la época de militancia realista/naturalista de Pardo, los ochenta, tengan lugar en Galicia, que para ella era la tierra, la naturaleza, la inmediatez maternal (*La Tribuna*, *El Cisne de Vilamorta*, *Los pazos de Ulloa*, *La madre naturaleza*, *Bucólica*, *La dama joven*) o estén conectadas a ella por personajes gallegos (*Insolación*, *Morriña*). Como lo exponía Francisco Villegas, crítico contemporáneo de Pardo, y colaborador, como ella, en la magna empresa de renovación cultural española que era *La España Moderna*:[27]

> El regionalismo es, por decirlo así, la quinta esencia del amor patrio. Hay algo que nos atrae con fuerza irresistible al suelo en que nacimos; [...] En nuestra ciudad, en nuestro pueblo, la idea de la patria no es una mera abstracción; toma cuerpo en las calles y plazas pobladas de nuestros recuerdos. (198)

El *mundo* heideggeriano necesitaba unirse a la *tierra* matérica para abrirse y revelarse. La nación se encarna en la materialidad espesa del texto realista, con sus largas frases en que multitud de adjetivos y adverbios separan verbo y sujeto, sus descripciones acumulativas, sus inventarios, su peculiar textura densa y compacta.[28] A modo de ejemplo de la excepcional textura matérica que alcanza la prosa de Pardo, veamos el párrafo, compuesto por una sola y larguísima frase, con el que se abre *La madre naturaleza*:

> Las nubes, caliginosas y de un gris amoratado, como de tinta desleída, fueron juntándose, juntándose, atropellándose más bien, en las alturas del cielo [...] empezaron por soltar goterones anchos, gruesos, legítima lluvia de estío, que doblaba las puntas de las hierbas y resonaba estrepitosamente en los zarzales; luego se apresuraron a porfía, multiplicaron sus esfuerzos, se derritieron en rápidos y oblicuos hilos de agua, empapando la tierra, inundando los matorrales, sumergiendo la vegetación menuda, colándose como podían al través de las copas de los árboles para escurrir después tronco abajo, a manera de raudales de lágrimas por un semblante rugoso y moreno. (7)

La acumulación de verbos y adjetivos, y la aceleración progresiva de la frase —rítmicamente marcada por los gerundios, que van amplificando la tensión de la acción progresiva—, termina en una remansada y melancólica imagen antropomórfica. El párrafo imita en su estructura la acción de la tormenta que describe (explosión-implosión), al tiempo que prefigura la trama novelística: atracción natural —de las nubes, y más tarde de los protagonistas—, estallido —de la tormenta/pasión amorosa—, final desgraciado —rostro que llora/descubrimiento final del incesto y separación de los protagonistas. En estas pocas líneas descriptivas se condensa también el subtexto de la obra, la dialéctica entre naturaleza y cultura. La tinta desleída —escritura, convención social— textualiza y determina que las gotas que se deslizan por el tronco del árbol sean lágrimas sobre un rostro moreno femenino (la asoleada y vieja madre naturaleza), y no otra imagen; naturaleza y cultura se hacen significar mutuamente, de la misma forma que el incesto en el que culmina la novela demarca los límites entre una y otra, haciéndoles cobrar sentido pero de forma dolorosa, traumática, y sin privilegiar ninguno de los dos espacios: ni la solución de la naturaleza (al fin y al cabo "barbarie," inaceptable en la sociedad) ni la de la civilización (que impide un amor que en el mundo natural es representado como idílico) son por sí mismas satisfactorias.[29]

Para Pardo, si el texto realista incorporaba en su materialidad un mundo cultural, la estructura textual emanaba a su vez de un referente natural, genuino, prístino, que devuelve su fuerza y vigor a una literatura nacional que el romanticismo (origen del anhelo por lo genuino nacional), a ojos de la generación realista, había fracasado en desarrollar.

A mediados de los ochenta, tras su encuentro con el realismo "espiritual" de la novela rusa, Pardo cree haber encontrado esa fórmula de equilibrio más satisfactoria que el excesivamente materialista naturalismo francés. En su estudio "Edmundo de Goncourt y su hermano" la escritora anuncia como el ciclo del naturalismo francés ha terminado y es la novela rusa la que mejor conecta con el espíritu finisecular, pues trae consigo "rápidas miradas hacia atrás, con el ansia de restauraciones imposibles y la certeza de una armonía o reconciliación indispensable entre el espíritu y la materia, la poesía y la verdad, la línea y el color …" (*OC* 3: 952).

Mujer nueva, nueva nación

Hemos establecido ya cómo Pardo justifica su lugar en la cultura nacional mediante la revisión del significado de nación y del lugar de la mujer en la nación. Pardo no rompe los paradigmas de su época que vinculan a la mujer con la esfera de la naturaleza y al hombre con la de la cultura. "Y es que el alma de la mujer, acaso por su contacto con la niñez, está más cerca del alma ingenua del pueblo" (32), establece Pardo en *De mi tierra*. Su solución para que su persona no se convierta entonces en una contradicción viviente es reutilizar estos paradigmas en su beneficio. Si "[w]oman as preindustrial [national] symbol suggested innocence and chastity, a kind of moral rigor directed against modernity" (Mosse 98), Pardo, aún denunciando la inmovilidad a que como depositaria del "honor nacional" se somete a la mujer, va a darle la vuelta a este mismo discurso para subrayar la necesidad de que la mujer, como "naturaleza," se incorpore y complete la cultura nacional, y viceversa. La mujer del futuro es la mujer natural, española "genuina," que sepa asimilar sin perder su naturalidad el modelo cultural masculino hegemónico. Su inmovilización histórica la ha mantenido apartada de las corrupciones del sistema, con lo que, irónicamente, su mayor pureza y desinterés la hacen más apta para desempeñar los cargos públicos que se le niegan.

Para Pardo entonces el perfecto ciudadano, como el perfecto escritor, sería aquel que ha sabido conservar prístino su entusiasmo nacional al tiempo que ha alcanzado un nivel de educación "viril," es decir, sea capaz de circular entre los dos polos del binomio. El problema reside en lograr educar al pueblo sin que pierda sus características de pueblo, y que los que practiquen la cultura mantengan esa autenticidad popular que es el sustrato de la nación. Alabando "el corazón y la sangre" de la chula madrileña, Pardo exclama: "si esa mujer fuese educable ... Pero si fuese educable [...], ya no sería chula, ni tendría maldito el chiste" (*Mujer española* ed. Schiavo 63). En esta línea, denuncia la falsa espontaneidad de las mujeres de clase media que han alcanzado un barniz de cultura:

> nunca han estado más horros y limpios de cultura los anales de las letras femeninas que desde mediados de siglo acá. Han escrito en nuestros días las mujeres como el pueblo sin la espontaneidad del pueblo, como el niño sin la espontaneidad del niño. Me han contado de una poetisa que no quería leer a los clásicos por no perder la originalidad. ("Blanca de los Ríos," *NTC* 8: 89)

Pardo considera que ese utópico equilibrio entre naturaleza y cultura se había producido en su persona. El hecho de que el lugar que ella se labró en la literatura nacional sea más puro e íntegro por haber carecido su éxito y vocación literarios de cualquier ayuda oficial, sirve a Pardo para argumentar que la pertenencia de la mujer a la nación es más genuina y potencialmente más positiva que la del hombre. En el discurso de inauguración de su estatua en 1916 comenta este aspecto:

> No he descendido por reveses ni tampoco descendido por arbitrio de ninguna clase. Y tampoco, por la injusticia que pesa sobre mi sexo, he recogido cargos, honores, recompensas oficiales de ninguna especie. Mi medro es de un género tan honroso y puro, que se reduce a ganar algún dinero trabajando en mi labor literaria. Como sin ella hubiese vivido decorosamente, tampoco la codicia me impulsó, y no he forzado puerta alguna, en perjuicio de nadie. Ni caben tampoco en esto intrigas: el público me hace el favor de leerme, y el día en que no me leyese, no sería por medio de recomendaciones como lograría que me volviesen a leer.[30]

Su lugar nacional sería entonces posible en esta continua trasposición entre lo femenino (natural) y lo masculino (cultural). Sobre su pasión nacional, afirma que la ha conservado intacta: "Me encuentro en este particular —lo digo con orgullo— a la altura de una mujer del pueblo" ("Apuntes autobiográficos" 701). Por otra parte, su gran cultura la hace merecedora de puestos de responsabilidad nacional de los que precisamente su condición de mujer en una nación patriarcal la mantiene apartada:

> [L]a anómala situación de la mujer respecto á derechos políticos, nos permite [...] pensar y sentir con absoluta independencia; [los políticos] sólo ven el advenimiento o caída de los suyos; yo veo a España ... que patria, dígase la verdad, aún no nos han prohibido tenerla a las mujeres ("Presentación," *NTC* 1: 18)

En *Cuarenta días en la Exposición* (1900) describe un congreso feminista celebrado en la exposición parisina que estaba reseñando, y comenta:

> Se discutió yendo al grano y prescindiendo de alardes de elocuencia. [...] El mismo entusiasmo del proselitismo, real y ardiente, anduvo discreto. Desde este punto de vista el Congreso de las mujeres bien podría servir de modelo a los Parlamentos masculinos. (153)

La mujer, por estar apartada de las trampas políticas y el escepticismo que puede llegar a causar el mucho estudio sin una base sólida en la realidad, como es el caso de Gabriel en *La madre naturaleza*, está más cerca de la inocencia nacional que el hombre maleado. A Gabriel Pardo de la Lage le falta una base material que le lastre en sus sueños quiméricos, cimiento que acude a encontrar en los pazos de Ulloa en la persona de su sobrina Manuela, "hija de la naturaleza." Desafortunadamente a Manuela también le falta el soporte de la cultura y cae por ello en el mayor triunfo de la naturaleza sobre la civilización, el incesto. El desequilibrio, la falta de compenetración entre naturaleza matérica (femenina) y cultura idealista (masculina) son los que causan la tragedia en la novela, y, de forma paralela y desastrosa, en la nación. Los comentarios del narrador y los monólogos internos de Gabriel subrayan este paralelismo. A Gabriel le aquejaba la

> irresistible tendencia de su imaginación viva [...] a construir, con la vista de un objeto, sobre la base de una palabra, un poema entero, un sistema, una teoría vasta y universal [...] "Yo no soy un chiflado —pensaba don Gabriel [...] Yo soy víctima de mi época y del estado de mi nación, ni más ni menos. Y nuestro destino corre parejas." (87)

En su discurso "La España de ayer y la de hoy," leído en la sala Charras de la Sorbona y posteriormente publicado en España, que levantó un gran escándalo por su supuesto antipatriotismo, Pardo proponía superar este impasse del excesivo idealismo en sus dos extremos, tanto la leyenda dorada (el pasado grandioso) como la leyenda negra (el derrotismo o fatalismo) que servían de rémoras al avance español, y dedicarse a la construcción cotidiana y práctica de una patria común. En sus *Cuentos de la patria* de 1902 ilustra esta tesis, en especial en el cuento "El caballo blanco," en el que un atareado San Isidro unce al arado el caballo blanco con el que Santiago se disponía a renovar sus laureles en apoyo de sus hijos españoles, dándole así un uso mucho más práctico que los improductivos sueños de gloria imperial que arruinaron España a lo largo del XIX.

En 1901, en su discurso en los Juegos Florales de Orense, aún reciente la resaca del "desastre" del 98, Pardo insiste en el papel de la mujer como ancla y cimiento social, en su especial capacidad salvífica para la nación —que reside en su "inocencia" natural, en su no corrupción por ideología políticas—, ilustrada en su propia posición ante el "problema de España":

> ¿dónde habrá testimonio social de mayor desinterés, de mayor sinceridad que el de la mujer? [...] Y a no sentir la punzada del dolor patriótico, que ya antaño me movió a decir llanamente, concitando tormentas, lo que ningún político diría, ¿qué otro fin ha de guiarme, al realizar una labor iniciada en París [...], y que cumpliré en la medida de mis fuerzas mientras dure mi vida y dure España.... y ojalá que el segundo plazo diste del primero interminable serie de siglos? [sin página]

El paso de la especie "mujer" (que garantiza su naturalidad, sinceridad, y pureza de intereses ante el problema nacional) al individuo "Pardo Bazán" (mujer intelectual y voz pública en la escena nacional) se produce estratégicamente en ambas citas. ¿Se veía Pardo, frente a las acusaciones de "mala española" del *establishment* masculino, como la posible perfecta ciudadana, que había conseguido incorporar en su persona las categorías de naturaleza y cultura, instinto y razón, materia y espíritu,[31] en cuyo equilibrio se articulaba la Nación? Al parecer así era. En el discurso de inauguración de la estatua que en 1916 (Documento inédito) le consagra un espacio físico público para la posteridad, lamenta que su condición de mujer le haya impedido trabajar políticamente por el bien de sus conciudadanos:

> Sí, he conocido un género de envidia, no vergonzosa, hacia los que, desde las esferas del poder, prestan elementos valiosísimos a las ciudades. He lamentado entonces mi falta, no diré de capacidad, sino de capacitación política, que la mujer a quien no se ha podido excluir del arte porque no había medio, ni del estudio porque tampoco cabe, encuentre a la puerta [...] [aquí se corta el documento]

Este equilibrio al que debe aspirar la "mujer nueva," es el que Pardo cifra en Feíta, su modelo novelesco más acabado de esta mujer renovadora, en las novelas del *Ciclo de Adán y Eva*.[32] Aunque su presencia modélica es importante en la primera novela, *Doña Milagros* (1894), Fe Neira (Feíta) es protagonista sobre todo en la segunda, *Memorias de un solterón* (1896). Feíta, de familia hidalga en decadencia, rechaza el modelo de feminidad burguesa (el matrimonio como la única carrera de una señorita), al que su propio nombre hace mofa (pues en la apariencia física cifraban las señoritas sus posibilidades matrimoniales). El ideal de formación de su subjetividad e individualidad es llegar a combinar en sí misma la espontaneidad del pueblo con la aristocracia intelectual:

> ¡La Fe ... una cántabra muy viva de genio ... que no aguanta cosquillas! Y los domingos, en vez de salir a los tiovivos y a los bailoteos y a las jaranas, me iría a ver museos y a aprender lo que pudiese ... Sería pueblo con el cuerpo, lo cual casi me hace ilusión ... y con el cerebro sería aristocracia, más que mis amos, probablemente. (586)

Esta mujer nueva tiene además un efecto benéfico en la sociedad; en el empedernido solterón Mauro Pareja "la magia de aquella bravía veracidad, de aquella virtud natural y desenfadada, de aquella pureza consciente y segura de sí misma, de aquella originalidad de pensamiento" (587) transforma su egoísmo epicúreo en amor a los demás, ayudando a la familia de Fe a salir adelante, para finalmente ganar su condición de compañero adecuado de esta "mujer nueva." Pese a que, como Bieder interpreta en "Capitulation, not Freedom," el final de esta novela no está de acuerdo con el ideal de educación "per se" de la mujer desarrollado por Pardo en sus ensayos feministas, sí resulta, a la luz de las teorías sobre la mujer y la nación de Pardo expuestas hasta aquí, la transacción práctica en la que Pardo cifraba la redención del hombre y la nación. En la interesante lectura de Mark Harpring de la política sexual/textual de *Memorias de un solterón*, la "masculinización" de Feíta sirve precisamente para compensar el excesivo afeminamiento e incluso homoeroticismo de Mauro Pareja, reestabilizando la estructura heterosexual que da base a una sociedad funcional (una nación funcional), basada en la pareja hombre/mujer a la que hace alusión el apellido del protagonista. No se trata de una rendición, sino de una estrategia redentora cuya iniciativa parte de la "nueva mujer."

Conclusiones

Hasta aquí hemos visto cómo novela, nación y mujer se intersectan en el mismo punto en el pensamiento de Emilia Pardo Bazán: la posibilidad de conciliar naturaleza y cultura abre en el dinamismo de su relación dialéctica esperanzas de renovación de modelos sociales y literarios caducos e inviables en el mundo moderno. Ello no es óbice para que Pardo continúe funcionando dentro de las coordenadas hegemónicas de su tiempo: la mujer pertenece a la naturaleza y el hombre a la cultura. Esto no quiere decir que la mujer no pueda aspirar a penetrar en la esfera de la cultura y el hombre en la de la naturaleza; es más, este entrecruzamiento es la fórmula renovadora que necesitan la literatura nacional y la nación, si bien su expresión/representación sigue siendo problemáticamente masculina (el texto realista). En el próximo capítulo veremos como en su última novela parece existir un conato de superar este *impasse* y aproximarse a una "escritura femenina" posibilitada por el nuevo movimiento modernista, pero de nuevo anclada en una tradición nacional: la mística.

A través de la crítica literaria de Pardo, hemos visto en este capítulo como considera al texto realista ocupando un espacio interpretativo (la tercera edad de Vico) en la cultura nacional, entre la genuinidad del sentimiento instintivo, poético, y la interpretación y reflexión sobre este sentimiento, entre la espontaneidad material del pueblo y la aristocracia del espíritu, la oralidad de los diálogos y el clasicismo narratorial.

Pardo Bazán va a aplicar la lógica poética del realismo para justificar su lugar en esta cultura nacional a la que su propia condición de mujer le vedaba el paso. En primer lugar, desecha la ideología burguesa liberal de la nación-estado y en su lugar propone una nación que no es ni un punto de partida (una idea natural) ni de llegada (un producto cultural), sino algo en permanente construcción, una fuerza transhistórica que circula entre el instinto de identidad nacional y su sublimación en una cultura nacional. Respeta las categorías culturales de su tiempo (las mismas que aparentemente transgrede su persona), y vincula al hombre con la cultura y a la mujer con la naturaleza. Por el mismo planteamiento, Galicia se asocia con lo natural, tanto en su aspecto bárbaro y amenazador como con lo materno, femenino, sensorial, poético y romántico (vemos ambos aspectos conjugados en *La madre naturaleza*) y España con lo cultural, civilizado, paterno, masculino, y la prosa. La unión de ambos espacios en la novela regionalista supera el romanticismo improductivo galaico (como el del *Cisne de Vilamorta*) en la pujanza de savia nueva de la novela naturalista/realista, que trae el margen al centro, la provincia silenciada al foro público de la metrópolis. Pardo se vale de esta misma estructura para repensar el lugar de la mujer (su lugar) en la nación. La mujer es la reserva natural de la nación, y por tanto el material más adecuado para completar a esa cultura varonil que se ha probado ineficaz para construir una cultura nacional, una nación auténticamente "viva."

Frente a la crítica masculina que atacaba en la persona de Pardo Bazán la capacidad literaria femenina, Pardo propone la unión de las esferas femenina y masculina como base de la renovación literaria y nacional. En sus escritos críticos a favor del realismo como género nacional, Galdós, Clarín o Menéndez Pelayo piden "vida," "sangre" (masculinidad recuperada) para una literatura-nación exangües/afeminadas. Pardo propone precisamente a la mujer, no como "otro" fuera del sistema y que —ilógicamente, suplementalmente— completa el sistema (sea la nación, sea el campo literario avalado por ella), sino como factor de diálogo que es crucial incorporar a la vida nacional para infundir nueva sangre a una España marcada por la hipertrofia de ideas, de logos masculino, que de tanto tratar de pensarse a sí misma, recurriendo a la frase de Gabriel Pardo, no hacían más que "caérsele muertos los caballos" (*La madre naturaleza* 87).[33]

Pardo Bazán, en sus cartas de amor a Galdós, resume este ideal que sueña efectuándose en su unión amorosa/literaria: "Veremos todo con doble interés y con doble fruto. Parece delicado de salud: le cuidaré yo que soy robusta; me lo agradecerá: me cobrará mucho afecto, y ya siempre seremos amigos." Aunque el romance con la literatura nacional no fuera mutuo, Pardo, a través de su extraordinaria labor crítica y literaria, consiguió, como se proponía hacer con el frágil Galdós, "comunicarle alguna sangre de esta que me sobra" (en Ortega, *Cartas a Galdós* 40). Si en su fase realista Pardo hace suya la metáfora de la "sangre" que sus colegas masculinos deseaban incorporar a la nueva novela nacional (metáfora que excluía a las débiles, exangües mujeres), en el próximo capítulo veremos como en su última novela Pardo privilegia dos fluidos distintos apropiados a un universo simbólico claramente femenino para una nueva propuesta literario-nacional basada en una ética y estética femenina: el agua y la leche.

Capítulo cuatro

La problematización del proyecto nacional realista en la novela modernista de Pardo Bazán

Hacia una escritura y canon nacional "femeninos"

> Mediante su aceptación de lo que en cualquier caso es una mímica inevitable, Irigaray vuelve sobre sus pasos planteando un parasitismo sobre el segundo poder. La suya es una escenificación teatral del mimo: imitando la imitación impuesta a las mujeres, la sutil estrategia especular de Irigaray (su imitación es el *reflejo* de todas las mujeres) pretende *deshacer* los efectos del discurso falocéntrico precisamente *exagerándolos*. Su estrategia fundamentalmente paradójica recuerda a la de las místicas: si la sumisión miserable de las místicas constituye su liberación, la crítica que Irigaray hace del machismo, mediante la excesiva imitación de su discurso, puede ser una respuesta al encorsetamiento a que nos somete el machismo.
>
> Toril Moi
> *Teoría literaria feminista*

> Sierpe flexible y sabia, ha sabido ondular bajo los nuevos soles ciñéndose a los troncos recién nacidos, dorando los repliegues de su cuerpo a toda recién encendida luz. ¿Cuál de los hombres de su generación ha sabido entrar brioso, vencedor por derecho propio en los dominios ideales de la generación literaria de hoy?
>
> Gregorio Martínez Sierra
> "La feminidad de Emilia Pardo Bazán"

En la introducción a su edición de *Dulce dueño* de Emilia Pardo Bazán (1911), Marina Mayoral afirma que "[p]or ser la última de sus novelas largas y por el tratamiento que da al tema del amor,

Dulce Dueño se configura ante nosotros como un testamento literario de doña Emilia" (32). En este último capítulo[1] me propongo enfatizar este carácter testamentario de la última novela de Pardo, no sólo por su cronología, sino porque este texto encierra una compleja revisión del pensamiento en torno a la mujer y la escritura (y en último término, como veremos, la configuración de una "literatura nacional") que Pardo había ido elaborando a lo largo de su prolongada carrera literaria, dejando abiertas una serie de problemáticas en torno al género, la identidad y la escritura que siguen siendo polémicas en la teoría feminista contemporánea.

Consecuente con su feminismo liberal burgués, Pardo aseveraba que en literatura sólo hay individuos, y las diferencias entre escritura masculina y femenina se debían tan sólo a diferencias culturales, es decir, a la deficiente educación recibida por las mujeres, que se debía subsanar incorporándolas al sistema educativo que disfrutaban en exclusiva los hombres, como se discutió en el capítulo anterior. En opinión de Pardo, la escritura en sí carecía de género. En palabras de Bieder:

> She formulates authorship as an ungendered activity and seeks to erase the difference between her writings and those of her male confreres. Early in her writing career, she takes the public position that "Dentro del terreno literario no hay varones ni hembras." (Bieder, "Emilia Pardo Bazán and Literary Women" 19)

Esta aspiración a igualarse con el hombre implicaba que el modelo ideal y universal de cultura para Pardo, como vimos en el capítulo anterior, era el ya existente canon masculino de cultura. Así lo expone Vallejo,

> The masculine is the marked gender; when a woman writes "neutrally," she writes in a "virile" manner [...]; it can not be gender "neutral." Pardo Bazán will challenge the traditional —and stereotypical— dichotomous categories, where "male" and "female" are assigned according to their status in the "public-private," "active-passive," categories, crossing and intertwining them in complex patterns that reveal both conformation and transgression, a pushing outwards of the boundaries of the then current gender ideology. (458–59)

Como ya se vio en páginas anteriores, Pardo acepta/transgrede fronteras genéricas con su ejemplo personal de penetración y asimilación de espacios tradicionalmente masculinos como el Ateneo de Madrid, la Universidad, la Real Academia —de la que se declara "candidato perpetuo" ("La cuestión académica" 81)—, o la novela realista-naturalista, género "masculino" del que se convierte en adalid, y que le valdrá las alabanzas de algunos contemporáneos como "escritor varonil." Pero en último término, el principal espacio masculino simbólico que Pardo reclama para la mujer es la nación. El advenimiento de la modernidad, los cambios vertiginosos de fines de siglo, van a ofrecer a Pardo la oportunidad de reajustar y afinar su propuesta ideológica y literaria y afianzarse como mujer en el espacio de la cultura nacional. Según el análisis de Vallejo de los dos libros de Pardo sobre las exposiciones universales en París de 1889 y 1900, algunos de los factores con los que Pardo marca los cambios epocales entre las dos exposiciones (y que llevan consigo connotaciones del paso de un ethos masculino a otro femenino) son: paso del vapor a la electricidad; paso del imperio de las máquinas al del diseño artístico; del imperio de lo textual a lo visual; y, en lo referente a España, su emasculado estatus en lo referente tanto a su nula competitividad económica o artística en el mercado internacional como a la pérdida de las colonias, que no suscita más que un elocuente "silencio" por parte de la autora en su crónica de 1900. Además de los fenómenos generales de modernización, urbanización y globalización, Vallejo cita como influyentes en el pensamiento nacional de la Pardo de fines de siglo las celebraciones en España del 400 aniversario del descubrimiento de América en 1892, la Exposición colombina de Chicago en 1893 en celebración del mismo acontecimiento, la guerra del 98 y la pérdida de las colonias (464). A esta lista, aunque se trata de algo posterior a 1900, me gustaría añadir la celebración del 300 aniversario de la publicación de *Don Quijote* en 1905 (en la que Pardo participó con ensayos y discursos, cuyos borradores pueden consultarse en su Casa-Museo), que suscitó una serie de relecturas sobre el significado nacional del personaje entre los miembros de la llamada "generación de 1898," a las que no es ajeno el final de *Dulce dueño*. No creo, sin embargo, como afirma Vallejo, que "[h]er practice forms part of a movement towards modernity in art, fashion and industry— but not, as will become clear, in Spanish nationalism" (459), sino que sus presupuestos en torno a la mujer, la nación y la literatura, inextricablemente entrelazados en sus textos realistas, lo siguen estando en su última novela de tendencia ya modernista, si bien de una forma a la vez más sutil y más revolucionaria. *Dulce dueño* presenta una respuesta, desde un discurso por primera vez no pretendidamente "masculino" o "neutral," sino claramente marcado como femenino, a los replanteamientos sobre el significado de "nación" a los que la modernidad (intelectual, artística y material) y las circunstancias históricas habrían llevado a ese grupo de jóvenes escritores de fin de siglo que la historiografía literaria posterior etiquetará como "generación del 98."[2]

A la altura de 1911, cuando publica su última novela, Pardo, siempre atenta a los cambiantes vientos culturales, es consciente de estar en una situación muy diferente en cuestiones de género que la de las décadas de triunfo del realismo-naturalismo, y no por ello menos compleja —Sánchez-Llama destaca la "difícil inserción de la autoría intelectual femenina en las tendencias estéticas modernistas" ("El mito" 440)—. La reacción de la crítica española al modernismo (recogida en los estudios de Litvak, Kirkpatrick) es en varios aspectos paralela a la recepción hostil al naturalismo unas décadas antes: el modernismo es una degeneración literaria y moral ("decadentismo" será el término más popular para identificar fenómenos tan diversos como el esteticismo, simbolismo, parnasianismo, misticismo o satanismo). El modernismo es acusado de afrancesamiento, mero seguimiento de la moda, pasividad contemplativa; pero lo que suscita las críticas más virulentas (y lo diferencia del "viril" naturalismo positivista), es que el modernismo/decadentismo supone el afeminamiento y confusión sexual en la literatura y la sociedad. En un dualismo cuya artificialidad nacionalista sigue siendo mantenida hasta nuestros días (así Dobón o Shaw), la adopción de las técnicas literarias y espíritu antiburgués/antimaterialista del modernismo en España será camuflada bajo la etiqueta nacional de "generación del 98," reservándose el nombre del "poco castizo" modernismo específicamente para su correlato americano y los "raros" peninsulares. En palabras de Kirkpatrick,

> The association of *modernismo* with the feminine functioned effectively in the eventual splitting of Spain's literary modernism into the opposing tendencies of *modernismo* —seen as a superficial and purely aesthetic movement— and the Generation of 1898, defined by "its Spanishness, its virility, its ethics and the density of its thought." (*Gender and Modernist Discourse* 118–19)

Pionera como cuando difundió las ideas naturalistas, Pardo Bazán se distinguirá por ser una de las escasas voces de su generación defensoras del nuevo movimiento, y, tras ciertas reticencias iniciales, lo abrazará en su crítica y su práctica textual.[3] Bieder destaca también esta coincidencia entre el naturalismo y decadentismo en cuanto al exclusivismo de autoría masculina roto por Pardo:

> Si el naturalismo literario fue un fenómeno netamente masculino, con la excepción de la obra de Pardo Bazán, lo mismo se puede decir del decadentismo. La autora rompe todos los esquemas cuando produce una novela decadente protagonizada por una mujer que pasa por todas las etapas de la experiencia decadentista. ("Divina y perversa" 11)

Bieder, de todas formas, advierte de la multiplicidad de "discursos trenzados" que conviven en tensión en esta novela (naturalista, místico, de género, decadente) que impiden una definición estable del texto ("Divina y perversa" 8). Cristina Sánchez-Conejero señala también esta pluralidad de discursos (filosóficos, históricos, literarios, religiosos, modernistas, románticos, naturalistas y místicos) como base de su clasificación de inclasificable (incluso de posmoderna) de esta novela de Pardo. Susana Bardavío-Estevan señala que si durante los años 1890 la crítica de Pardo todavía mostraba resistencia hacia el modernismo (asociado casi siempre con "decadentismo"), y su novelística muestra su preferencia por el realismo espiritual a lo ruso, desde la publicación de *La Quimera* en 1905, Pardo parece abrazar el modernismo tanto en la teoría como en la práctica.

Este cambio estilístico no supone una contradicción con sus posiciones ideológico-literarias anteriores. En relación a su nacionalismo, feminismo y desarrollo de una escritura nacional que dé cabida a la mujer, desde el punto de vista geopolítico el modernismo presentaba interesantes posibilidades de combinación de modernidad y tradición, de cosmopolitismo y nacionalismo, en cierto sentido comparable a ese doble movimiento de europeización/repatriación con que se legitimó el realismo-naturalismo como estilo "nacional." Desde el punto de vista de la armonización de las ideas de cultura nacional y feminidad, el modernismo presentaba una flexibilidad y unas oportunidades de experimentación con las categorías de género como no se le habían presentado antes a la autora.[4] En mi lectura de *Dulce dueño* voy a proponer que Pardo

Bazán aprovecha las posibilidades de ambivalencia identitaria latentes en el modernismo para sugerir por primera vez la compatibilidad del discurso femenino y la alta cultura nacional. La privilegización final en el texto de la novela del discurso místico de raigambre teresiana (Kirkpatrick; Pitarch) sobre otros discursos de la modernidad sitúa a la novela en un espacio de contacto entre la modernidad europea y las raíces nacionales, recurriendo a un pensamiento femenino que compite y contesta al masculinismo de la "generación del 98." Quizá el que este texto fascinante no haya sido reevaluado como se merece hasta fechas recientes se deba precisamente a este desajuste con los parámetros nacionales-literario-genéricos consagrados por la historiografía como representativos de este periodo histórico.

Kirkpatrick, Felski, Huyssen o Showalter han estudiado el proceso de identificación entre mujer o feminidad y modernidad en la cultura occidental del cambio de siglo. En el caso específico de España, el afeminamiento de la sociedad a causa de las nuevas tendencias modernas es usado por la intelectualidad como explicación de la crisis del 98 (Kirkpatrick, *Mujer, modernismo y vanguardia* 147); de ahí, como propone Denise DuPont, la obsesión de autores como Unamuno por representar en su ficción mujeres controladoras que "castran" el poder creador del hombre (como en *Dos madres* o *La tía Tula*). Este doble movimiento de adopción de rasgos andróginos/rechazo de lo femenino en la cultura, habría llevado a fines del XIX, según Huyssen, al momento de "la gran división" entre alta cultura y cultura de masas; la cultura de masas asociándose a la mujer y su pasividad consumista, y la creatividad artística individualista a lo masculino (44–62). Pero como el propio Huyssen recuerda, "[t]he universalizing ascription of femininity to mass culture always depended on the very real exclusion of women from high culture and its institutions" (62). A la vez justificada y espoleada por esta feminización de la cultura/agudización de la exclusión femenina, Pardo Bazán, que había dedicado su carrera a labrarse un espacio en representación de su sexo en la alta cultura nacional, va a dar en el texto de *Dulce dueño* un paso más allá, y presenta en su ficción, por primera vez en su trayectoria literaria, a una mujer escritora que escribe no ya meramente imitando la cultura masculina, sino que se incluye en una prestigiosa tradición legitimada como *nacional* de escritura femenina (la mística), discurso místico que a su vez convenientemente la vincula con la modernidad cultural europea.

Bieder, Sánchez-Conejero, Ezama Gil o Kirkpatrick han sugerido una crecida lista de autores europeos con los que *Dulce dueño* mantiene un diálogo, en varias ocasiones explícito. Sánchez-Conejero propone a Kierkegaard como un importante intertexto filosófico; Bieder, contradiciendo a otros críticos como Pau Pitarch Fernández o Kathy Bacon, niega que la hagiografía de Santa Catalina de origen medieval (remozada como texto modernista en el primer capítulo de la novela) sea el intertexto determinante en la novela, sino que su principal modelo sería *À rebours* de Huysmans ("Divina y perversa" 9). Ezama Gil da una nutrida lista de fuentes artísticas para la novela: la música de Wagner y la poesía de Baudelaire como ideales de "obra total" a la que trataría de aspirar *Dulce dueño*, Gautier como modelo de trasposición de arte a literatura, los ambientes exóticos y esteticistas del propio Gautier, de los Goncourt y del Flaubert de *Salambó*, la pintura prerrafaelita y simbolista (Fortuny, Regnault, Alma-Tadema, Rosetti, Moreau), y, como subrayaré en este capítulo, especialmente las versiones teatral y operática de *Salomé* de Wilde y de Strauss. Kirkpatrick también apunta el modernismo teológico como uno de los condicionantes en la génesis de la novela. La red intertextual en *Dulce dueño* es, como ha observado Bieder ("Intertextualizing Genre"), sin duda intrincada y profusa. Pese a la abundancia de referencias internacionales, el diálogo con textos nacionales es sin duda importante, e incluso intencional. Como hará la protagonista de *Dulce dueño* con sus sucesivos pretendientes, el texto coquetea pero en último término rechaza toda una serie de textos claves de la historia literaria nacional, en especial aquellos que se habían propuesto precisamente como representantes de la "virilidad" creativa española frente a la decadencia afeminada presente. Uno de los modelos, tan presente en la novela española del XIX, es, ineludiblemente, *Don Quijote*. No es casual que el origen de Lina/de la novela sea Alcalá de Henares, la patria de Cervantes, con una referencia expresa a la estatua del escritor.[5] Como las quijotescas heroínas de *La desheredada* o *Tristana* de Galdós, Lina se crea su propio mundo artístico y simbólico, rechazando el contacto con la prosaica realidad. La irónica referencia final que Lina, reclusa en el manicomio, hace de sí misma como "princesa en poder de malignos encantadores" que no desea ser rescatada por su padre/caballero andante, muestra su conciencia del modelo quijotesco que ha seguido su historia (quijotismo del que, en ese recurso a la ironía, se sabe fuera ya).

Cuando en el episodio de su visita al pretendiente granadino Lina es tentada a dejarse ir, a experimentar su sexualidad, acude a un eminente texto patriarcal, *El médico de su honra*, pero para llevar a cabo una simbólica apropiación femenina de la situación de la obra de Calderón. Si el médico de Calderón servía como control/castigo de la mujer, y si con frecuencia los médicos en la ficción de Pardo sirven como correlato del confesor en su control del cuerpo de la mujer, Lina revierte al modelo calderoniano-científico (entre los que hábilmente ha establecido conexiones, mostrando la complicidad de la ciencia médica con el patriarcado) y lo pone al servicio de su lucha radical por su autonomía y libertad individual. La visita al médico que le explica la anatomía y funcionamiento sexual le lleva a cerrarse a la "mentira del amor," a congelarse emocional y sexualmente para evitar la repulsiva "flora de putrefacción" (208) del sexo, a desear jamás ser controlada por el romanticismo/el deseo despertado en ella por el orientalismo seductor del sur. Reutilizando el propio discurso médico en su beneficio, Lina elimina la emotividad y concupiscencia femeninas tantas veces citadas por los textos médicos y literarios de la época. Deseo y sentimentalidad a su vez estimulados por toda la literatura de la que la mujer era lectora implícita y a la que Lina tampoco había sido inmune: el Romancero, Zorrilla y Lamartine son citados como artífices de la "gran mentira" del amor romántico.

Otros textos canónicos evocados: *La vida es sueño* (ella, dueña repentina de una fortuna, es como Segismundo cuando despierta de la torre en el palacio; de nuevo feminizando el tan hispano tema de la indistinción ficción/realidad [176]); las comedias clásicas españolas con sus matrimonios forzosos como única salida para la mujer … Lina va de un texto a otro buscando reconocerse, labrar su propia novela, que sabe a la fuerza ha de ser diferente —"No soy una heroína de novela añeja" (131)—, hasta reconocerse, como veremos, en el modelo místico final. Como le ocurre a la propia Lina, el discurso que acaba subsumiendo a todos los demás en la novela, que desbanca a todas las expresiones de modernidad como discurso en el que todo lo previo se inscribe y relativiza, es la mística teresiana. No es fuera (aunque sí es necesario el viaje en el proceso de la búsqueda de uno mismo), y no es en la imitación de modelos ajenos, sino dentro (como proponía Unamuno "a un joven escritor" en su célebre ensayo de 1900 "Adentro"), dentro de sí misma, donde siempre había estado, donde la joven escritora Lina encuentra por fin al *Dulce dueño*.

Así pues, si su asimilación y manipulación de modelos masculinos había sido siempre especialmente astuta y subversiva, en *Dulce dueño* Pardo da un paso más allá que simplemente proponer una protagonista mujer para un tipo de novela y de rol (el dandy, el decadente) con protagonista típicamente masculino: propiciada por las ambigüedades del nuevo lenguaje literario del modernismo, Pardo parece replantearse las posibilidades de una escritura femenina.[6] Escritura que, queriendo permanecer dentro de los márgenes de la "alta cultura" o "escritura de calidad," tal y como ésta era definida por las instituciones culturales patriarcales, se debate entre el mimetismo, muchas veces subversivo, de la tradición cultural masculina (algo ya asumido por Pardo en su producción anterior realista-naturalista) o la re-territorialización para la voz de la mujer moderna de una parcela canónica de la literatura nacional tradicionalmente ligada a una voz femenina como era la literatura mística. Alison Weber, en su excelente estudio sobre la retórica de la feminidad en Santa Teresa, recoge también el hecho de que desde la Edad Media —no sin confrontaciones con las posiciones oficiales de la Iglesia— se había consolidado una tradición de escritura espiritual femenina (20–33), que constituye un precedente importante en el que insertar los escritos de Teresa. Pardo Bazán siempre había estado interesada en Santa Teresa y formas alternativas de espiritualidad (como ya vimos, uno de sus primeros trabajos ensayísticos versó sobre el franciscanismo, del que le atraía su acercamiento "femenino" a la religión). En sus últimas novelas, movida tanto por su continuo interés en cuestiones espirituales como por las nuevas tendencias literarias (realismo espiritual ruso, modernismo) y religiosas (Kirkpatrick estudia la influencia del modernismo teológico en *Dulce dueño*) es cada vez más palpable la nota mística, en conexión con cuestiones de género (por ejemplo, en *Una cristiana–La prueba*). Un importante precedente del misticismo como forma de liberación femenina se encuentra en el personaje de Clara en *La Quimera*. De hecho, Lina Mascareñas resulta una combinación de los dos tipos de búsqueda de trascendencia femenina presentados en *La Quimera*, la mística Clara Ayamonte y la exquisita hedonista Espina Porcel.

Si bien estas ideas se venían forjando en sus novelas previas, con *Dulce dueño* Pardo se desmarca de posiciones anteriores e intuye o adelanta posibilidades teóricas que entroncan con posturas desarrolladas por teorías feministas (la noción de un canon femenino y una "escritura femenina") y poscoloniales (la noción de *mimicry* o imitación irónica del discurso hegemónico desarrollada por Bhabha) del siglo XX, e incluso acercándose, en el vacío que se abre en la disolución final del sujeto en esta novela, a la des-esencialización del concepto identitario de "mujer" propuesta por Judith Butler.

No obstante, es innegable que la última novela de la más combativa feminista española del XIX se cierra con una desconcertante ambigüedad, diríase incluso con una resignada aceptación de derrota. "Hágase en mí tu voluntad ..." (291) son las últimas palabras de Lina, la protagonista y narradora/escritora de una historia que nadie leerá más que ella misma, escrita desde el manicomio en el que está encerrada, pasivamente entregada a las decisiones que diferentes figuras del patriarcado ejerzan sobre su destino: los médicos de curarla o mantenerla aislada; Farnesio, su padre biológico, la de rescatarla; Juan Clímaco, el patriarca de su familia, la de declararla loca y arrebatarle su fortuna; y por encima de éstas, la voluntad aleatoria e incognoscible de Dios, el "Dulce dueño" que da título a la novela.

Por ello, muchas críticas feministas no han podido ocultar la decepción que les produce este "testamento" de Pardo Bazán. Ante las posibilidades que ofrecía esta narrativa modernista en primera persona de una mujer independiente, liberada de las coerciones habituales de familia y religión, en busca de sí misma, a Marina Mayoral el final de la novela, el encuentro final de la trascendencia y felicidad de la protagonista en la disolución de su yo en Dios, le parece una traición, un pegote incongruente: "la unión mística [...] es, a mi juicio, la parte más endeble de la novela" (39), puesto que no es verosímil ni acorde con la dureza e individualismo de la protagonista.[7] Así mismo, Lou Charnon-Deustch juzga de forma negativa una novela que en su opinión resulta "repulsive to modern readers," y que "is really just an exaggerated version of the bound-for-the-convent ending of so many women's novels" (*Narratives of Desire* 184). Raquel Medina la tilda también de "alegato moralista" en el que "el miedo a la dinámica burguesa pudo más que su 'feminismo'" (302).

Aunque Kirkpatrick afirme que la premisa central de esta novela la constituya el representar "a las mujeres como sujetos, en las mismas condiciones que los hombres, de la búsqueda estética de trascendencia en un mundo moderno degradado" (*Mujer, mo-*

dernismo y vanguardia 24), el sorprendente final de la novela, con Lina renunciando a su exacerbada subjetividad para anonadarse en un éxtasis místico, lleva a Kirkpatrick a pensar en el lastre que el catolicismo y conservadurismo de la autora suponían para sus tesis feministas.[8] Aunque a lo largo de la novela Pardo proceda a cuestionar la representación modernista de la diferencia sexual, mostrando cómo se utilizaba "para desplazar la ansiedad ante la inestabilidad de otras categorías culturales," Kirkpatrick concluye afirmando que "en última instancia Pardo Bazán no está dispuesta a cuestionar la existencia de un fundamento último de significado estable" (*Mujer, modernismo y vanguardia* 127).

Estoy plenamente de acuerdo con la inclusión que hace Kirkpatrick de la novela de Pardo Bazán dentro del contexto del modernismo en tanto que reaprovecha para su planteamiento teórico de la subjetividad femenina el paradójico doble movimiento de construcción/destrucción, establecimiento de límites y categorías y borradura de éstos, es decir, la combinación antitética de fuerzas centrífugas y centrípetas que caracterizan al modernismo en general (no sólo al hispánico).[9] Pero no creo, por esta misma razón, que sea posible afirmar que existe un significado estable claro al final de la novela, ni que éste signifique necesariamente una caída final de Pardo en la vena conservadora que efectivamente recorre su obra. Así, coincido con Maryellen Bieder en afirmar que la ambigüedad producida por el solapamiento de géneros literarios antitéticos (hagiografía, novela sentimental, simbolismo, naturalismo, entre otros) y una narración en primera persona de la cual no sabemos hasta qué punto podemos fiarnos, produce un texto fundamentalmente inestable y a merced del lector, pudiendo tanto confirmarlo en sus convenciones culturales como sacudirlas (Bieder, "Intertextualizing Genre").

Mi lectura de *Dulce dueño* pretende mostrar este doble juego de Pardo en éste su último texto de envergadura. Por una parte, Pardo construye un modelo de lo que podría ser no sólo una voz femenina (como hizo en *Insolación*), sino una *escritura* femenina, sin intermediarios narratoriales-policiales que procesen y legitimen la expresión de la subjetividad femenina para el lector medio (hombre y burgués) de la época, como sucedía en *Insolación*. En este marco de libertad creativa que le ofrece la representación literaria de una mujer que escribe en un vacío, sin tener que pensar en su público (una mujer, por cierto, de formación cultural muy similar a la suya[10]), la Pardo que "escribe como un hombre" se va a acercar en su ficción de una posible escritura femenina a posiciones sugerentemente próximas a teorías de la diferencia desarrolladas por feministas francesas como Irigaray o Cixous.

Por otra parte, Pardo era consciente de su realidad histórico-social, de que las "circunstancias [hacen] que la mujer pueda ser, y hasta necesite ser, maestra en las artes del disimulo, y que una mujer leal enteramente, sincera como debiera ser el hombre, se encuentr[a] [...] en condiciones de inferioridad para la lucha, como desarmado paladín" ("Feminismo" 285). Esta necesidad histórica del "disimulo" explicaría la ambigüedad en este texto entre su deseo de mostrar como escribe una mujer y el mantenimiento de una relación especular (afín al mimetismo del sujeto colonial según Bhabha) con la tradición literaria nacional y europea en la que la mujer-como-sujeto es impensable. La solución de Pardo para este dilema será el recurrir y privilegiar en último término como único discurso viable para la feminidad, el discurso místico. En palabras de Luce Irigaray: "[M]ystic language or discourse [...] is the only place in the history of the West in which woman speaks and acts so publicly" (191). Misticismo que, según argumenta Irigaray, al surgir del margen y la sumisión —el lugar adjudicado a la mujer—, y exagerarlos hasta el extremo, hasta lo irracional, consigue llevar a cabo esa anulación de la diferencia objeto/sujeto que estructura el mecanismo mismo de la marginación basada en la diferencia sexual (191–202).

Es importante volver a resaltar aquí una distinción crucial de esta novela respecto al resto de la producción de su autora, distinción ya anotada por Bieder: *Dulce dueño* es excepcional por el hecho de que Lina Mascareñas es la única mujer escritora que aparece en toda la obra de Pardo Bazán (Bieder, "Intertextualizing Genre" 68). Este hecho explica que dedique un capítulo entero al análisis de este texto excepcional por lo que supone de replanteamiento de Pardo de las posibilidades de una voz femenina (ya no sólo de una presencia reconocida) en la literatura nacional que ella misma había contribuido a configurar como "masculina." Lina, "autora"-narradora de esta novela, utiliza la primera persona durante la mayor parte de su narración (algo frecuente en la literatura de mujer, pero también en la novela modernista), con excepción del extenso primer capítulo, en el que se nos insta desde su título,

"Escuchad," a aguzar el oído para captar en él mensajes, claves de lectura que iluminen un texto que tiene mucho en su estructura rítmica y evocativa de ese carácter musical al que aspira asimilarse la literatura modernista. No en vano uno de sus intertextos más importantes fue sin duda la ópera de Richard Strauss basada en el drama modernista de Oscar Wilde, *Salomé*, a la que Pardo asistió en Madrid en 1910 (la novela es de 1911), y reseñó con entusiasmo para *La Nación* de Buenos Aires.[11] Partiendo de este carácter de obertura o preludio musical de esta primera parte, voy a concentrar mi lectura en analizar especialmente las estrategias narrativas y temáticas de esta sección, y su resonancia y re-interpretación, amplificada y modificada, en el último capítulo, con el que mantiene una relación de "doble."

El capítulo inicial consiste principalmente en la re-narración, en tercera persona, de un relato masculino con protagonista femenina: la hagiografía de Santa Catalina de Alejandría, que el canónigo Carranza lee en voz alta a sus amigos Lina y Polilla. La impersonalidad del narrador en tercera persona se desvanece momentánea y significativamente cuando se sugiere, —en juego cervantino y con irónica humildad teresiana— que el relato que nosotros estamos leyendo ha sido editado y re-escrito por una mano "diferente": "El canónigo rompió a leer. Tenía la voz pastosa, de registros graves. Tal vez al transcribir aquí su lección se deslicen en ella bastantes arrequives de sentimiento o de estética que el autor reprobaría" (48). Frente a la voz viril del "autor primero," la voz del "autor segundo" se insinúa al lector histórico implícito (inmerso en las convenciones culturales de su tiempo) como "femenina" (con "arrequives de sentimiento y estética" impropios de varón). Esta mano que re-escribe una historia masculina es, como se sabrá más tarde, la de Lina. En realidad Lina (incluso en la forma de su precedente histórico, Santa Catalina, sobre el que se modelará su propia vida) lo es todo en este libro: autora, narradora, materia y narrataria. Su autoría material, hecha explícita en las últimas páginas, no busca otros lectores (a diferencia de Carranza, ansioso por dar a conocer su obra) que la propia Lina; tiene como único fin el confirmarla a ella, entera de cuerpo y alma, ante sí misma: "En este asilo, donde me recluyeron, escribo estos apuntes, que nadie verá, y sólo yo repaso, por gusto de convencerme de que estoy cuerda, sana de alma y de cuerpo [...]" (286). La loca/santa Lina podría así adscribirse a la genealogía de "las locas del ático" tan presente en la literatura de mujer en el XIX; tal y como es estudiada por Gilbert y Gubar, "[p]arodic, duplicitous, extraordinarily sophisticated, all this female writing is both revisionary and revolutionary [...]" (80). Pero en este caso la escritura no es para Lina una fuente de ansiedad de autoría, como lo sería para las autoras del XIX,[12] sino que se trata de una escritura gozosa, terapéutica, producida en una situación vital de stasis, "puerto sin luchas, sin huracanes" (291) a la que ha llegado después de las muchas "aguas," aguas que eran espejos (siguiendo la metáfora de Irigaray[13]), tradiciones textuales ajenas en las que buscaba reconocerse, hasta encontrar la conciencia de un "agua viva" interior al repetir el modelo místico teresiano (272).

El agua, lo líquido, recorre el texto funcionando como contrapunto, reflejo o prefiguración de la subjetividad de Lina. En cada una de sus evoluciones vitales le acompaña el agua: en el hedonismo de decadente modernista de sus baños placenteros, en el romanticismo (mentiroso por literario) de las fuentes de Granada, en la imagen de pureza incontaminada del Ródano, en las peligrosas aguas del lago Leman, con las que Lina se compara, hasta que ella misma se licúa y vuelve "agua viva" en su experiencia mística.

El agua tiene ya una presencia importante en este primer capítulo, enmarcado por referencias al agua que anticipan la experiencia de licuefacción mística de la protagonista al final de la novela. La lluvia que "a manera de raudales de lágrimas por un semblante rugoso y moreno" (83) iniciaba *La madre naturaleza*, prefiguraba el triunfo de la ley del Padre (la cultura sobre la naturaleza) en aquella novela. En contraste, la primera imagen en *Dulce dueño* es de una lluvia fértil y alegre que se entrega disolviéndose de forma gozosa, produciendo vida y placer: "Fuera, llueve: lluvia blanda, primaveral. No es tristeza lo que fluye del cielo; antes bien, la hilaridad de un juego de aguas pulverizándose con refrescante goteo menudo" (47).

Se establece un contraste inicial entre un "fuera" lluvioso y difuso (que se da, se disuelve) y un "dentro" doméstico que se concentra y se limita en torno al espacio creado por el círculo de luz de una lámpara que fija la atención de los personajes y el lector en torno a un objeto, una figura artística de mujer. En el ambiente costumbrista (una tertulia provinciana en torno a una mesa con prosaico mantel de hule) se inserta lo extraordinario: una placa de materiales preciosos con una exquisita imagen de mujer vestida a la moda del siglo XV. Ya desde esta primera escena el texto condensa la oposición y paradójica dependencia entre exterior/interior, centrífugo/centrípeto, presente/pasado, lo vulgar/lo exquisito, la cultura/la naturaleza, el sujeto creador masculino/el objeto de representación femenino, propia del modernismo en general y de esta novela en particular. Así mismo muestra el curioso entrecruzamiento de estilos que caracteriza a este texto (convivencia de un estilo costumbrista-realista con el preciosismo simbolista del modernismo), en consonancia con la modernización desigual que experimenta la sociedad española de la época. Entre varias instancias de esta modernidad que había llegado a España, pero no de forma generalizada ni completa, tenemos el agua corriente, pero legamosa (127), el automóvil como un medio de transporte todavía excepcional, difícil de encontrar (180), la dificultad de conseguir productos de lujo importados, como los artículos de viaje procedentes de Londres (177), la necesidad de la élite de recurrir a un servicio internacional (doncellas francesa e inglesa de Lina) para procurarse la mejor atención posible, las comodidades de higiene imitadas de Inglaterra en la casa anglófila de los Mascareñas granadinos, etc. Lina trata de paliar la inseguridad que experimenta en su papel de nueva rica mediante la adquisición de objetos, a poder ser extranjeros (su equipaje, su comida, su vestuario, sus doncellas), que hablen por ella, que muestren su "buen gusto" (disociado de una producción nacional que se juzga inadecuada, "l'horreur," como exclama la doncella francesa [177]).[14] La inadecuación de la modernidad se refleja a su vez en la estructura temporal y los cambios estilísticos en esta novela, estratégicamente diseñados para subvertir la falacia del progreso lineal.

En la placa, iluminada y traída al primer plano visual/textual por el foco de la lámpara y la voz narrativa, se representa a la filósofa, aristócrata, santa y mártir del Bajo Imperio romano (siglo IV) Santa Catalina de Alejandría. La vida de esta santa exquisita e intelectual, capaz de vencer en polémicas a los hombres más entendidos de la época, capaz de enfrentarse al mismo poder imperial por ser consecuente con sus creencias ("viril" le llamará la voz narrativa), despertaba, por razones obvias, las simpatías de Pardo Bazán. De hecho Pardo escribió sobre ella uno de sus "Cuadros religiosos" dedicados a diferentes figuras de santas (Teresa de Ávila, por supuesto entre ellas) con las que la autora encontraba algún tipo de afinidad o característica modélica vinculable a la vindicación de la mujer. Pero en Catalina confluyen también otras figuras femeninas: la moda renacentista que viste a-históricamente la mujer de la placa la desplaza a una época que fue dorada para la mujer española, como repetidamente recuerda Pardo en sus ensayos, por la existencia y la relevancia social de intelectuales como Beatriz Galindo "La Latina" o la propia Santa Teresa.[15] La historia exótica, oriental, de Catalina, se nacionaliza y se hace más cercana a Lina y al lector por la intercesión de Teresa en esa conexión Catalina/Lina.

La nacionalización del modernismo cosmopolita es sin duda uno de los objetivos de esta novela. La trayectoria geográfica de Lina (Alcalá de Henares —cuna del casticismo, evocación de Cervantes—, Madrid, Granada, París —que aborrece—, Suiza, para regresar a lo más recóndito de un valle castellano), su aspecto físico, que no se corresponde con las heroínas modernistas (no es una "beldad helénica"), sino con el tipo de mujer castiza, pequeña y menuda, que no es blanca ni rubia, sino morena y de ojos negros, así como la privilegización de textos españoles (Teresa, Quijote) sobre los europeos (los latinoamericanos, triunfando entonces en España, brillan por su ausencia), todo apunta a la creación en esta novela de un "modernismo al ibérico modo." Teresa es expresamente mencionada en el texto como re-escritora y continuadora del relato original de Catalina: "Esta frase que atribuyo a Santa Catalina, es la madre Santa Teresa de Jesús quien se la atribuye primero en unos versos que le dedica y donde se declara su rival 'pretendiente a gozar de su gozo'" (69). Hernández Delgado nos recuerda el inmenso prestigio que la escritura de la santa tenía entre los escritores de la Restauración, destacando entre ellos a Valera, Galdós y claro está, Pardo Bazán. Hernández Delgado resume así el largo y complejo discurso en honor de la santa que Valera dio ante la Real Academia en 1879: "La escritora más grande del mundo; la mística de espíritu práctico; la psicóloga y la filósofa que en un estilo milagroso a la vez que popular dejó obras en que se explica lo eterno e insondable del alma humana" (4). Hábil polemista, Pardo recurre a la santa para mofarse de los académicos que no permitían la entrada de las mujeres en la Real Academia, pues pese a reconocer que la "señora Cepeda" es un "dechado de la lengua castellana" ("La cuestión académica" 79), no le dejarían entrar si viniese a llamar a su puerta pues "[e]n las tertulias de hombres solos no hay nada más fastidiosito que una señora, y usted, doña

Teresa, nos importunaría asaz" (80). Y Teresa, como veremos, es el modelo final hacia el que se dirige la narrativa/vida de Lina.

Lina, la mujer joven y enlutada que está presente y aparentemente pasiva en esta tertulia de hombres, adquiere ya desde el principio un protagonismo vicario cuando se nos informa que tiene a Catalina (el centro de la visión y la atención auditiva de los personajes) como Patrona. Es a instancias suyas que Carranza lee su versión de la vida de la santa: "Cuanto antes, señor Magistral. Deseando estoy saber algo de mi Patrona" (48). Constantemente Lina corrige las interrupciones del descreído Polilla, pidiéndole silencio (49) e instándole a escuchar. Es la suya una misteriosa presencia de autoridad —se la conoce al comienzo sólo como "la pelinegra" (48), "la enlutada" (48), "la de los fúnebres crespones" (49)—, que faculta, matiza y supervisa el discurso masculino. Pero de la misma forma que se mantiene la ilusión de autoridad masculina (brevemente desvelada con la alusión a una segunda mano quizá femenina) que legitima la historia de la Santa, siguiendo con la idea del "disimulo," la genealogía de poder femenino Catalina-Teresa-Lina se ve al mismo tiempo disimulada y reforzada al incluir inmediatamente la propia Lina, tras la cita de Teresa, otra de Lope de Vega en alabanza de Catalina (69), a lo que Carranza agrega más hombres célebres (todos renacentistas) que honraron a la santa con su arte: Memling, Luini, Pinturicchio (69–70). Carranza menciona, como un dato más en su demostración erudita, que Pinturicchio representó a la santa con los rasgos de Lucrecia Borgia (70). Esta mención no es casual: la doble figura Lucrecia Borgia/Catalina emula la chocante estilización modernista en la presentación de Catalina por Carranza: sus descripciones, llenas de sensualidad exótica y fetichista e incluso marcadas referencias sexuales, cargan el discurso de santidad de una tensión erótica similar a la que producen en los textos de Valle-Inclán las bellas y santas mujeres:

> Su cuerpo vertía fragancia de nardo espique; su ropaje era de púrpura, franjeado de plumaje de aves raras, por el cual, a la luz, corrían temblores de esmeralda y cobalto; sus pies calzaban coturnillos traídos de Oriente, hechos de un cuero aromoso; y de su cuello se desprendían cascadas de perlas y sartas de vidrio azul, mezcladas con amuletos. [...] Un horrible bicharraco se destacó del grupo y avanzó. Catalina le miró fascinada, con grima que hacía retorcerse sus nervios. La forma de la bestezuela

> era repulsiva [...] Veía al insecto replegar sus palpos y erguir, furioso, su cauda emponzoñada, a cuyo remate empezaba la eyaculación del veneno, una clara gotezuela. (68–69, 71)

La bellísima e inteligente Catalina, inaccesible a los deseos masculinos (vemos la repulsión que le produce el fálico escorpión), aunque canonizada como santa, se aproxima sin embargo en este relato a imágenes negativas de la mujer características del modernismo (con las que también se va a identificar su réplica moderna, Lina): la desesperante *belle dame sans merci*, o la amenazadora mujer asexuada, la mujer fálica, mujer-serpiente como Medusa, o la Melusina que será Lina. En boca de Carranza: "¡Mira, Lina, yo no quiero insultarte; eres mujer ... aunque más bien me pareces la Melusina, que comienza en mujer y acaba en cola de sierpe! Hay en ti algo de monstruoso, y yo soy hombre castizo, de juicio recto, de ideas claras, y no te entiendo ni he de entenderte jamás" (265). Catalina se identifica con la vengativa diosa cazadora, Diana: "De noche, cuando boga Diana a través del éter, tiendo los brazos a lo alto, donde creo ver una faz adorable, cuyo encanto *serpea* por mis venas" (59; el énfasis es mío). La asociación clásica y bíblica serpiente/mujer es otro de los temas recurrentes de demonización de la mujer que Pardo repite, como parte de su estratégica doble voz, en este texto: así los cabellos serpentinos de Catalina/Medusa tras la decapitación, la asociación por Carranza de Lina con Melusina, la mujer-serpiente (también le llama "víbora" [265]), o la sensación de Lina, momentos antes de provocar el accidente que causará la muerte de Agustín en el lago, de que "[u]na electricidad pesada y punzadora *serpeaba* por mis nervios" (256; el énfasis es mío).[16]

No se trata sólo de la tácita erotización y demonización de la mujer auto-suficiente como mujer fatal; el discurso hegemónico masculino, conservador o progresista (Carranza o Polilla), se asegura al narrar la historia de esta santa transgresora de los patrones genéricos de la España de principios de siglo, de que esa tradición de intelectualidad femenina esté convenientemente exotizada y confinada en un pasado irrecuperable. Antes de comenzar su hagiografía, Carranza avisa cautelarmente de la imposibilidad de renovación del modelo femenino propuesto por la alejandrina: "Esta mujer es de su tiempo, y en otro siglo no se concibe. [...] En Egipto, las mujeres se dedicaban al estudio como los hombres, y hubo reinas y poetisas notables [...]. No extrañemos que Catalina profundizase ciencias y letras" (50–51). La alternativa liberal del patriarcado representada por el viejo volteriano Polilla, simplemente oblitera como absolutamente irrelevante el precedente de una posible igualdad intelectual femenina como la representada por Catalina: "la historia de esa Santa del siglo III, a estas alturas, nos importa menos aún que la de Baldovinos y los Doce Pares de Francia. [...] Hábleme usted a mí de otras cosas; de inventos, de progresos, de luz. Lo demás ... antiguallas, trastos viejos ..." (104).

Polilla habla en nombre de un progreso que, como muchas veces había sostenido Pardo Bazán, sólo había llegado para el hombre, pero no para la mujer, que no sólo no había avanzado sino retrocedido con el Nuevo Régimen.[17] Más adelante en la novela Lina muestra haber interiorizado la historia oficial; pese a haberse educado siguiendo un modelo masculino de cultura, o quizá precisamente por ello, Lina acepta la imposibilidad de acceder a los espacios públicos abiertos para el hombre, como lo era la universidad:

> La biblioteca del Sr. Carranza me la he zampado; por cierto que encierra muy buenos libros. Así es que estoy fuertecilla en los clásicos, casi sé latín, conozco la historia y no me falta mi baño de arqueología. Carranza lamenta que haya pasado el tiempo en que las doctoras enseñaban en la Universidad Complutense. (110)

Hasta el momento de su epifanía mística final, Lina mantiene una relación totalmente pasiva, consumidora, ante la cultura y rechaza de plano los roles literarios de segunda categoría (literata, poetisa[18]) que le ofrece a la mujer la sociedad de su tiempo:

> ¡Literata! No me meteré en tal avispero ¿Pasar la vida entre el ridículo si se fracasa, y entre la hostilidad si se triunfa? Y, además, sin ser modesta, sé que para eso no me da el naipe. Literatura, la ajena, que no cuesta sinsabores ... ¡Cuánto me felicito ahora de la cultura adquirida! Va a servirme de instrumento de goce y de superioridad. (110)

Si tenemos en cuenta que es ella misma la que está escribiendo estas líneas podemos apreciar el gesto subversivo e irónico que produce el desdoblamiento temporal y de género sexual sobre la lectura inicial del texto. Si Lina parece seguir la lógica textual/sexual del modelo masculino de cultura, es preciso recorrer el texto de nuevo, re-visitarlo con la conciencia de que es la propia Lina quien lo está escribiendo desde un momento de superación de la cárcel de los binomios (yo/el otro, hombre/mujer). Este marco autoritativo dentro de la ficción (sutil y no fácilmente reconocible, como lo es la autoridad en la primera sección de la misteriosa "enlutada") le permite a Pardo experimentar con la perspectiva de una doble voz, que habla a un mismo tiempo desde la tradición patriarcal (en el presente) y desde su superación desde el margen (en el futuro). Tolliver reconoce en otros textos esta doble voz como una estrategia a la que sabe recurrir Pardo Bazán.[19] Pero en este caso, la fecha de la novela, la forma autobiográfica, la presencia sin antecedente de una mujer escritora como autora ficticia del texto, todo nos lleva a pensar en un replanteamiento de su propio pensamiento proyectado hacia el futuro del feminismo a una escala sin precedente en la producción pardobazaniana.

Así, recurriendo a tácticas de matiz y subtexto, al re-escribir la hagiografía de Catalina confeccionada por Carranza, Lina/Pardo van a aprovechar los intersticios ya existentes en el discurso oficial eclesiástico para rescatar un relato del pasado en el que lo confinan las voces masculinas, y actualizarlo plenamente al proponer, con la fusión de cristianismo y feminidad, un ideal del *darse* frente al *serse* como alternativa a la eterna dinámica binomial que aprisiona el pensamiento occidental (y en la que se encontró encerrada la propia Pardo, como vimos en los capítulos anteriores), agrietada ya por la nueva estética modernista con la que se escribe este relato hagiográfico.[20] Si tenemos en cuenta que la versión española del modernismo conocida como Generación del 98 propone en varias de sus instancias (así Ganivet o Unamuno) el regreso a la ética del cristianismo primitivo junto a la exaltación de la voluntad como forma de "virilizar" (recobrar la sangre perdida) a una nación abúlica, "afeminada," podemos apreciar el carácter subversivo que adquiere esta reivindicación del carácter fundamentalmente femenino del cristianismo que Pardo, enlazándose con una tradición de mujeres escritoras españolas, está realizando aquí.

Caroline Bynum expone como desde que en la Edad Media se popularizó la leyenda de Catalina Alejandrina,[21] la intención de la enseñanza de la Iglesia no era ni mucho menos afirmar la dignidad y capacidad intelectual de la mujer, sino todo lo contrario: entraba dentro del discurso misógino de la época el mostrar como el inmenso poder de Dios podía hacer elocuente y sabio a un ser tan bajo como la mujer. En líneas generales: "'woman' is a symbol and an example not only of the utterly contemptible and of the redeemed but also of the great reversal at the heart of the gospel: the fact that it is the contemptible who are redeemed" (284).

Con la re-territorialización y actualización de esta leyenda en la figura de Lina y su filtro a través de una escritora española canónica (Santa Teresa), Pardo recupera su relevancia para el cristianismo y la historia de la mujer en la cultura nacional. La estructura especular (la historia de Catalina se renueva en la de Lina) y la complejidad temporal del género confesional (lo que leemos es a la vez el pasado del autor, narrado como presente, pero determinado en su sentido por el futuro desde el que se escribe) contribuyen a un colapso de la ideología masculina del progreso lineal, que dejaba a la mujer al margen de la historia.[22] El ímpetu de trascendencia a través de la búsqueda de la Belleza o el Amor Ideal propia del sujeto masculino modernista (que hacía de la Mujer su objeto de preferencia) se transmuta aquí en un ideal femenino que supera la lógica binomial sujeto/objeto, hombre/mujer, y que no está ni asociado a la estricta contemporaneidad del texto (la España en proceso de modernización a inicios del XX) ni es algo sólo factible en un pasado remoto y exótico, sino latente y recurrente a lo largo de la historia y de plena vigencia y actualidad ética, estética y política.

Es evidente en las estrategias narrativas y descriptivas de la leyenda de Catalina, no sólo el interés en sugerir una lectura feminista en un relato ejemplar que se prestaba muy bien a ello, sino especialmente en contestar a una serie de paradigmas genéricos y arquetipos que había creado el modernismo en su afán por volver a re-establecer la diferencia sexual por él mismo difuminada. El tipo de la mujer fatal, la mujer seductora, castradora de hombres, excesivamente poderosa (Cleopatra, Salomé), es representado y contestado aquí por Catalina. Catalina es directamente asociada a la figura de la reina egipcia por los ciudadanos alejandrinos y los romanos, recordando el tremendo capital simbólico y político que la mujer es capaz de acumular. Catalina es dueña de "las preseas de la gran Cleopatra, de la última representante de la independencia, la que contrastó el poder de Roma" (53), esta conexión genera ansiedad entre los romanos "¿Pretendería encarnar las ideas nacionales egipcias? ¡Todo cabía en su carácter resuelto y varonil" (54). Pero Catalina, nietzscheana "mujer superior," que a diferencia de

Cleopatra, "prefería aislarse y cultivar su espíritu y acicalar su cuerpo, que entregar tantos tesoros a profanas manos" (52), renuncia a este aspecto de virilidad nacionalista. Su figura presenta más similaridades con una de las heroínas del modernismo que más impacto había tenido en Pardo, la Salomé del drama de Oscar Wilde. Como Salomé, Catalina es exótica y sensual, de sangre regia y de piel blanca —"de helénica estirpe" (51)—, y como a ella su afán de pureza y castidad la asimilan a la luna. Desde la apertura del drama de Wilde, el paje de Herodías y el joven sirio, enamorado de Salomé, establecen la correlación muerte/belleza (tan frecuente en el modernismo, como en Silva, Juan Ramón Jiménez o en clave paródica por Lugones en *Lunario sentimental*) encarnada en la asociación de Salomé con la luna:

> **The page of Herodias**
> Look at the moon. How strange the moon seems! She is like a woman rising from a tomb. She is like a dead woman. One might fancy she was looking for dead things.
>
> **The young Syrian**
> She has a strange look. She is like a little princess who wears a yellow veil, and whose feet are of silver. She is like a princess who has little white doves for feet. One might fancy she was dancing. (1)

En *Dulce dueño,* Catalina, como las heroínas modernistas, es así mismo vinculada con la diosa lunar Diana y su blancura. Lina, sin embargo, quien supone una nacionalización y ruptura del arquetipo, se va a asociar desde el inicio con el negro (cabello, ojos y ropas de luto).

De la misma forma que Pardo parte de *Tristana* de Galdós para en *Memorias de un solterón* explotar las posibilidades feministas no desarrolladas por el primer texto (Ordóñez), en la versión de Pardo del drama de Wilde, se produce una revolucionaria inversión de géneros que altera radicalmente el sentido del drama: Salomé se transforma en San Juan Bautista: es Catalina la que es decapitada por resistirse a las seducciones del poder, y su muerte la convierte en dadora de vida, engendradora de una nueva era más justa, de hermandad evangélica.

Para poder apoderarse de la belleza pura y casta de un Bautista andrógino (de cuerpo blanco, largos cabellos negros), Salomé debe competir sexualmente con su propia madre, la incestuosa Herodías, y seducir a su padrastro Herodes con su danza de siete velos. Su pasión por el cuerpo blanco y puro de Juan Bautista, como antídoto a la sexualidad incestuosa de sus padres, se asociaría también al deseo de Lina de refugiarse de lo Real en el refulgente y cándido Lohengrín, su primera intuición y prefiguración del Dulce dueño en la novela (como el Bautista prefigura a Cristo). Del mismo modo, al asociarse a una estética modernista y aristocratizante, Lina está compitiendo y desplazando a su propia madre, la burguesa doña Catalina, también cuasi-incestuosamente unida al que se había criado en su casa como un hermano (ecos aquí de *La madre naturaleza*), su secretario Farnesio:

> La mentalidad de doña Catalina, sus burgueses instintos, iban reflejándose en el mobiliario. Llamo a un prendero y le vendo un sinfín de cachivaches. Comprendo que Farnesio se horripila [...]. Lo vuelvo todo patas arriba; no dejo cosa con cosa; [...] Mi departamento [las habitaciones privadas de su madre] lo alhajo a la moderna, de claro [...]. (125)

La repugnancia por esta sexualidad se representa en la imagen de flores muertas y putrefactas, las que realmente se marchitan en torno al ataúd de su madre, y las que imagina sofocándola en un suelo pantanoso que combate con su sueño modernista y solipsista de blancas azucenas simbólicas.

> Me acuerdo de mi madre, negándome no ya su compañía, sino una caricia, un abrazo [...] ¡Miseria todo! Una necesidad de ilusión, de idealismo inmenso, surge en mí. ¡Azucenas, azucenas! [...] ¿Dónde habrá azucenas ...? Donde lo hay todo ... En nosotros mismos está, clausurado y recóndito, el jardín virginal. (149)

En la versión femenina del triángulo edípico en *Salomé*, el resultado no es la continuación de la especie, sino el caos y la muerte: el Bautista es degollado, Salomé es hecha matar por Herodes. También Lina, prototipo de la mujer moderna, en una especie de "ansiedad de influencia" femenina, desplaza a su madre burguesa, y es identificada por la autoridad moral masculina (Carranza) con prototipos de mujer fatal: Dalila, Mesalina, Melusina (265). La intertextualidad con el drama de Salomé es abiertamente revelada cuando Lina evoca la escena de la presentación de la cabeza decapitada del Bautista a Salomé. Al describir a su pretendiente Agustín Almonte, un ambicioso político regeneracionista al que terminará arrastrando a la muerte, dice Lina: "[d]esde el primer momento —es una impresión plástica— su cabeza me recuerda la de San Juan Bautista en un plato; la hermosa cabeza que asoma, lívida, a la luz de las estrellas, por la boca del pozo, en Salomé. Cosa altamente estética" (219).

La estetización de la muerte en esa blanca cabeza cortada y aureolada por cabellos negros y enroscados del Bautista, que sólo muerta puede ser besada, junto a la mujer modernista condenada a seducir o matar, objeto de deseo que cuando pasa a ser sujeto activo no genera sino muerte/castración, se unen y tienen a la vez su analogía y contrapunto en la cabeza cortada de Catalina. En lugar de sangre, al ser degollada de su cuerpo fluye un arroyo de leche en el que flota su bella cabeza, petrificando con su mirada ausente al emperador aterrado:

> Maximino [...] miraba atónito, castañeteando los dientes de terror frío, el puro cuerpo de cisne flotando en el lago de candor, la cabeza sobrenaturalmente aureolada por los cabellos, que en vez de pegarse a las sienes, jugaban alrededor y se expandían, acusando con su halo de sombra la palidez de las mejillas y el vidriado de los ojos ensoñadores de la virgen [...]. (103)

En su reapropiación de esta leyenda de martirio y misticismo, Pardo recurre a toda una serie de tópicos modernistas-decadentistas (lo blanco, lo lunar, el cisne, el escalofrío estético ante la muerte) para investirlos de un significado radicalmente diferente: femenino, maternal, eucarístico. En contraste con esta vuelta al espacio nutricio materno que es el blanco de la leche de Catalina, cuando Lina todavía lucha por marcar la diferencia, por alejarse de la sexualidad repugnante que simboliza la madre, el blanco (de la armadura de Lohengrín en este caso) tiene el significado trascendente que le daban los escritores modernistas. El blanco paladín es su conjuro contra lo Real de la sexualidad femenina: "Sácame de la realidad, amado ... Lejos, lejos de lo real, dulce dueño ... [...] Yo no he sido como Eva y como Elsa [de Brabante, la esposa inconsecuente de Lohengrín]; yo no he mordido el fruto, no he profanado el secreto" (153).

El blanco plumaje del cisne-Leda-texto modernista, que es codiciado y poseído por Zeus/el poeta en el famoso soneto de Rubén Darío; el cisne como signo homoerótico de triunfo masculino sobre la creación, es subvertido en esta imagen láctea e imbuido de arcanos poderes femeninos de muerte y redención, que, como Medusa, petrifican con el recuerdo de castración originaria (Afrodita emergiendo del semen de Cronos sobre las aguas), pero como Madre originaria nutre, salva, libera. Los que se acercan humildes a beber de ese "raudal lácteo de ciencia y verdad" (102), adquieren un deseo inmediato de libertad y justicia:

> Y como si aquella sangre fuese licor fermentado y confortado con especias que los exaltase, la indignación hirvió entre los partidarios de la fe nueva [...]; y, enseñando los puños al César aletargado y a su guardia, vociferaron: ¡Muerte, muerte al tirano Maximino! (102)

El martirio de Catalina se transmuta así en una hiperbólica celebración de la feminidad/maternidad como caridad intelectual: el surgir de la leche se convierte en una inundación, un lago, un mar de leche, que nutre, en paralelo a la sangre de Cristo, a los nuevos cristianos:

> Del tronco manaba un mar, no de sangre bermeja, sino de candidísima, densa leche; las ondas subían, subían [...]. El cuerpo de la mártir y su testa pálida [...] flotaban en aquel lago, en el cual los cristianos, sin recelo ya, bañaban su frente y sus brazos [...] refrigeraban sus labios. (103)

Pardo Bazán recoge aquí una interpretación tradicionalmente femenina del cristianismo, que Bynum también observa en su estudio sobre iconografía y comida en la Edad Media. A través de ejemplos del arte y literatura medieval, Bynum demuestra como la leche de la Virgen María es asimilada a la sangre que fluye del costado de Cristo. De hecho, Cristo, Dios mismo que se entrega como alimento espiritual en la Eucaristía, se configura, especialmente en los escritos de mujeres medievales, como una figura maternal, nutricia, protectora.

> Since Christ's body was a body that nursed the hungry, both men and women naturally assimilated the ordinary female body

> to it. Women mystics [...] used the metaphor of the nursing mother to describe their own suffering for others, sometimes clearly implying that their spilling of blood-milk was *imitation* of Christ's nurturing and inebriating wound-breasts. (Bynum 273)

Del mismo modo, la boda mística de Catalina se distancia del tradicional esquema erótico heterosexual que su primer encuentro con Cristo como un bello garzón parecía presagiar (66–67). La boda en sí se celebra no como entrega y sumisión de la mujer-alma al hombre-Dios, sino como un insólito pacto femenino, el reverso del triángulo de competencia madre-hija-objeto de deseo masculino, que resultaba catastrófico en *Salomé*. Des-erotizada la imagen de Cristo en la figura de un niño inocente, apenas un bebé, la unión mística no es sino una exaltación del amor maternal (elevado así a la calidad de amor ideal, divino, sagrado) cuya transacción tiene lugar, dislocándose así lo biológico-natural de lo cultural femenino, entre las dos vírgenes, Catalina y María.

> Entonces la Mujer avanzó, se interpuso, y teniendo al niño en su regazo, cogió la mano derecha de Catalina y la unió a la de él, en señal de desposorio. El niño, que asía un anillo refulgente, miraba a su madre con inocente, encantadora indecisión. La madre guió la hoyosa manita, y el anillo pasó al dedo de la novia. (74)

El final del capítulo implica la continuidad transhistórica de este relato femenino más allá de los límites que dicta su posesión oficial por la Iglesia. Tras finalizar la narración de Carranza, la lluvia ha cesado y en su lugar se escucha un "fresco vocerío" que "surtió de nuevo como agua de fuentes vivas, inagotables" (105): unas niñas cantan en la calle una canción de corro sobre la santa. El "fuera" del texto se introduce, deslizándose líquidamente, en el "dentro," la voz femenina en el relato masculino. Y una vez más es Lina la que ejerce el tono imperativo que da título al capítulo ("Escuchad"): "—Escuche, escuche, don Antón ..., ordenó Lina" (104). Lo que Lina ordena escuchar es la voz colectiva femenina, renovadora, que reposee y deshistoriza, como lo hacen la propia Lina/Pardo Bazán, una "narrativa maestra" ancestral de feminidad.

Hasta el episodio final en el que se une al "agua viva" de la tradición de feminidad mística, Lina trata de ajustarse a modelos masculinos de subjetividad. Al tiempo, siempre es fuertemente consciente de su condición femenina. Lina es, como expresa Kirkpatrick (*Mujer, modernismo y vanguardia* 115), la figura imposible que reúne a Pygmalión y Galatea, artista y artefacto, en cierto modo la "obra de arte," el "personaje" (esa "mujer de piedra" a la que contempla con admiración al final de su vida en su discurso sobre su estatua en A Coruña) que Pardo Bazán había hecho de sí misma, a través de su "performance" de décadas como mujer que actúa como hombre.

Apoyándose en su dinero (Virginia Woolf argüirá que es la vía más directa para la borradura de la diferencia sexual), Lina va a proceder a labrarse un yo con un ardor de artista. Su acercamiento a esta construcción de la identidad es sin embargo impracticable; resumiendo la paradoja en términos de la novela, Lina pretende poseer ("comprar") a su dulce dueño:

> Toda yo quiero ser lo quintaesenciado, lo superior —porque superior me siento [...] en mi íntima voluntad de elevarme, de divinizarme si cupiese. [...] Esta inesperada fortuna me permitirá artistizar el sueño que yace en nuestra alma y la domina. Como el inteligente en arte que, repleta la cartera, sale a la calle dispuesto a elegir, yo, armada con mi caudal, me arrojaré a descubrir ese ser que, desconocido, es ya mi dulce dueño. (131)

El resultado de esta búsqueda paradójica es de desasosiego y confusión, como el final amargo de sus solitarias fiestas nocturnas: "[...] La triple combinación de espejos reproduce mi figura, multiplicándola. Me estudio [...]. Ya revestida de mis galas, me sitúo de nuevo ante los espejos que me reflejan y trato de definirme" (127–29). Su *performance* ante el espejo, en busca de una identidad elusiva, adquiere progresivamente un ritmo frenético, entrecortado, "histérico" (Irigaray 229) en su desplazamiento sin orden ni propósito:

> Y me sonrío, y entreabro abanicos, y juego a prenderme flores, y vierto por el suelo esencias, y, por último, rendida, arrojo aprisa mis galas, y estremecida por la horripilación del amanecer, corro con los brazos cruzados sobre el pecho a refugiarme en mi cama, donde me apelotono, me hago un ovillo, encogida, trémula de cansancio, con los pies helados, la cabeza febril ... (132)

El ansioso polisíndeton (y … y … y) y la acumulación de verbos de acción incompleta ("entreabro") o improductivos ("juego"), derrochadores ("vierto esencias," "arrojo mis galas") con los que el relato de Lina mima y exagera los ritos inútiles de la feminidad, ofrecen un dividendo no de plenitud sino de agotamiento y soledad. Lina, estremecida, "horripilada," busca recuperar la unidad original tras la multiplicación, transformación y desgaste a la que la somete su ficción de mirada masculina buscando una respuesta al "gran problema femenino: ¿soy o no soy hermosa?" (127) —recordemos que Pardo había bautizado a su gran heroína feminista, su anti-Tristana, como "Feíta." Derrotada por el triunfo de la naturaleza (la llegada de la luz del día), adopta una posición fetal, ovillándose en la cama, simulacro frío de la madre ausente.

Irigaray afirma que: "Being exiled in man's speech, she is already unable to auto-affect. Man's language […] separates her from her mother and from other women, and she speaks it without speaking it" (101). No es hasta el final de la novela que Lina rechaza el "lenguaje masculino" solipsista tras recuperar el vínculo maternal que le introduce en un espacio de *jouissance* mística. La escena del éxtasis de Lina supone de nuevo una vuelta de tuerca a la narrativa tradicional del misticismo. Para expiar su pecado (la muerte de Agustín), esta Lina-Salomé oscura, a diferencia de la de Wilde, a la que Herodes ordena matar, y a diferencia también de Catalina, emprende una segunda vida que le permitirá, como señala Bieder, permanecer en control de su propia historia (Bieder, "Contesting the Body"): renuncia a su belleza, a su fortuna, y se exilia en un valle perdido en el desierto castellano. El texto se desplaza a un territorio que parece más imaginado que real, frente al mucho más palpable realismo de los capítulos anteriores. Si el resto de la novela precisaba con todo detalle realista donde tenía lugar la acción (Alcalá, Granada, la Alpujarra, Biarritz, París, Suiza) en esta sección el texto permanece conscientemente brumoso y connotativo, compuesto por imágenes tomadas de Santa Teresa y San Juan: un valle lozano en medio del desierto al que Lina llega tras viajar en la noche oscura, adornado por prados con flores, colmenares, un solitario convento carmelita, y adquiere connotaciones simbólicas y profusas referencias intertextuales (la Biblia, Santa Teresa, San Juan) que lo enlazan con el lirismo modernista del primer capítulo. Ahora serán los escritos místicos de Teresa el referente fundamental —"[c]omo Teresa, la que tanto te quiso, yo estoy sedienta de martirio" (280)—, junto a San Juan de la Cruz, pero aquí la presencia masculina no hace sino confirmar el carácter fundamentalmente femenino ("amada en el amado transformada") del encuentro místico con el Dulce dueño (Irigaray 191): "Me siento sola [...]. Y, sin embargo, han existido otras mujeres que se unieron a ti [...], a quienes dijiste: 'Tú eres yo y yo soy tú ...'" (283). La exquisita Lina se humilla viviendo como una sirvienta con una ciega (abolición de la mirada) y su desgarbada nieta Torcuata. Lina al fin alcanzará su meta cuando cambie la búsqueda fálica del cerrarse en la unidad del ser (ella es única, superior a todos) por la ética femenina y maternal del darse, abrirse, abandonarse al otro. De nuevo, como en el caso de los esponsales de Catalina, se enfatiza el valor del amor maternal como cultural y voluntario, no biológico y determinista. Este rechazo del determinismo biológico de la función maternal en la mujer había sido un punto crucial en la ideología feminista de Pardo. Así, insiste en que "[l]a maternidad es función temporal: no puede someterse a ella entera la vida [...] Además de temporal, la función es adventicia: todas las mujeres conciben ideas, pero no todas conciben hijos ..." ("La educación," *Mujer española* ed. Schiavo 89). En esta novela la maternidad biológica será completamente des-esencializada y des-idealizada y reemplazada por un ideal de maternidad espiritual o simbólica, una conexión o complicidad trans-generacional entre mujeres. Irigaray, pese a reivindicar la dimensión corporal en la mujer de una forma ausente en este texto (al contrario, aquí el cuerpo, exaltado primero como matriz de sensaciones, acaba desapareciendo, completamente trascendido en la dimensión espiritual y lingüística), expresa también una noción amplia de la maternidad similar a la postulada por Pardo:

> We bring something other than children, we engender something other than children: love, desire, language, art, the social, the political, the religious, for example. But this creation has been forbidden to us for centuries, and we must re-appropriate this maternal dimension that belongs to us as women. (43)

Torcuata, por la que Lina era incapaz de sentir afecto alguno, enferma de viruela. Ante la inminencia de la muerte, Lina se transforma: se deshiela, se derrite, chorrea fluidos que dan vida:[23]

> Sobre la faz de la niña, de la paleta alcornoqueña, gotea la miel de mi caridad, envuelta, desleída en llanto. Y mis labios, besando aquel espantoso rostro, tartamudean:

—No, hija mía, no te mueres. ¡No te mueres, porque te quiero yo mucho! (285)

En este espacio maternal, como en el Imaginario lacaniano, se disuelven las diferencias: el Otro como Otro deja de existir. Ante la herida de la piedad, "el reconocimiento de que alguien existe para mí, de que el dolor ajeno es el dolor mío," Lina experimenta el éxtasis del no-yo, la disolución de su voluntad de ser: "Un mar de olas doradas me envuelve; [...] mi corazón se disuelve, se liquida" (286). La Lina anterior estaba cerrada en sí misma, como el útero de la mujer fálica, "coopted by phallic values [...] preclude the separation of the lips" (Irigaray 239). En su éxtasis místico, fuera ya de lo simbólico lingüístico —"[e]ntrecortadas, mis palabras son una serie de suspiros" (286)—, Lina, finalmente, a imagen de la Teresa de Bernini, abre sus labios, se abandona: "Mi boca, entreabierta, aspira la ventura del éxtasis" (286).

Si bien Kirkpatrick argumenta que el desposorio místico de Lina no hace sino reinscribir los paradigmas genéricos de la heterosexualidad (*Mujer, modernismo y vanguardia* 125), "amada en el amado transformada" adquiere aquí un sentido que no implica la renuncia al ser de la mujer, sino la renuncia a la construcción masculina de la subjetividad. Al fundirse con el Otro, amada y amado son uno solo, lo son todo, en el espacio líquido y sin límites de la *jouissance*. Cixous parece tener una visión muy similar a esta abolición de la diferencia en lo que define como escritura femenina:

> Dentro del espacio desde el que Cixous habla, el sujeto es libre de pasar de una posición a otra, o de fundirse oceánicamente con el mundo. En este sentido, su visión de la literatura de la mujer se sitúa en el terreno de las imágenes lacanianas: un espacio en el que se han abolido todas las diferencias. (Moi 126)

Con su habitual agudeza y anticipación, Pardo desmonta y muestra con claridad el *impasse* en torno a la definición de los géneros sexuales en el que se encontraba el modernismo. El experimento intelectual que lleva a cabo en *Dulce dueño* consistirá en situar a una mujer, tradicionalmente objeto, ocupando el espacio del sujeto modernista. Pero el final de *Dulce dueño* parece llegar a la conclusión de que la finalidad de este experimento no era reivindicar la posibilidad de que la mujer sea sujeto, sino negar la noción misma de sujeto. El problema que se abre ante esta solución nihilista es el posmoderno de la futilidad del significado mismo, la de un texto que sin una voluntad autorial se queda flotando en la indeterminación absoluta. Lina acepta tanto el diagnóstico de locura de los médicos (290) como el de santidad de Torcuata y su abuela: "Pues lo que ellas dicen y lo que dicen los otros … tal vez es igual. La declaración de mi santidad, para el caso, no crea usted que no sería lo propio que la de mi locura …" (291). Mediante una referencia a *Don Quijote* se deja la posibilidad abierta de la ruptura de la *stasis* del significado en la novela. Farnesio, el padre material de Lina, "se retiró, decidido a rescatar a la princesa del poder de malignos encantadores" (291), es decir, decidido a reinscribirla en otro texto de fantasía masculina. Lina responde a esta posibilidad oblicuamente, desde otro espacio (*su* espacio), ajeno a las dicotomías de poder médico/paciente, padre/hija, héroe/víctima trazadas por su padre. Responde y cierra (abre) el texto con las palabras de entrega de la Virgen ante el anuncio de la concepción divina: "Hágase en mí tu voluntad" (291).

Este texto escrito doblemente por una mujer (en la realidad y la ficción) rechaza con ironía el papel secundario y pasivo de la mujer al calificar el intento de Farnesio de rescatar a su hija como un quijotesco, ridículo acto de "rescatar princesas." Sin embargo, la alternativa, esa mímesis exacerbada de la sumisión nihilista del misticismo ("Hágase en mí tu voluntad") genera una disrupción del significado, que supone que en último término éste sea un texto inclasificable. ¿Cuál es la propuesta última, el testamento de Pardo Bazán en torno a la mujer y la escritura, la batalla de toda su vida? ¿Optar por la mímesis —irónica o utilitaria— de códigos literarios masculinos? ¿Presentar una alternativa de una ética femenina del "dejarse ir" a la masculina de la "voluntad" noventayochista, nacionalizar y a la vez feminizar el modernismo cosmopolita? ¿Está Pardo subvirtiendo o aprovechando (en lo que ellos mismos tenían de transgresores de los códigos de género) los modelos femeninos modernistas? ¿Podemos hablar de la búsqueda intencionada de una diferencia femenina en la escritura, en su énfasis de la maternidad espiritual y el recurso a las imágenes de fluidos para caracterizar la psique de la protagonista? ¿O es esto nada más que una mera imitación de modelos ya existentes, aceptados por la hegemonía cultural masculina —la mística? ¿Supone el final de la novela, con su disolución última del sujeto, el fin de la división genérica, o simplemente una renuncia a la subjetividad como construcción masculina, pero que deja a la mujer en su papel tradicional de "objeto"?

En último término, el testamento de *Dulce dueño* reside en esta apertura interpretativa; estamos ante un texto que no lega, no cierra un pasado, no fija definitivamente identidades (de género sexual o nacional) sino que, recordando la clasificación de Barthes, es eminentemente "escribible." Las posibilidades quedan abiertas en un texto generoso que no se impone, que se preña con la voluntad interpretativa de cada lector y cada lectura; quizás sea esta apertura y carácter metamórfico lo que más lo acerque a lo que según la teoría feminista francesa caracterizaría a la escritura femenina (*écriture féminine*); hallazgo que le habría permitido a Pardo, al final de su carrera, desligarse de los modelos masculinos hegemónicos de literatura nacional, y proponer la existencia de una "alta cultura femenina," "otra" literatura superadora de binomios, que podía ser a la vez internacional y nacional, nacional y femenina. Que en vez de un modelo genesíaco para la literatura nacional centrado en la figura del padre se acepte la posibilidad de una maternidad cultural para la nación, que no acota, secciona y mutila para dar vida, sino que se deja ser, se abre al exterior para ser uno mismo, fluyendo y fertilizando como el agua, nutriendo como la leche. Quizás era demasiado tarde, y en la nueva generación de escritores entre los que sale a la luz este libro comenzaba a perfilarse ya la figura revirilizadora del "cirujano de hierro."

Conclusiones

Gregorio Martínez Sierra, autor en 1905 de un sagaz ensayo sobre Emilia Pardo Bazán, ponía el dedo en la llaga de la problemática en torno a género sexual y escritura al identificar el umbral de pensamiento que no podían cruzar los críticos de su tiempo:

> [P]orque al decir fémina nosotros los varones, engreídos de teorías viejas, oímos algo dulce al paladar del alma, pero irremediablemente inferior a la luz implacable del intelecto, y allá donde encontramos inteligencia noble, pensamiento con alas, percepción aguda, fuerza de penetración, audacia de concepto, lozanía, fertilidad, vuelo libre, clamamos por el privilegio y decimos orgullosamente: "Obra de varón hay aquí." (Martínez Sierra 129)

La introducción a este libro se abría con una consideración sobre el engañoso carácter de espejo de las llamadas *literaturas nacionales*. Al apelar a un supuesto "principio de realidad" que da a la nación su carácter de tal (una comunidad que se imagina a sí misma de una forma, de un estilo determinado y diferente al de otros grupos nacionales), la literatura y la institución crítica que la legitima adquieren la autoridad que emana de ser los conformadores de la imaginación nacional. Si, como arguye Martínez Sierra, la crítica masculina hace equivaler "buena literatura" (la literatura digna del reconocimiento nacional) con literatura varonil, hemos visto como este concepto estaba precisamente cobrando fuerza en los años en que se consolida la carrera literaria de Pardo Bazán y va a determinar la formación del canon futuro. Es significativo que a partir de la aparición estelar e inaudita de esta escritora y de la confusión que crea en el mundo de la crítica, obligándola a cerrar filas y definirse en materia del género sexual de la literatura nacional, se produjera un largo hueco femenino en el canon, que pocas mujeres hasta bien entrado el siglo XX vinieron a llenar.

El contraste de la respuesta crítica en casos tan disímiles como el español y el gallego, arroja un resultado semejante, probando en primer lugar el paralelismo entre los procesos de nacionalismo cultural en la España y la Galicia del último cuarto del XIX: tanto en el incipiente nacionalismo gallego como en la aparentemente consolidada nación española existe el mismo sentimiento de escribir en una nación por construir, y de ser la misión de la literatura el textualizar metonímicamente esa nación posible, trazar las reglas de cómo debe ser la literatura que refleje/conforme a la nación imaginada. En segundo lugar, el que ocurra el mismo tipo de cuestionamiento de la "nacionalidad" como escritora de Pardo Bazán en ambas literaturas, la española y la gallega, permite concluir que este cuestionamiento no es casual: no depende de circunstancias históricas, geográficas o personales específicas, sino que responde al mismo patrón, a la política de roles sexuales que subyace en el nacionalismo cultural, política sexual que Pardo había abiertamente subvertido en ambos espacios nacionales. Escribiendo "como un hombre" en el ámbito español, había transgredido el monopolio masculino de la literatura, con el que el nacionalismo cultural español aspiraba a devolver su prestigio e independencia a una literatura nacional "feminizada," provincia cultural de Francia. Puesto que los hombres de letras responsabilizaban a la mujer de esta dependencia cultural/económica de Francia, la práctica literaria de Pardo Bazán será siempre sospechosa y escrutada al máximo. A través de la representación literaria del modelo del "ángel del hogar" y la censura de la práctica y consumo literario femenino como "antipatriótico" (afrancesado y debilitador de la calidad del corpus literario nacional) el *establishment* cultural de la Restauración trataba de proteger las fronteras textuales/sexuales españolas de la amenaza femenina. Todos los críticos, hasta los más favorables a Pardo Bazán —que la tratan como excepción a su género, es decir, como escritora viril—, mostrarán en algún momento su recelo hacia esta mujer que había transgredido el ideal de domesticidad con el que se trataba de controlar socialmente a la mujer española. Hemos visto en la introducción cómo la crítica arrastró por largo tiempo este estigma decimonónico.

En el caso gallego ocurre algo similar, si bien en términos diferentes determinados por su condición de nacionalidad periférica: el proceso de creación de una literatura nacional gallega se concibe como el dominio masculino de un discurso femenino (simbolizado en el dúo Murguía/Rosalía de Castro). De esta forma se expresa a un tiempo la subalternidad gallega (su feminidad) y la necesidad de asumir, de apropiarse de esa subalternidad como forma de identidad diferenciadora de la metrópolis castellana: hacerse hombres a través del dominio femenino. La narrativa realista ("masculina") y la "performance" pública de Pardo no respondían a estos esquemas genéricos. Si en el caso español se le acusaba de "mala española" por ser mujer y por tanto afrancesada e inconstante, en el gallego se cuestiona su galleguidad por su falta de feminidad, es decir, por no ajustarse al esquema de mujer sumisa, doliente y resignada que se había propuesto ya como imagen de Galicia en la persona de Rosalía de Castro. A la luz de las correspondencias entre estos dos casos, sería un proyecto revelador el realizar un análisis comparativo de los roles sexuales que se asignan a las literaturas metropolitanas/periféricas en otras áreas geográficas, del mismo modo que yo lo he hecho con España/Galicia, para poder extraer conclusiones acerca de la relación entre literatura, nacionalismo(s) y género sexual en un marco global.

La crítica española, especialmente la de Galdós y Clarín, sitúa a los realistas españoles dentro de lo que es habitual en el nacionalismo cultural decimonónico,[1] es decir, como encargados de la misión cultural de restaurar la literatura nacional: devolver a España a la condición de potencia intelectual en el ámbito de la modernidad. Sin embargo, ha sido muy poco estudiada, y creo que sería un camino importante para analizar características peculiares de la novela realista española, como la intensa auto-referencialidad apuntada por Labanyi, el estudiar la hipertrofia de este nacionalismo cultural español. Puesto que los escritores del 68 consideran que la sociedad española no ha logrado constituirse como nación moderna (dado un Estado ajeno a la nación que gobierna, la falta de cohesión social, y sobre todo la falta de público, de mercado nacional para la producción literaria de la nueva clase de intelectuales), proceden a imaginar esa nación posible a través de la novela realista. En el nivel simbólico, el realismo suponía modernización, diálogo en pie de igualdad con la novela nacional que entonces estaban produciendo los líderes europeos, Inglaterra, y sobre todo Francia, y, lo que era más importante para el discurso nacionalista dominante, se vinculaba y reproducía en el simulacro textual la época imperial de hegemonía política y cultural española, el "Siglo de Oro," del que éste sería una continuación o "edad de plata." En el nivel económico, la novela realista trataba de recuperar un mercado nacional que estaba siendo inundado por las producciones francesas; y reivindicaba el oficio de escritor —que amenazaba proletarizarse por el sistema de entregas, véase el caso del galdosiano Ido del Sagrario— como profesional liberal en el marco nacional; es decir, justificado y prestigiado por su papel de conciencia crítica y embajador cultural de la nación. En el nivel poético, la autoridad del texto realista, aparentemente transparente, autónomo, conducido por un narrador impersonal y omnisciente y una causalidad inflexible, funciona como simulacro de una nación que se quería, como el texto, "viril," completa, autosuficiente. Esta masculinidad poética del texto-nación realista consiste en una capacidad de posesión ontológica de la cual se consideraba que carecía la difusa, relativizante, subordinada e incompleta condición femenina.

La investigación sobre el estatus conflictivo de la representación de la mujer en la novela realista recibe un nuevo enfoque a la luz de esta consideración de la novela como metonimia nacional y la necesidad de legislar el acceso a esta nación textual. Al estudiar la reacción crítica a Pardo Bazán, la resistencia a la autoría femenina y el tipo de crítica que se le depara (afrancesada, seguidora de modas, imitadora incapaz de llegar a las esencias nacionales, en una palabra, "mala española") es posible ver el mismo tipo de discurso —entrelazando economía y ontología— que subyace en la representación textual femenina de los escritores del realismo: la mujer suponía un peligro para la constitución del "ser" nacional por una indefinición fundamental que le llevaba a construirse a través de la adquisición de lo "otro" material, el placer del lujo que viene de fuera, ya sean trajes, folletines o modas novelísticas afrancesadas.

El análisis de su obra crítica del periodo de militancia realista/naturalista permite establecer una teoría del por qué decidió Pardo Bazán abrazar la novela realista y pasar a un primer plano en esa cultura masculina, aunque ello le supusiera su cuestionamiento como "buena española." Con este análisis de su crítica he tratado de ahondar en los fundamentos teóricos de la insolidaridad femenina de Pardo Bazán (su desdén hacia la comunidad de "literatas"), sobre la que con frecuencia ha llamado la atención la crítica feminista. Mi conclusión es que el mismo esquema de pensamiento que rige su concepto de realismo es el que estructura tanto su nacionalismo como su feminismo, y es lo que le permite conciliarlos teóricamente. La poética realista que propone Pardo en sus ensayos críticos consiste en una tensión dialéctica continua, una circulación permanente entre naturaleza y cultura, realidad e ideal, oralidad y escritura, instinto e interpretación; el texto realista no se encuentra ni en un extremo ni en el otro, sino que es un proceso de mutua complementación.

Es posible extraer la misma lectura de sus textos teóricos sobre la nación. La nación para Pardo sería una fuerza transhistórica que tiene un origen natural (es un instinto, una presencia inefable) pero que sólo es expresable a través de su racionalización (textualización). De nuevo, la nación no está ni en el punto de partida instintivo ni el producto final (en el caso que interesa a Pardo, claro está, su textualización en la novela realista), sino en el proceso que va de uno a otro, y que se basa en una filosofía de la historia similar al *ricorso* de Vico (la posibilidad de las naciones de elaborar intelectualmente sobre sus etapas de origen como forma de perfeccionamiento).

Finalmente, cuando en los años 90 Pardo reflexione en especial sobre la mujer y su lugar en la nación (en especial en dos textos clave, "La mujer española" y "La educación del hombre y la mujer"), su ideal de mujer nueva se corresponderá con este esquema dialéctico y se intersecta con el proyecto nacional y el proyecto literario. La mujer nueva que contribuiría a la renovación de la nación es aquella capaz de conservar la inocencia e instinto nacional del pueblo dentro de un modelo de cultura masculino hegemónico en la sociedad, y moverse estratégicamente, como la propia Pardo, entre la preservación de la pureza nacional (no corrupta por la política) que le da su condición de mujer (igual al pueblo en su autenticidad nacional) con la abstracción y razonamiento que Pardo asocia a la cultura masculina (elite del espíritu, aristocracia intelectual).

Así pues, en este "orden de las cosas" de Pardo, Galicia será "la tierra," el soporte natural del que Pardo parte para elaborar su producto cultural de dimensiones nacionales. La tierra, la naturaleza, la provincia, lo femenino, son para Pardo equiparables, e inviables por sí solos para la construcción de la nación. Esta actitud va a ser determinante en la formación del pensamiento literario-nacional gallego. Vimos en el segundo capítulo como Manuel Murguía, máximo representante del regionalismo gallego, reacciona contra lo que considera provincianización de Galicia por la famosa novelista, y, estableciendo las reglas genéricas de una literatura gallega todavía en formación, decide expulsar de ella a Pardo por mala mujer (al tratar de escribir como los hombres pierde la poesía y sentimiento propios de lo femenino), y por tanto mala gallega. Pese a que los argumentos que se dan desde una perspectiva contemporánea son la diferencia lingüística e ideológica, el problema de género reaparece significativamente en la crítica gallega sobre Pardo hasta avanzadas fechas.

Sin embargo, pese a todos los esfuerzos esencializadores del nacionalismo, es obvio que la nación nunca puede existir *per se*, sino dentro de un sistema de relaciones; siguiendo presupuestos postestructuralistas, ningún elemento de un sistema significa nada en sí mismo, sino en su relación con los otros. Lo que se cree genuino y único está siempre habitado por rastros, huellas, fantasmas del otro, que pueblan y constituyen la identidad fantasmática del supuesto elemento individual, que nunca "es" más que por diferir y deferir de los otros. Para que la nación se pueda definir como tal es imprescindible que exista su otro o sus otros dentro de un sistema global que obliga a una opción entre un "nosotros" y un "ellos." La exposición a la otredad, y no el "ser-uno-mismo," duro, impenetrable, monolítico, es condición indispensable para que pueda constituirse un sujeto nacional; quien no tenga tal conciencia no es más que objeto, creación o excusa de la nación, pero nunca un sujeto activo. A esta conclusión llegó, con una lucidez poco frecuente en el nacionalismo (no en balde teme sea una "blasfemia" que no debe ser revelada), el poeta gallego Manuel Antonio en una carta a Castelao:

> Eu non sei si vou dicir unha blasfemia; si é caso, non ll'o contes a ninguén: non teño pol-o o pobo isa ademiración e respeto pechado que teñen todol-os nazoalistas e aínda os simplesmentes galeguistas. O pobo fala galego porque non sabe falar castelán e beila a muiñeira (cando beila) porque non sabe beilar o foxtrot [...] (nós) falamos galego inda que seibamos falar ingrés, beilamos a muiñeira inda que seibamos o fox-trot, somos *nosos* podendo ser *alleos*. A virtude d'o pobo, xeneralmente, é a virtude d'o presidiario, que non rouba nin mata porque non pode saír d'a cadea; e nós somos homes honrados n-o medio d'a rúa. (en Tarrío 250)

> Yo no sé si voy a decir una blasfemia: si éste es el caso, no se lo cuentes a nadie: no tengo por el pueblo esa admiración y respeto cerrado que tienen todos los nacionalistas y aún los sim-

> plemente galleguistas. El pueblo habla gallego porque no sabe hablar castellano y baila la muiñeira (cuando baila) porque no sabe bailar el fox-trot [...] (Nosotros) hablamos gallego aunque sabemos hablar inglés, bailamos la muiñeira aunque sepamos el fox-trot, somos *nuestros* pudiendo ser *ajenos*. La virtud del pueblo, generalmente, es la virtud del presidiario, que no roba ni mata porque no puede salir de la cárcel; y nosotros somos hombres honrados en el medio de la calle. (mi traducción)

La blasfemia que confiesa Manuel Antonio consiste en su descubrimiento del carácter necesariamente arbitrario del "ser nacional." Ese "ser *nuestros* pudiendo ser *ajenos*," el situarse "en el medio de la calle" frente a los que permanecen en la "cárcel" del provincialismo, en resumen, el ser cosmopolita, versátil, abierto, es lo que, heréticamente, posibilita la construcción del sujeto nacional.

A una conclusión parecida parece haber llegado Pardo al adentrarse en su fase modernista. Su última novela, *Dulce dueño*, es la única que es narrada en primera persona por una protagonista femenina que es además autora del texto dentro del marco de la ficción novelística. En mi análisis propongo que la superación del Realismo por el Modernismo, con la desestabilización de estructuras de género y de identidad nacional que este movimiento supone, permite a Pardo una radicalización en sus postulados en torno a la mujer y la nación. Su estrategia mimética le acerca ahora, auspiciada por el énfasis en la espiritualidad del discurso modernista, al misticismo de raigambre nacional (Santa Teresa como principal referente), generando por primera vez en su trayectoria lo que podría, en términos de las teorías feministas de la diferencia, conceptualizarse como una "escritura femenina," a la vez que procede a una nacionalización del internacionalismo modernista. De nuevo, es la mujer, y ahora una escritura marcada como claramente femenina, la que trae modernidad y nuevas posibilidades representativas para la nación.

La presencia de Pardo Bazán tanto en el medio cultural gallego como en el metropolitano español fue sin duda catalizadora; como lo demuestran los ásperos comentarios de los escritores de 1868 o la saña del texto de Murguía, la transgresión por Pardo de límites sexuales y nacionales (al tratar de armonizarlos resemantizándolos en un pensamiento dialéctico) obligó a la institución crítica masculina a consolidar esos límites, a "ajustar las cuentas" de la literatura española y de la gallega. Sin embargo, la propuesta mucho más radical que presenta en *Dulce dueño* pasó desapercibida. Pardo Bazán, o bien llega tarde, o se anticipa en exceso a la hora de querer sumarse y construir una tradición literaria femenina nacional. Que la literatura nacional es una construcción masculina continúa siendo hasta hoy una realidad prácticamente ineludible.

Notas

Introducción

1. A una conclusión similar llega el conocido estudio de Eric Hobsbawm *Naciones y nacionalismo desde 1780*, en el que afirma que no existen las naciones, sino el nacionalismo.

2. Término que Sánchez-Llama adopta del hispanista inglés James Fitzmaurice-Kelly, quien en fecha tan temprana como 1898 "engloba esas prácticas culturales [la prosa realista no moralizadora que se desarrolla en España desde 1868] bajo el término de *manly realism* ("realismo varonil") en claro contraste a los tonos didáctico-sentimentales que mediatizan, según el crítico, las letras españolas durante el periodo isabelino" ("El 'varonil' realismo" 37).

3. "Up until quite recently theoretical writing on nationalism ignored, overlooked, or marginalized the issue of gender. But over the past fifteen years this 'silence' has been irreversibly ended by a vast new corpus of feminist scholarship and theorizing" (Anderson, Introduction, *Mapping* 12).

4. Una selección de ejemplos de este tipo de estudio la encontramos en el libro editado por Anthias y Yuval-Davis, *Woman-Nation-State*.

5. Sobre esta noción de la "performance" femenina del XIX español como forma de ocupación del espacio público más allá de la literaria (siendo la "virilización" de la literatura una reacción de la ansiedad masculina, que trata de reservarse así un ámbito público de actuación —que será transgredido por Pardo—), ver el sugerente ensayo de Gabilondo, "The Subaltern Cannot Speak but Performs."

6. Con "escritura femenina" entre comillas me referiré en adelante a la noción de *écriture féminine* desarrollada por Cixous.

7. Véase el excelente estudio de Stephanie Sieburth sobre *La desheredada* de Galdós en *Inventing High and Low* sobre la definición en términos de masculino/femenino de la alta y baja cultura española del XIX.

8. Sobre la construcción del canon en el XIX y el tratamiento de las escritoras canónicas decimonónicas (especialmente Pardo Bazán) en las historias de la literatura, ver Ezama Gil. Para un brillante resumen del lugar de Pardo en la crítica de la primera mitad del siglo XX, ver Martín Ezpeleta.

9. A una conclusión similar llega Leda Schiavo en su prólogo a la colección de ensayos feministas de Pardo *La mujer española* (Madrid, 1976).

10. Sobre este aspecto de sus "Apuntes autobiográficos," ver el artículo de Elizabeth Ordóñez, "Passing Notes" y mi articulo "Maravillosas supercherías."

11. Aunque había títulos de nobleza entre sus antepasados, la de su familia no se trataba de una posición aristocrática consolidada. El título de conde de su padre era de origen papal y no transferible; no es hasta 1908 que el rey Alfonso XIII le concede el título definitivo de condesa de Pardo Bazán en razón de sus méritos literarios (Bravo Villasante, *Vida* 358). Es posible detectar una cierta inseguridad de Pardo respecto a su posición social en su habitual desdén hacia la mujer de clase media y exaltación y defensa de la aristocrática (así en "La mujer española").

12. Sobre el desarrollo de su relación epistolar con Machado y Álvarez y datos sobre la relación ambivalente de Pardo con el folklore (pese a que su deseo de presencia pública le lleva a querer influir en la organización y publicaciones folklóricas en otras regiones), ver el interesante artículo y colección de cartas de Pardo a Machado publicados por Antonio Deaño Gamallo.

Capítulo Uno
Emilia Pardo Bazán en el nacionalismo cultural de la generación de 1868

1. Sobre la influencia de la filosofía krausista en la revolución de 1868, ver Raymond Carr, *Spain 1808–1975*, pp. 299–304.

2. Para datos específicos sobre la escasa nacionalización de la sociedad española, ver Borja de Riquer, "La débil nacionalización española del siglo XIX"; Javier Corcuera, "Nacionalismo y clases en la España de la Restauración"; y José Álvarez Junco, "The Nation-Building Process in Nineteenth-Century Spain."

3. Jo Labanyi (*Gender and Modernization*) aventura una interesante teoría de origen económico, explicando el mucho mayor nivel de metaficción y auto referencialidad que presenta la novela realista española frente a la europea por ser España el primer país que eliminó el patrón oro que servía de referente al valor del papel moneda.

4. En "En torno al casticismo," Miguel de Unamuno sitúa el auténtico casticismo en el "arte eterno" que representarían obras como *Don Quijote*.

5. Eamonn J. Rodgers describe este panorama de dependencia literaria, al que el propio Galdós no era ajeno: "La mayor parte de los lectores leían traducciones, adaptaciones e imitaciones de novelas francesas, y las traducciones de obras inglesas se hicieron, en su mayor parte, a través de versiones francesas. El mismo Galdós empleó este procedimiento cuando tradujo en 1868 los *Picwick Papers* de Dickens para *La Nación*. Además, un registro de la biblioteca de Galdós revela que adquirió sus conocimientos de la literatura clásica a través de traducciones francesas" (123).

6. Ver, en relación a las letras españolas, el estudio "Gender and Language: The Womanly Woman and Manly Writing" de Maryellen Bieder, sobre la polarización semántica positiva/negativa que adquieren términos como "poeta/poetisa," "literato/literata," literatura varonil/femenina, en la crítica literaria española del XIX. Ver también Martha LaFollette Miller, "The Feminization and Emasculation of Galicia in Valle-Inclán's *Jardín umbrío*" para un análisis de la relación entre sexualidad, poder y nación, en este caso el proceso de feminización (sometimiento) de Galicia.

7. De hecho, esta época se destaca por el gran número de mujeres literatas que tras la generación realista (la "masculinización" de la literatura) cayeron en el olvido. Ver Alda Blanco, "Escritora, feminidad y escritura en la España de medio siglo" en *Breve historia feminista de la literatura española*.

8. Ver mi artículo "La amistad masculina en el siglo XVIII: Género, sensibilidad y nacionalismo."

9. En torno a la falta de rigor de los escritores españoles en el manejo de estos términos, ver la introducción de González Herrán a *La cuestión palpitante* (ed. 1989) 20-41.

10. Pardo Bazán, en su última novela, analizada en el capítulo 4, vuelve también a la literatura del Siglo de Oro, pero para buscar una voz específicamente femenina (el misticismo) compatible con los estándares de "calidad literaria" establecidos por la institución crítica que desarrolla su generación.

11. Rodgers analiza estas aparentes contradicciones del escritor canario como una forma de conciliar extremos que permitiera, tras la sangría de las guerras carlistas, el funcionamiento normal de la sociedad.

12. Este equilibrio resulta muy similar a lo que en política, pese a que se viera como inefectiva y a la larga lo fuera, significaba la Restauración.

13. Sobre la novela burguesa como forma de domesticación y control social y económico de la mujer, ver Nancy Armstrong, *Desire and Domestic Fiction*, especialmente el capítulo 2.

14. Sobre el auge del culto mariano a mediados del XIX y su relación con la ideología del ángel del hogar, ver Catherine Jagoe, *Ambiguous Angels* 28.

15. La venta de propiedades reales en la primavera de 1865 como forma de sanear el erario público, más simbólica que funcional, publicitada como un "gesto" de amor de la ya impopular reina Isabel II hacia su pueblo, sería duramente criticada por los progresistas (sobre todo en el célebre artículo de Castelar, "El rasgo") y sería uno de los factores desencadenantes de la revolución de 1868. Ver Tuñón de Lara, *La España del Siglo XIX* 252–53.

16. Annabel Hord Seeger, trad., *The Mystery of the Lost Dauphin*, 1906.

17. De hecho Pardo Bazán parece haberse identificado con este papel de Porcia, pues así firma muchas de las cartas amorosas que escribe a Galdós.

18. La cita está cargada de francas referencias sexuales, puesto que Pardo había tenido una aventura amorosa con Lázaro Galdiano mientras era amante de Galdós, y se murmuraba que su colaboración en *La España Moderna* había sido determinada por su relación sexual con su director. Ver la introducción de Bravo Villasante a *Cartas a Benito Pérez Galdós* de Pardo Bazán.

19. Para una compilación de estas acusaciones a Pardo, ver Gifford Davis, "Pardo Bazán, Juan Valera, and Literary Fashion."

20. Ver el prólogo de Alda Blanco y Carlos Blanco Aguinaga a su edición de *La de Bringas* de Galdós.

Capítulo dos
Emilia Pardo Bazán en la literatura gallega

1. Ver al respecto los criterios inclusivos establecidos por las introducciones a las historias de la literatura gallega de Tarrío o Vilavedra.

2. Sobre las relaciones de Pardo Bazán con los protagonistas del Rexurdimento, ver el artículo de Varela Jácome, "Emilia Pardo Bazán, Rosalía de Castro y Murguía" (1951), Miller, "Mythical Conceptualizations of Galicia in Murguía and Pardo Bazán; Aspects of Rosalian Context" (1988); Catherine Davies, "Rosalía de Castro's Later Poetry and Anti-regionalism in

Spain" (1984); o Enrique Miralles, "La neutralidad de Pardo Bazán ante el regionalismo gallego: Elusión de una polémica," así como los estudios biográficos de Bravo Villasante, Clemessy, Faus o Acosta.

3. Desde aquí, todas las traducciones de citas en gallego al castellano son mías.

4. Para un buen resumen biográfico-ideológico de Murguía y su importancia en el pensamiento galleguista, ver el prólogo de Beramendi a *Galicia* de Murguía; "la primera piedra del nacionalismo gallego en el plano conceptual" (xv) es, según Beramendi, el "Discurso preliminar" y las "Consideraciones generales" al primer tomo de la *Historia de Galicia,* de 1865.

5. El celtismo, justificación étnica del nacionalismo gallego, ha sido cuestionado y revisado en las últimas décadas. Ver al respecto Máiz y Murado (90–94).

6. Sobre las ambivalencias de los primeros regionalistas en cuanto al idioma o el rumbo político a tomar, ver Varela, *Poesía y restauración*, especialmente las páginas 38 y 46–49, y Rodríguez González 652.

7. Sobre la influencia de la colonia gallego-cubana en el desarrollo del Rexurdimento, ver mi "Emigración, nacionalismo y literatura."

8. Sobre los Juegos Florales como manifestaciones culturales del regionalismo (de lo que es consciente y participa la propia Pardo), ver Sotelo Vázquez 720.

9. Estrictamente hablando, el primer libro de poesías en gallego es el de Juan Manuel Pintos, *A gaita gallega*, de 1853, pero no tuvo solución de continuidad.

10. Para una nómina completa de los pensadores y escritores del Rexurdimento, ver Fernández del Riego, *Pensamento galeguista do século XIX* o José Luis Varela, *Poesía y restauración cultural de Galicia en el siglo XIX.*

11. Aunque la acción de *Insolución* y *Morriña* tiene lugar en Madrid, el carácter gallego de los protagonistas, así como la contigüidad ficcional con el mundo novelístico de los pazos de Ulloa que supone la presencia de Gabriel Pardo, son fundamentales en el desarrollo de la trama.

12. Esta sociedad estuvo a punto de convertirse en la primera Academia Gallega, pero se malogró debido a los enfrentamientos entre sus presidentes honorarios, Pardo Bazán y Murguía. (Ver Ricardo Carballo Calero, *Historia de la literatura gallega contemporánea* 1: 149).

13. Documento en los archivos de la Casa Museo de Emilia Pardo Bazán en A Coruña.

14. Sobre la hostilidad madrileña a la producción regionalista, ver Francesc Fombona, "Cataluña en la dinámica centro-periferia del arte español moderno."

15. E incluso estos criterios no están totalmente consolidados. Ver Henderson sobre la presencia del lusismo como posibilidad lingüística en la política identitaria actual en Galicia.

16. Polémica con Valera en *La Voz de Galicia* en 1896 ("A Don Juan Valera"). Siguiendo pautas propias de la secular política racial peninsular, Murguía sitúa al gallego en el ámbito ario, siendo por ello superior al castellano, "contaminado" por el semitismo árabe.

17. "Língua distinta, díxose sempre, distinta nacionalidade. Sentíndoo así Galicia, tívose constantemente por nación de feito" (Fernández, del Riego, *Pensamento* 101; "Lengua distinta, se dijo siempre, distinta nacionalidad. Sintiéndolo así Galicia, se tuvo constantemente por nación de hecho"; mi traducción). "[A]sí como es cierto que lengua distinta acusa diversa nacionalidad, así se necesita conservar su lengua para que la nacionalidad persevere" (Murguía, *Los precursores* 140–41).

18. Recordemos la famosa carta de Rosalía en la que esta se niega en redondo, pese a la petición de Murguía, a volver a escribir en gallego (*Obras completas* 1563–65).

19. Ver, por ejemplo, los brutales cuentos ambientados de Pardo en el medio rural gallegos "La ganadera" o "Las medias rojas."

20. Sobre el papel de los nombres propios en la creación de una "verdad ficcional" en la novela realista, ver Riffaterre, *Fictional Truth*.

21. Varela Jácome afirma que Vilamorta "reúne las suficientes precisiones objetivas para identificarla, sin duda, con la próspera villa orensana de Carballiño" (*Estructuras novelísticas* 23). Así mismo, desde la aparición de la novela, el personaje de Segundo García se interpretó como una caricatura del poeta Curros Enríquez, una de las supuestas causas del rencor de Curros hacia la condesa (Rodríguez González 656)

22. Ver la introducción de Pardo a la traducción española de *La esclavitud femenina* de Mill, en la colección de artículos feministas *La mujer española* editada por Schiavo, y el ensayo de Elizabeth Ordóñez, "Revising Realism: Pardo Bazán's *Memorias de un solterón* in Light of Galdós's *Tristana* and John Stuart Mill."

23. Ronald Hilton en "A Spanish Francophile: Emilia Pardo Bazán" afirma que Pardo Bazán fue "a distinguished interpreter of French culture" y "she became one of France's most enthusiastic supporters" (241). De hecho, la propia Pardo cuenta en sus "Apuntes autobiográficos" que la primera literatura contemporánea con la que tuvo contacto en profundidad fue la francesa, y sólo más tarde descubrió a los autores españoles de su época.

24. Nelly Clemessy sobre la lucha de Pardo contra el chauvinismo español en "Emilia Pardo Bazán et les littératures étrangères."

25. Carta inédita dirigida a don Plácido Castro (intelectual pro-galleguista), fechada en Madrid el 16 marzo 1927 (Archivo del Monasterio de Poio, Pontevedra).

26. Su tratamiento de la literatura *en* gallego es un tema aparte, como veremos en el próximo capítulo.

27. La Galicia Literaria es un grupo de intelectuales gallegos residentes en Madrid, entre los que se encontraban Curros Enríquez, Vesteiro Torres y Francisco Añón.

28. Sobre la provincia como un miembro castrado y feminizado de la metrópolis, ver Miller, "The Feminization and Emasculation of Galicia in Valle-Inclán's *Jardín umbrío*."

29. Sobre la total y paralizante dependencia intelectual de Madrid, ver el apartado sobre el desarrollo artístico de Galicia en el XIX en *Centro y periferia en la modernización de la pintura española* ("Galicia; Regionalismo, nacionalismo y nuevos lenguajes" de María Victoria Carballo-Calero Ramos), especialmente 314.

30. Breogán es un caudillo celta, fundador mítico de Galicia.

31. Pierre Vilar y Borja de Riquer han estudiado como el nacionalismo catalán cobra fuerza especial a partir de la derrota de 1898, cuando España pierde definitivamente todo carácter de "potencia," y empieza a ser percibida más como una rémora, incapaz de coordinar y liderar las fuerzas nacionales, e inferior por tanto a la moderna y "europea" Cataluña. Ver Vilar, "Estado, nación, patria en España y en Francia. 1870–1914," en especial 38–39, y Borja de Riquer, "La débil nacionalización española del siglo XIX."

32. Sobre el sentimiento vasco de superioridad sobre el resto de los pueblos peninsulares por su antigüedad, nobleza y pureza, ver el libro de Jon Juaristi, *Vestigios de Babel.*

33. "Forgetting, I would go even so far as to say historical error, is a crucial factor in the creation of a nation, which is why progress in historical studies often constitutes a danger for [the principle of] nationality" (Renan, "What Is a Nation?" 11).

34. Sobre el costumbrismo como estrategia literaria de transición en el proceso de creación de la nación moderna, ver Kirkpatrick, "Ideology of Costumbrismo," y Montesinos, *Costumbrismo y novela.*

35. Aunque críticos como Homi Bhabha, Benedict Anderson o Doris Sommers han consagrado la fórmula de la nación como narración, o la narración de la nación, privilegiando la novela como forma de literatura nacional, la poesía es igualmente susceptible de convertirse en forma nacional, y más en el caso de Galicia, que, caracterizada por el espacio —geografía y naturaleza— y no por el tiempo —historia— se construye como nación lírica o elegíaca (estática) por excelencia.

36. Según Benveniste, "morphological relationships which are clear and of a well known type attach *regio* and *rectus* to the root of *rex*" (309).

37. He consultado este texto "Cuentas ajustadas" de Murguía en su forma manuscrita (recortes del periódico completados por la mano de Murguía) en los archivos de la Real Academia Gallega en La Coruña. Referencias amplias a este texto se encuentran en los artículos de Varela Jácome "Emilia Pardo Bazán, Rosalía de Castro y Murguía," y Juan Paredes Núñez, "Rosalía de Castro y la poesía regional gallega."

38. Murguía alaba en la prosa de Valle su "gracia femenil," auténticamente gallega por estar impregnada de sentimiento (en Miller, "Mythical Conceptualization" 270).

39. Este deseo de virilización de la literatura gallega es casi obsesivo en Pondal, y le lleva incluso a reprimir la existencia de Rosalía como hito fundacional; así en su poema "A derradeira voluntade" pide que le entierren en A Coruña, "a cabo do insigne Curros, / ya que a d'él y-a miña musa / a fala de Breogán / fixeron nobre e robusta" ("al lado del insigne Curros, / ya que su musa y la mía / hicieron la lengua de Breogán [el gallego] / noble y robusta").

40. Geoffrion-Vinci entiende la santificación de Rosalía por Murguía como forma de hacer más pasable el carácter revolucionario, nacionalista y feminista de la escritura de su esposa, que en cartas a Murguía muestra además su resentimiento por lo que siente como abandono y falta de amor de su esposo.

41. Citado de la polémica que Murguía mantiene con Valera en *La Voz de Galicia,* a causa de que éste hubiera rebajado el gallego a la categoría de dialecto, en lo que Murguía veía la mano de Pardo ("A Don Juan Valera").

42. También Curros Enríquez, que se había sentido menospreciado por Pardo, la representa como encarnación de la envidia en *O Divino Sainete,* donde aparece royendo trozos de Murguía, riéndose de Rosalía —"Valente choromiqueira" (276)—, y negando la existencia de un renacimiento gallego.

43. En mi artículo "Conocimiento y poder," propongo que Pardo abraza irónicamente esta incapacidad de conocer de la que le acusa el regionalismo para poner punto y final a su etapa de novela regional con su última novela de protagonistas gallegos, *Morriña.*

Capítulo tres
Mujer, nación y literatura: Emilia Pardo Bazán y el proyecto de novela nacional del realismo

1. Carta fechada en A Coruña, a 2 de agosto de 1885; publicada por Sánchez Reyes en el *Boletín de la Biblioteca Menéndez Pelayo.*

2. Pardo, "Prefacio a *Cuentos de amor*" 1213. El cuento al que se refiere es "La perla rosa." Pardo descubrió que un cuento similar había sido escrito por el francés Tinseau cuatro años antes.

3. Marisa Sotelo, que realiza un excelente análisis sintético de la crítica pardobazaniana, está también de acuerdo con la afirmación de Gullón.

4. Se ha considerado a menudo a Pardo como una adelantada a su época, capaz de percibir como nadie las nuevas tendencias estéticas que estaban en el aire. Así Laureano Bonet relaciona su concepto de instinto y cultura con las vanguardias del XX. Ronald Hilton, José Rubia Barcia y Guillermo de la Torre, entre otros, la han asociado con el espíritu no ya sólo del regeneracionismo, sino de la Generación del 98, vinculándola especialmente a su admirador Unamuno, así como con el modernismo y decadentismo (Sotelo, Kirkpatrick, Mayoral, etc.).

5. Ver especialmente "La mujer española" y "La educación del hombre y la mujer" y otros artículos feministas recopilados por Leda Schiavo en *La mujer española.* Sobre su inquina hacia el sistema político parlamentario en España, ver sobre todo "Con una alemana," en el mismo libro, y "Feminismo: Las mujeres francesas han obtenido el voto" en *Crónicas en "La Nación" de Buenos Aires (1909–1921).*

6. Clemessy y Varela Jácome coinciden en fechar esta novela policíaca/sicológica sobre una red internacional de traficantes de obras de arte entre 1911, fecha del cuento que fue su origen ("La gota de sangre"), y 1913, fecha en que se recuperó *La Gioconda,* de cuyo robo se hace mención en la novela.

Ver Clemessy, "*Selva* de Emilia Pardo Bazán. Una tentativa frustrada de novela policíaca"; y Varela Jácome, *Estructuras novelísticas.*

7. Sobre el cambio que determina en la novelística de Pardo este contacto con el naturalismo francés, ver Hemingway 8–16; Pattison 38–41, 89 y 99–105; Clemessy, *Emilia Pardo Bazán como novelista* 1: iv–v, 21; Bravo Villasante, *Vida* 62; Varela Jácome, *Estructuras novelísticas* 29–49.

8. Con los que se ve formando un sólido grupo, como patentiza su lista de "piratas" realistas, la tripulación que le acompaña en la singladura de la renovación novelística, en la contestación en "Bandera negra" a uno de los ataques a su *La cuestión palpitante.* La lista que da en esta "coletilla" de 1884 se compone de ella misma, Galdós, Pereda, Palacio Valdés, Ortega Munilla y otros, a los que añade como "en proceso de conversión" a Menéndez Pelayo, Núñez de Arce y Campoamor (Pardo, *Obras Completas* 2: 650–51).

9. Sobre el romanticismo en Pardo Bazán, ver Noël Valis, "Pardo Bazán's *El Cisne de Vilamorta* and the Romantic Reader"; Varela Jácome, "Romanticismo en tres novelas de Emilia Pardo Bazán" y *Estructuras novelísticas* 15–26; y Patiño Eirín, "*El Cisne de Vilamorta* de Pardo Bazán: Los mimbres románticos de su realismo."

10. David Lloyd en *Anomalous States: Irish Writing and the Post-Colonial Moment* relaciona también la noción de estilo nacional con la de verosimilitud: "What is at issue here [en la creación de un estilo nacional] is effectively a matter of "verisimilitude": which narrative of 'Irishness' comes to seem self-evident, normative, truthful" (6).

11. Ver Elaine Showalter, "The Veiled Woman," en *Sexual Anarchy* 144–68, para la relación entre sexualidad y epistemología en la concepción romántica de la imagen del velo y el desvelamiento.

12. Heidegger en "The Origin of the Work of Art" (en *Poetry, Language, Thought*) afirma que: "for the reliability of the equipment first gives to the simple world its security and assures to the earth the freedom of its steady trust" (34). Más adelante concluye que "[t]he equipmental quality of equipment" (35) se descubre, como en el caso de los zapatos de campesino pintados por Van Gogh, a través de su extrañamiento (su no-uso) en la obra de arte: "The art work lets us know what shoes are in truth" (35).

13. La Nación pardobazaniana es equiparable a la Naturaleza de Rousseau en el hecho de que, según la lectura de Derrida: "have always already escaped, have never existed; that what opens meaning and language is writing as the disappearance of natural presence" (*Of Grammatology* 159).

14. Como ya vimos que había propuesto Galdós en su ensayo de 1870 "Observaciones sobre la novela contemporánea en España."

15. Laureano Bonet, relacionando *La madre naturaleza* con la teoría estético-metafísica del "no sé qué" de Feijoo, recuerda como ésta consiste en la "reacción del espectador ante la naturaleza y el arte por el 'primor misterioso' que contienen ambos, el cual a la vez 'lisongea el gusto,' y 'atormenta el entendimiento,' 'palpa el sentido' y 'no puede descifrar la razón' (Benito Gerónimo Feyjoo y Montenegro, 'El no sé qué. Discurso XII,' *Theatro crítico* *universal*, tomo 6, Real Compañía de Impresores, Madrid, 1777, p. 367)" (Bonet 51).

16. En *La madre naturaleza*, Pardo expresa dialógicamente las ideas de Feijoo a través de la ebriedad visionaria del atador de Boán: "La co ... la cosa grande ... se ríe de todo, sí señor, de todo ... Allá anda, carraspo ... haciendo burla a quien nace ... y a quien muere ... y a los que buscamos las mo ... mozas de rumbo ... ¡juy! La cosa ... g ... gran ... no nació en jamás ... ni se ha de morir ... Buena gana tiene ..." (30).

17. En la "Presentación," del *Nuevo Teatro Crítico* 1: 10.

18. Véase, por ejemplo, el objetivo que Pardo se propone en el texto de *La Tribuna*: "pintémosle [al pueblo], si podemos, tal cual es, huyendo del *patriarcalismo* de Trueba como del socialismo humano de Sue, y del método de cuantos, trocando los frenos, atribuyen a Calibán las gracias seductoras de Ariel" (Prólogo 58). El escritor realista adquiere su autoridad al proclamar su objetividad, presenta la verdad tal cual es.

19. Bravo Villasante confirma esta fijación de Pardo: la autora había "exaltado su patriotismo hasta convertirse en obsesiva enfermedad" ("El patriotismo de doña Emilia Pardo Bazán" 146).

20. Ver, para el caso de Inglaterra, el estudio de Nancy Armstrong en *Desire and Domestic Fiction*, y Showalter, "The New Woman," en *Sexual Anarchy* 39–58, sobre el conflicto que surge entre este modelo de domesticidad y el modelo de "Nueva mujer" (independiente y cultivada) que aparece desde 1880.

21. Este es uno de los tres sonados discursos de la campaña regeneracionista de Pardo, en los que discute el pasado y el porvenir de la nación española. El primero fue "La España de ayer y la de hoy," en la Sorbona (1899), el segundo el del Ateneo de Valencia, y éste tuvo lugar en los Juegos Florales de Orense en los que oficiaba de mantenedora. Sotelo Vázquez ha hecho un magnífico análisis de este discurso y sus premisas regeneracionistas ("Emilia Pardo Bazán mantenedora").

22. Copia impresa, sin paginación, del "Discurso leído por Dª Emilia Pardo Bazán en los Juegos Florales de Orense el día 7 de junio de 1901," existente en la Biblioteca de la Fundación Penzol en Vigo.

23. Como dejó dicho en uno de sus artículos recogidos en *La vida contemporánea*, para Pardo "[l]o único valedero, en cuestiones sociales, no es la opinión pública; es el grado de cultura; aquí está el busilis" (190). Pardo Bazán se sitúa plenamente dentro de lo que John Hutchinson ha definido como "nacionalismo cultural": "For a cultural nationalist [...] the glory of a country comes not from its political power, but from the culture of its people and the contributions of its thinkers and educators to humanity" (124)

24. La mayoría de ellos han sido recogidos por Leda Schiavo en *La mujer española y otros artículos feministas* y por Guadalupe Gómez-Ferrer en *La mujer española y otros escritos*. Las cuestiones feministas son un tema frecuente de Pardo en su columna de comentario social *La vida contemporánea*, publicada en *La Ilustración Artística* entre 1886 y 1915, así como en las crónicas con las que colaboraba en *La Nación* de Buenos Aires (1909–21). Además de en su narrativa corta, que por su enorme abundancia sería imposible compilar aquí, y aunque el feminismo siempre está presente de alguna forma en su ficción, sus novelas de signo abiertamente feminista son las que corresponden al *Ciclo de Adán y Eva* (*Memorias de un solterón,* 1891, y *Doña Milagros,* 1894) publicado en estos años de dedicación especial a la cuestión femenina.

25. Ver también los artículos de Bieder, "The Female Voice: Gender and Genre in *La madre naturaleza,*" "Plotting Gender, Replotting the Reader: Strategies of Subversion in Stories by Emilia Pardo Bazán," "Between Genre and Gender: Emilia Pardo Bazán and *Los pazos de Ulloa.*"

26. En el *Nuevo Teatro Crítico* (Marzo 1891, 3), 3: 61–74. Pardo vuelve a batallar sobre "la cuestión académica" (la no admisión de miembros femeninos en las Reales Academias, empezando por ella en la de la Lengua), y pide a C. Arenal que se presente a la Academia de Ciencias Políticas "a donde la llaman su vocación y su labor, varoniles en la más pura acepción de la palabra," pues "al sostener su derecho sostiene el de la mujer del porvenir" (71).

27. *La España Moderna* era una revista fundada por el mecenas Lázaro Galdiano, en la que Pardo funcionaba de directora oficiosa. La meta de la revista era ser a España lo que la *Revue des Deux Mondes* era a Francia, una reflexión interior a la vez que una ventana a la cultura europea. Sobre el significado de esta revista en la vida cultural española, ver Raquel Asún, "El europeismo de *La España Moderna.*"

28. Maurice Hemingway (*Emilia Pardo Bazán: The Making of a Novelist*) y Mariano Baquero Goyanes (*La novela naturalista española: Emilia Pardo Bazán*) han estudiado las estructuras sintácticas y los recursos retóricos propios del realismo/naturalismo en la escritora gallega.

29. El incesto es significativamente (por su importancia en la dialéctica naturaleza/cultura que tanto interesaba a la autora) un tema recurrente en la novelística de Pardo Bazán; ver al respecto "Incest in the Novels of Emilia Pardo Bazán" de Alfred Rodríguez y Socorro Velásquez, y una interpretación deconstruccionista de la figura del incesto en Diana F. Urey, "Incest and Interpretation in *Los pazos de Ulloa* and *La madre naturaleza.*"

30. Documento inédito en el Archivo de la Casa-Museo de Pardo Bazán en A Coruña.

31. En carta a Menéndez Pelayo, Pardo describe este dualismo: "De otra parte a mí no me ha llenado (hasta hoy) el alma ningún filósofo, ni sistema alguno; y por eso me parece que me inclino al *misticismo* de tejas arriba y al *positivismo* de tejas abajo" (González Herrán, "Emilia Pardo Bazán en el epistolario" 128).

32. Sobre Feíta como "mujer nueva," ver Charnon-Deutsche, *Gender and Representation.*

33. Esta ética de la conciliación de Pardo, ya estudiada por Elizabeth Ordóñez a la luz de las teorías de Carol Gilligan en *In a Different Voice,* se produce también a nivel de ideología política, abogando la escritora por la unión de tradición y progresismo como base de construcción nacional. En la crónica de su viaje a Roma, *Mi romería,* la escritora, tras su encuentro con el pretendiente carlista en Venecia, declara: "Interpreto pues este doble fenómeno —una Vieja España impotente para triunfar, una Nueva España incapaz de aprovechar el triunfo,— como prueba de que a ninguna de las dos aisladas, sino a las dos reconciliadas y unidas, toca remediar los males contemporáneos y abrir los gloriosos horizontes venideros" (201).

Capítulo cuatro La problematización del proyecto nacional realista en la novela modernista de Pardo Bazán: Hacia una escritura y canon nacional "femeninos"

1. Una primera versión de este capítulo apareció con el título de "Mimetismo, misticismo y la cuestión de la escritura femenina en *Dulce Dueño* de Emilia Pardo Bazán" en *La Tribuna* 4 (2006): 153–54; agradezco a la dirección de la revista el permiso para incluirla aquí.

2. González Herrán ("Emilia Pardo Bazán ante el 98") ha recordado el paralelismo en preocupaciones, temas y estilo entre la llamada generación del 98 y las obras de ficción y ensayísticas de Pardo contemporáneas al desarrollo de este grupo de escritores. Una parte importante de la crítica, sin embargo, rehúsa hablar en términos de 98 y lo descarta para hablar de simplemente una manifestación española de un movimiento internacional de inquietud neoespiritual conocido como modernismo (Litvak, *El modernismo* 12). Para una refutación drástica del término "generación del 98" como invención de la historiografía franquista, ver Blasco, "El 98 que nunca existió." La existencia de una diferencia entre los escritores españoles de fin de siglo que es posible determinar por medio de la etiqueta 98 sigue siendo mantenida hoy en día en artículos como "Sociólogos contra estetas" de Dobón, o "More about Abulia," de Donald Shaw.

3. Para un excelente y completo resumen de la crítica de Pardo sobre el decadentismo y su evolución al respecto, ver Kronik.

4. Debe constatarse que la actitud receptiva de Pardo se debió también en gran medida a que el modernismo encajaba muy bien con su elitismo cultural —como correctamente identifica Bardavío-Estevan (295)—, y con el afán que a lo largo de su carrera muestra por defender la independencia de la profesión de escritor por encima de cuestiones morales o de utilidad práctica (así en su carta a Fray Conrado Muiños, citada en el capítulo anterior). Sobre el modernismo como movimiento con suficiente capital simbólico-cultural como para convertirse en campo literario independiente, ver el ensayo de Jeff Browitt, "Modernismo, Rubén Darío, and the Construction of the Autonomous Literary Field in Latin America."

5. "Cerca del bulto de bronce de Cervantes, ¡castizo bulto! Me cruzo, casi a la puerta de mi domicilio, con las hijas del Juez, las que me ponían motes" (Pardo, *Dulce dueño* 134).

6. Tolliver ha analizado la coexistencia de una doble voz, femenina y masculina, en una serie de cuentos de Pardo. Tolliver reconoce que Pardo "almost always [...] 'mimes' as Irigaray (*Cigar Smoke* 76) would say, 'serious'

—i.e., masculine— discourse" (38), pero apunta también al hecho, pocas veces reseñado, de que "frequently, she also writes insistently *as a woman*, representing and expressing experiences, and, at times, sensibilities that are culturally marked as feminine" (38).

7. No creo, de todas formas, que sea posible apelar a la verosimilitud como juicio de valor en esta novela. En esta novela de discurso altamente híbrido e inestable, en la que Pardo ha superado los patrones del realismo, no le interesa tanto la verosimilitud (aunque la guarda *grosso modo*), la ilusión de la representación de realidad, como la dimensión simbólica lingüística.

8. "A pesar de su vivo interés por la modernidad europea, Pardo Bazán estaba firmemente arraigada en una matriz cultural todavía dominada por una realidad rural tradicional, una matriz estructurada por la hegemonía de la oligarquía terrateniente y la Iglesia" (Kirkpatrick, *Mujer, modernismo y vanguardia* 127).

9. Algunos de los binomios culturales cuya desestabilización en esta novela analiza brillantemente Kirkpatrick son interior/exterior, cuerpo/alma, y, englobándolos, hombre/mujer.

10. Bieder nos recuerda como en sus "Apuntes autobiográficos," Pardo "identifies her father, a series of male mentors, and the family library, inherited from 'un hombre ilustrado,' as the early influences that shape her mind and later her writing in what is clearly a masculine mold" ("Emilia Pardo Bazán and Literary Women" 20). Lina Mascareñas, huérfana de madre y sin ningún tipo de influencia femenina en su vida más que por ausencia, tiene como mentores a un viejo liberal y un canónigo, cuya biblioteca clásica afirma haberse "zampado"; a lo largo de la novela van emergiendo ejemplos de su buen conocimiento del canon clásico nacional, y también extranjero, con preferencias muy similares a las expresadas por la propia Pardo.

11. El otro gran referente musical del modernismo presente en *Dulce dueño* son las óperas wagnerianas de las que Pardo era devota, como el *Lohengrin* que en la novela despierta el primer anhelo místico de la protagonista.

12. Gilbert y Gubar describen así este dilema:

> Dis-eased and infected by the sentences of patriarchy, yet unable to deny the urgency of that "poet fire" she felt within herself, what strategies did the woman writer develop for overcoming her anxiety of authorship? How did she dance out of the looking glass of the male text into a tradition that enabled her to create her own authority? (71)

13. "The 'subject' identifies himself with/in an almost material consistency that finds everything flowing abhorrent. [...] He cathects these [los fluidos] only in a desire to turn them into the self (as same). Every body of water becomes a mirror, every sea, ice" (Irigaray 237).

14. Valis estudia este sentido de lo inadecuado del ser nacional ante la modernidad bajo la noción de "cursilería."

15. Ver, por ejemplo, Pardo, *La mujer española* ed. Schiavo 28.

16. Sobre el recurso a las imágenes de Melusa y Melusina en la literatura de mujeres en España, ver Ciplijauskaité.

17. "El cambio social tenía que traer, como ineludible consecuencia, la evolución del tipo femenino; y lo sorprendente es que el hombre de la España nueva, que anheló y procuró ese cambio radicalísimo, no se haya resignado aún a que, variando todo —instituciones, leyes, costumbres y sentimiento— el patrón de la mujer también variase. [...] [Al estallar la guerra de Independencia] Más iguales entonces el varón y la hembra en sus funciones de ciudadanía, puesto que aquél no ejercía aún los derechos políticos que hoy le otorga el sistema parlamentario negándolos por completo a la mujer, la sociedad no se dividía, como ahora, en dos porciones políticas y nacionalmente heterogéneas" (Pardo, *La mujer española* ed. Schiavo 86–87).

18. "—Niña, tú debes de ser poetisa. La verdá. ¿No te has ganao algún premiesiyo, vamo, en los Juego florale? Sigue, sigue, que yo, cuando te oiho, me parese que esa cosa ya se me había ocurrío a mí. Y no crea: he leído hase año los verso de Sorriya.

"—No soy poetisa, a Dios sean dadas gracias! [...]" (Pardo, *Dulce dueño* 188).

19. "In many cases, the reproduction of dominant discourse, and thus of the ideology inhering in it, coexists in the same texts with narrative tactics that undermine that discourse and that ideology" (Tolliver, *Cigar Smoke* 38).

20. Es interesante asociar esta propuesta de Pardo ante la crisis de la modernidad con la que María Zambrano hará en textos como *Pensamiento y poesía en la vida española*, en los que revisita una tradición filosófica española del "abandono" místico y propone una ética del pensamiento caritativo, frente a la violencia del pensamiento especulativo del logos occidental.

21. La leyenda de Santa Catalina, como la recoge la *Leyenda Áurea* de Jacobo de Vorágine, ponía énfasis sobre todo en sus virtudes cristianas —humildad, castidad, desprecio del mundo (708)—, y testimonio del poder de Cristo manifestado a través del triunfo dialéctico de una joven doncella contra los filósofos y el emperador.

22. La construcción visual/textual de la santa tiene un efecto similar: Catalina es al mismo tiempo grecorromana, egipcia, paleocristiana, renacentista, castiza (vínculo con Teresa) y modernista (europea: vínculo con otras heroínas modernistas).

23. Frente al éxtasis ante lo sublime romántico que Lina experimenta durante una puesta de sol en los Alpes ("¡Misterioso fenómeno, sublime! [...] mis ojos se humedecieron y tartamudeé [...]: —¡Dios!" (Pardo, *Dulce dueño* 253–54), estaríamos aquí ante lo que Žižek ha llamado "lo sublime cristiano" (que Žižek vincula a una idea de feminidad), que surge no ante lo magnífico, sino al confrontar la magnitud de la diferencia entre lo indigno del signo y la grandiosidad del significado.

Conclusiones

1. Ver Said, *Representations of the Intellectual* 29–30.

Obras citadas

Abuín, Pedro [Domingo García Sabell]. "El realismo de doña Emilia Pardo Bazán." *Presencia de Curros y Doña Emilia.* Vigo: Galaxia, 1963. 45–54.

Acosta, Eva. *Emilia Pardo Bazán: La luz en la batalla.* Barcelona: Mondadori, 2007.

Alarcón, Pedro Antonio de. *Diario de un testigo de la guerra de África.* Madrid: Centro, 1974.

Alas, Leopoldo. "Clarín." *Folletos literarios.* Vol. 7. Madrid: Fernanco Fé, 1890.

———. *Nueva campaña.* Madrid: Fernando Fé, 1887.

———. *Obra olvidada.* Ed. Antonio Ramos-Gascón. Madrid: Júcar, 1973.

———. *Teoría y crítica de la novela española.* Ed. Sergio Beser. Barcelona: Laia, 1972.

Aldaraca, Bridget. *El ángel del hogar: Galdós and the Ideology of Domesticity in Spain.* Chapel Hill: U of North Carolina P, 1991.

Álvarez Junco, José. *Mater Dolorosa: La idea de España en el siglo XIX.* Madrid: Taurus, 2001.

———. "The Nation-Building Process in Nineteenth-Century Spain." Ed. Clare Mar-Molinero y Angel Smith. *Nationalism and the Nation in the Iberian Peninsula: Competing and Conflicting Identities.* Oxford: Berg, 1996. 89–106.

Anderson, Benedict. *Imagined Communities.* Nueva York: Verso, 1993.

———. Introduction. *Mapping the Nation.* Ed. Gopal Balakrishnan. Nueva York: Verso, 1996. 1–16.

Anthias, Floya, y N. Yuval-Davis, eds. *Woman-Nation-State.* Londres: Macmillan, 1989.

Arkinstall, Christine. *Histories, Cultures and National Identities: Women Writing Spain, 1877–1984.* Lewisburg: Bucknell UP, 2009.

———. "Writing Nineteenth-Century Spain: Rosario de Acuña and the Liberal Nation." *MLN* 120.2 (2005): 294–313.

Armstrong, Nancy. *Desire and Domestic Fiction: A Political History of the Novel.* Nueva York: Oxford UP, 1987.

Arnold, Matthew. *Culture and Anarchy.* Oxford: Oxford UP, 2009.

Asún, Raquel. "El europeísmo de *La España Moderna.*" *La España de la Restauración. Política, economía, legislación y cultura.* Ed. José Luis Delgado. Madrid: Siglo XXI, 1985. 469–87.

Aymes, Jean-René. "España en movimiento (1766–1814). Ensayo bibliográfico." Ed. Robert Maniquis et al. *La revolución francesa y el mundo ibérico.* Madrid: Turner, 1989. 19–160.

Azorín. Ver Martínez Ruiz, José.

Axeitos Valiño, Ricardo, y Patricia Carballal Miñán. "Galicia ante el teatro de Emilia Pardo Bazán: El estreno de *La Suerte*." *La literatura de Emilia Pardo Bazán*. Ed. José Manuel González Herrán, Cristina Patiño Eirín y Ermitas Penas Varela. A Coruña: Fundación Caixa Galicia, 2009. 155–66.

Bacon, Kathy. "Death and the Virgin Martyr: Re-writing Hagiography in *Dulce dueño*." *Forum for Modern Language Studies* 41.4 (2005): 375–85.

Balakrishnan, Gopal, ed. *Mapping the Nation*. Nueva York: Verso, 1996.

Baquero Goyanes, Mariano, ed. *La novela española vista por Menéndez Pelayo*. Madrid: Nacional, 1956.

———. *La novela naturalista española: Emilia Pardo Bazán*. Murcia: Secretariado de publicaciones de la Universidad de Murcia, 1986.

Bardavío-Estevan, Susana. "¿Cómo sustraernos al ambiente en que vivimos? Emilia Pardo Bazán ante el modernismo." *Letras Peninsulares* 19 (2006): 285–303.

Barja, César. *Libros y autores modernos*. Madrid: Sucesores de Rivadeneyra, 1924.

Bauer, Beth Wietelmann. "Narrative Crossdressing: Emilia Pardo Bazán's *Memorias de un solterón*." *Hispania* 77 (1994): 22–30.

Benveniste, Emile. *Indoeuropean Language and Society*. Londres: Faber & Faber, 1973.

Beramendi, Justo. *De provincia a nación. Historia do galeguismo politico*. Vigo: Xerais de Galicia, 2007.

Bertens, Hans. *Literary Theory: The Basics*. New York: Routledge, 2007.

Bhabha, Homi. *The Location of Culture*. New York: Routledge, 1994.

———. *Nation and Narration*. London: Routledge, 1990.

Bieder, Maryellen. "Between Genre and Gender: Emilia Pardo Bazán and *Los pazos de Ulloa*." *In the Feminine Mode: Essays on Hispanic Women Writers*. Ed. Noël Valis y Carol Maier. Lewisburg: Bucknell UP, 1990. 131–45.

———. "Capitulation, not Freedom; A Study of Emilia Pardo Bazán's *Memorias de un solterón* and Galdós' *Tristana*." *Symposium* 30 (1976): 93–109.

———. "Contesting the Body: Gender, Language and Sexuality: The Modern Woman at the End of the Century." *Women's Narrative and Film in Twentieth-Century Spain: A World of Differences*. Ed. Ofelia Ferrán y Kathleen M. Glenn. New York: Routledge, 2002. 3–18.

———. "Divina y perversa; La mujer decadente en *Dulce dueño* de Emilia Pardo Bazán." *Perversas y divinas; la representación de la mujer en las literaturas hispánicas; el fin de siglo y/o el fin del milenio actual.* Ed. Carme Riera, Meri Torras e Isabel Clúa. Valencia: eXcultura, 2002. 7–19.

———. "Emilia Pardo Bazán and Literary Women: Women Reading Women's Writing in Late 19th-Century Spain." *Revista Hispánica Moderna* (Junio 1993): 19–31.

———. "The Female Voice: Gender and Genre in *La madre naturaleza.*" *Anales Galdosianos* 19 (1987): 103–15.

———. "Gender and Language: The Womanly Woman and Manly Writing." *Culture and Gender in Nineteenth-Century Spain.* Ed. Lou Charnon-Deutsch y Jo Labanyi. Oxford: Clarendon, 1995. 89–119.

———. "Intertextualizing Genre: Ambiguity as Narrative Strategy in Emilia Pardo Bazán." *Intertextual Pursuits: Literary Mediations in Modern Spanish Narrative.* Ed. Jeanne P. Brownlow y John W. Kronik. Lewisburg: Bucknell UP, 1998. 57–75.

———. "Plotting Gender, Replotting the Reader: Strategies of Subversion in Stories by Emilia Pardo Bazán." *Indiana Journal of Hispanic Literatures* (Otoño 1993): 136–57.

Blanco, Alda. "Escritora, feminidad y escritura en la España de medio siglo." *Breve historia feminista de la literatura española (en lengua castellana).* Coord. V. Iris Zavala. Barcelona: Anthropos, 1998. 9–38

———. "Gender and National Identity: The Novel in Nineteenth-Century Spanish Literary History." *Culture and Gender in Nineteenth-Century Spain.* Ed. Lou Charnon-Deutsch y Jo Labanyi. Oxford: Clarendon, 1995. 120–36.

Blanco García, Padre. *La literatura española en el siglo XIX.* Vol. 2. Madrid: Saénz de Jubera Hnos, 1910.

Blasco, Javier. "El 98 que nunca existió." *Spain's 1898 Crisis: Regenerationism, Modernism, Post-colonialism.* Ed. Joseph Harrison y Alan Hoyle. Manchester y Nueva York: Manchester UP, 2000. 121–31.

Bonet, Laureano. "Madre, madrastra naturaleza: Una imagen compartida entre Pardo Bazán y Pereda." *Estudios sobre Emilia Pardo Bazán: In Memoriam Maurice Hemingway.* Ed. José Manuel González Herrán. Santiago de Compostela: Servicio de Publicacións e Intercambio Científico Campus Universitario Sur, 1997. 41–67.

Botrel, Jean-François. "La novela por entregas: Unidad de creación y consumo." *Creación y público en la literatura española.* Madrid: Castalia, 1974. 111–55.

Bourdieu, Pierre. *The Field of Cultural Production: Essays on Art and Literature.* Nueva York: Columbia UP, 1993.

———. *Language and Symbolic Power.* Cambridge: Harvard UP, 1991.

———. *The Rules of Art: Genesis and Structure of the Literary Field.* Stanford: Stanford UP, 1995.

Bouza Brey, Fermín. "Los *Cantares Gallegos* o Rosalía y los suyos entre 1860 y 1863." *Cuadernos de Estudios Gallegos* 18 (1963): 252–302.

Brañas, Alfredo. *El regionalismo.* Barcelona: Jaime Molinas, 1889.

Bravo Villasante, Carmen. "El patriotismo de doña Emilia Pardo Bazán." *Cuadernos Hispanoamericanos* 5 (1962): 145–55.

———. *Vida y obra de Emilia Pardo Bazán.* Madrid: Revista de Occidente, 1962.

Browitt, Jeff. "*Modernismo,* Rubén Darío and the Construction of the Autonomous Literary Field in Latin America." *Practising Theory: Pierre Bourdieu and the Field of Cultural Production.* Ed. Jeff Browitt y Brian Nelson. Newark, DE: U of Delaware P, 2004. 113–29.

Brown, Donald Fowler. *The Catholic Naturalism of Emilia Pardo Bazán.* Chapel Hill: U of North Carolina P, 1957.

Butler, Judith. *Gender Trouble: Feminism and the Subversion of Identity.* New York: Routledge, 1990.

Bynum, Caroline. *Holy Feast and Holy Fast: The Religious Significance of Food to Medieval Women.* Berkeley: U of California P, 1987.

Cadalso, José. *Cartas marruecas. Noches lúgubres.* Madrid: Cátedra, 1981.

Calé, Emilia. "A la eminente escritora Emilia Pardo Bazán, directora de la *Revista de Galicia.*" *Revista de Galicia* 19 (1880): 283.

Carballo Calero, Ricardo. *Historia de la literatura gallega contemporánea.* Vol. 1. Madrid: Nacional, 1975.

Carballo-Calero Ramos, María Victoria. "Galicia; Regionalismo, nacionalismo y nuevos lenguajes." *Centro y periferia en la modernización de la pintura española.* Barcelona: Ambit Servicios, 1993.

Carr, Raymond. *Spain 1808–1975.* Nueva York: Oxford UP, 1982.

Castro, Rosalía de. *Obras completas.* Madrid: Aguilar, 1958.

Caudet, Francisco. "La querella naturalista. España contra Francia." *Ojancano* 2 (Abril 1989): 3–15.

Cejador y Frauca, Julio. *Historia de la Lengua y Literatura Castellana.* Vol. 8. Madrid: Gredos, 1918.

Charnon-Deutsch, Lou. *Gender and Representation: Women in Spanish Realist Fiction.* Filadelfia: John Benjamin Publishing, 1990.

———. *Narratives of Desire: Nineteenth-Century Spanish Fiction by Women.* University Park: Pennsylvania State UP, 1994.

Ciplijauskaité, Birute. "De Medusa a Melusina: Recuperación de lo mágico." *La construcción del yo femenino en la literatura.* Cádiz: Servicio de Publicaciones de la Universidad de Cádiz, 2004. 293–311.

Clarín. Ver Alas, Leopoldo.

Clark, David. "Sons and Daughters of Breogán: Scottish and Irish Influence on Galician Language Literature." *"What Countrey's This? And Whither Are We Gone?": Papers presented at the Twelfth International Conference on the Literature of Region and Nation, Aberdeen University, 30th July–2nd August 2008.* Ed. J. Derrick McClure, Karoline Szatek-Tudor y Rosa E. Penna. Newcastle upon Tyne: Cambridge Scholars, 2010. 8–22.

Clemessy, Nelly. *Emilia Pardo Bazán como novelista (de la teoría a la práctica).* Madrid: Fundación Universitaria Española, 1981.

———. "Emilia Pardo Bazán et les littératures étrangères." *Nationalisme et cosmopolitisme dans les littératures ibériques au XIXème siècle.* Paris: Universitaires, 1973. 103–18.

———. "*Selva* de Emilia Pardo Bazán. Una tentativa frustrada de novela policíaca." *Estudios sobre Emilia Pardo Bazán: In Memoriam Maurice Hemingway.* Ed. José Manuel González Herrán. Santiago de Compostela: Servicio de Publicacións e Intercambio Científico Campus Universitario Sur, 1997. 85–97.

Cook, Teresa A. "Emilia Pardo Bazán y la educación como elemento primordial en la liberación de la mujer." *Hispania* (1977): 259–65.

Corcuera, Javier. "Nacionalismo y clases en la España de la Restauración." *Estudios de Historia Social. Nacionalismos en la España de la Restauración* 28–29 (1989): 249–82.

Courteau, Joanna. "The Case of Rosalía de Castro." *Language and Ethnicity.* Ed. James R. Dow. Filadelfia: John Benjamins Publishing, 1991. 83–94.

Curros Enríquez, Manuel. *Obras completas.* Madrid: Sucesores de Hernando, 1922.

Danesi, Marcel, ed. *Giambattista Vico and Anglo-American Science.* Nueva York: Mouton de Gruyter, 1995.

Davies, Catherine. "Rosalía de Castro's Later Poetry and Anti-regionalism in Spain." *Modern Language Review* 79 (Julio 1984): 609–19.

Davis, Gifford. "Pardo Bazán, Juan Valera, and Literary Fashion." *Romance Notes* 11 (1969): 315–21.

Davis, Lisa. "Oscar Wilde in Spain." *Comparative Literature* 25.2 (1973): 136–52.

Deaño Gamallo, Antonio. "Las cartas de Emilia Pardo Bazán a Antonio Machado y Álvarez." *La Tribuna: Cadernos de Estudos da Casa Museo Emilia Pardo Bazán* 6 (2008): 173–233.

DeCoster, Cyrus. "Pardo Bazán and Her Contemporaries." *Anales Galdosianos* 19 (1984): 121–31.

Derrida, Jacques. *Of Grammatology*. Baltimore: Johns Hopkins UP, 1976.

Dobón, María Dolores. "Sociólogos contra estetas: Prehistoria del conflicto entre modernismo y 98." *Hispanic Review* 64.1 (1996): 57–72.

DuPont, Denise. "Challenging the Quimera (Sirena) Negra: Unamuno Reads Pardo Bazán." *Romance Quarterly* 54.4 (2007): 263–70.

Eagleton, Terry. *Literary Theory: An Introduction*. Minneapolis: U of Minnesota P, 2008.

Elshtain, Jean Bethke. "Sovereignty, Identity, Sacrifice." Ed. V. Spike Peterson. *Gendered States; Feminist (Re)Visions of International Relations Theory*. Boulder, CO: Lynne Rienner, 1992. 141–54.

Entrambasaguas, Joaquín. Introducción. *La sirena negra*. De Emilia Pardo Bazán. En *Las mejores novelas contemporáneas*. Vol. 3. *1905–1909*. Barcelona: Planeta, 1958. 873–976.

Ezama Gil, Ángeles. "El canon de escritoras decimonónicas españolas en las historias de la literatura." *La elaboración del canon en la literatura española del XIX*. Barcelona: PPU, 2002. 149–60.

Faus, Pilar. *Emilia Pardo Bazán. Su época, su vida, su obra*. A Coruña: Fundación Pedro Barrié de la Maza, 2003.

Felski, Rita. *The Gender of Modernity*. Cambridge: Harvard UP, 1995.

Fernández del Riego, Francisco. "De doña Emilia a don Ramón María." *Sonata Gallega* 12 (1949): 8.

———. *Manual de historia da literatura galega*. Vigo: Galaxia, 1971.

———, ed. *Pensamento galeguista do século XIX*. Vigo: Galaxia, 1983.

Fichte, Johann Gottlieb. *Addresses to the German Nation*. Nueva York: Harper and Row, 1968.

Fombona, Francesc. "Cataluña en la dinámica centro-periferia del arte español moderno." *Centro y periferia en la modernización de la pintura española*. Barcelona: Ambit Servicios, 1993. 100–06.

Fox, Inman. *La invención de España. Nacionalismo liberal e identidad nacional*. Madrid: Cátedra, 1997.

Fraisse, Geneviève. *Reason's Muse: Sexual Difference and the Birth of Democracy*. Chicago: U of Chicago P, 1994.

Freud, Sigmund. *Moses and Monotheism*. Trans. Katherine Jones. London: Hogarth, 1951.

Gabilondo, Joseba. "Towards a Postnational History of Galician Literature: On Pardo Bazán's Transnational and Translational Position." *Bulletin of Hispanic Studies* 86 (2009): 249–69.

———. "The Subaltern Cannot Speak but Performs: Women's Public and Literary Cultures in Nineteenth-Century Spain." *Hispanic Research Journal* 5.1 (2003): 73–95.

García Sabell, Domingo. *Ver* Albuín, Pedro.

Gellner, Ernest. "The Coming of Nationalism and Its Interpretation: The Myths of Nation and Class." *Mapping the Nation*. Ed. Gopal Balakrishnan. Nueva York: Verso, 1996. 1–16.

Geoffrion-Vinci, Michelle. "Life Sentences for Writing Couples: Poetic Ethnogenesis in Rosalía de Castro and Manuel Murguía." *Revista Hispánica Moderna* 53.1 (2000): 22–46.

Gilbert, Sandra, y Susan Gubar. *The Madwoman in the Attic: The Woman Writer and the Nineteenth-Century Literary Imagination*. New Haven: Yale UP, 2000.

Giles, Mary E. "Feminism and the Feminine in Emilia Pardo Bazán's Novels" *Hispania* (1980): 356–67.

Gold, Hazel. *The Reframing of Realism: Galdós and the Discourses of the Nineteenth-Century Spanish Novel*. Durham: Duke UP, 1993.

González Herrán, José Manuel. "Emilia Pardo Bazán ante el 98 (1896–1903)." *Hacia el 98. Los escritores de la Restauración*. Ed. Romero Tovar. Valladolid: Fundación Duques de Soria, 1995. 139–53.

———. "Emilia Pardo Bazán en el epistolario de Marcelino Menéndez Pelayo." *Cuadernos de Estudios Gallegos* 101 (1986): 325–43.

———. Estudio introductorio. *La cuestión palpitante*. De Emilia Pardo Bazán. Barcelona: Anthropos, 1989. 7–89.

———. "Zola y Pardo Bazán: De *Les Romanciers naturalistes* a *La cuestión palpitante*." *Letras Peninsulares* 2.1 (1989): 31–43.

González López, Emilio. *Emilia Pardo Bazán, novelista de Galicia*. Nueva York: Hispanic Institute, 1944.

González Millán, Xoán. "Nacionalismo y teoría del campo literario: La experiencia gallega de las últimas décadas." *From Stateless Nations to Postnational Spain/De naciones sin estado a la España posnacional*. Ed. Silvia Bermúdez, Antonio Cortijo Ocaña y Timothy McGovern. Boulder, CO: Society of Spanish and Spanish-American Studies, 2002. 223–36.

Gourgouris, Stathis. *Dream Nation: Enlightenment, Colonization and the Institution of Modern Greece*. Stanford: Stanford UP, 1996.

Gullón, Germán. "Emilia Pardo Bazán, una intelectual liberal (y la crítica literaria)." *Estudios sobre Emilia Pardo Bazán: In Memoriam ºMaurice Hemingway*. Ed. José Manuel González Herrán. Santiago de Compostela: Servicio de Publicacións e Intercambio Científico Campus Universitario Sur, 1997. 181–97.

Harpring, Mark. "Homoeroticism and Gender Role Confusion in Pardo Bazán's *Memorias de un solterón*." *Hispanic Research Journal* 7.3 (2006): 195–210.

Heidegger, Martin. *Poetry, Language, Thought*. Nueva York: Harper and Row, 1975.

Hemingway, Maurice. *Emilia Pardo Bazán: The Making of a Novelist*. Cambridge: Cambridge UP, 1983.

Henderson, Tracy. "Language and Identity in Galicia: The Current Orthographic Debate." *Nationalism and the Nation in the Iberian Peninsula: Competing and Conflicting Identities*. Ed. Clare Mar-Molinero y Angel Smith. Oxford: Berg, 1996. 237–54.

Hernández Delgado, Juan José. "Presencia de Santa Teresa de Jesús en tres novelistas del siglo XIX." *Exégesis* 7.21 (1995): 2–9.

Hilton, Roland: "Pardo Bazán's Analysis of the Social Structure of Spain." *Bulletin of Hispanic Studies* 29.113 (1952): 1–15.

———. "A Spanish Francophile: Emilia Pardo Bazán." *Revue de Littérature Comparée* 26 (1952): 241–49.

Hobsbawm, Eric. *Naciones y nacionalismo desde 1780*. Barcelona: Crítica, 1991.

Hobsbawm, Eric, y Terence Ranger, eds. *The Invention of Tradition*. Nueva York: Cambridge UP, 1983.

Hooper, Kirsty. *A Stranger in My Own Land: Sofía Casanova, a Spanish Writer in the European Fin de Siècle*. Nashville: Vanderbilt UP, 2008.

Hutchinson, John. "Cultural Nationalism and Moral Regeneration." En *Nationalism*. Ed. John Hutchinson y Anthony D. Smith. Nueva York: Oxford UP, 1994. 122–32.

Huyssen, Andreas. *After the Great Divide: Modernism, Mass Culture and Postmodernism*. Bloomington: Indiana UP, 1986.

Iarocci, Michael. "Virile Nation: Figuring History in Galdós' *Trafalgar*." *Bulletin of Spanish Studies* 80.2 (2003): 183–202.

Irigaray, Luce. *Speculum of the Other Woman*. Ithaca: Cornell UP, 1985.

Jagoe, Catherine. *Ambiguous Angels: Gender in the Novels of Galdós*. Berkeley: U of California P, 1994.

———. "Sexo y género en la medicina del XIX." *La mujer en los discursos de género. Textos y contextos en el siglo XIX*. Ed. Catherine Jagoe, Alda

Blanco y Cristina Enríquez de Salamanca. Barcelona: Icaria, 1998. 305–68.

Jones, Ann Rosalind, and Peter Stallybrass. "Dismantling Irena: The Sexualizing of Ireland in Early Modern England." *Nationalisms and Sexualities*. Ed. Andrew Parker et al. Nueva York: Routledge, 1992. 157–75.

Johnson, Roberta. *Gender and Nation in the Spanish Modernist Novel.* Nashville: Vanderbilt UP, 2003.

Jover Zamora, José María. Prólogo. *La era isabelina y el sexenio democrático (1834–1874)*, vol. 34 de la *Historia de España* fundada por Ramón Menéndez Pidal. Ed. José María Jover Zamora. Madrid: Espasa-Calpe, 1981.

Juaristi, Jon. "La invención de la nación." *Claves de Razón Práctica* 66 (1996): 2–7.

———. *Vestigios de Babel.* Madrid: Siglo XXI, 1992.

Juliá, Santos. "Anomalía, dolor y fracaso de España." *Claves de Razón Práctica* 66 (1996): 10–21.

Jusdanis, Gregory. *Belated Modernity and Aesthetic Culture: Inventing National Literature*. Minneapolis: U of Minnesota P, 1991.

Kirkpatrick, Susan. "Gender and Modernist Discourse: Emilia Pardo Bazán's *Dulce dueño.*" *Modernism and Its Margins: Reinscribing Cultural Modernity from Spain and Latin America.* Ed. A. L. Geist y José Monleón. Garland Reference Library of the Humanities 2133/ Hispanic Issues 19. New York: Garland, 1999. 117–39.

———. "The Ideology of Costumbrismo." *Ideologies and Literature* (1978): 28–44.

———. *Mujer, modernismo y vanguardia en España (1898–1931)*. Madrid: Cátedra, 2003.

Kronik, John. "Emilia Pardo Bazán and the Phenomenon of French Decadentism." *PMLA* 81.5 (1966): 418–27.

Kugler, Michael. "Provincial Intellectuals: Identity, Patriotism, and Enlightened Peripheries." *Eighteenth Century* 37.2 (1996): 156–73.

Labanyi, Jo. *Gender and Modernization in the Spanish Realist Novel.* Nueva York: Oxford UP, 2000.

———. "Relocating Difference: Cultural History and Modernity in Late Nineteenth-Century Spain." *Spain beyond Spain: Modernity, Literary History and National Identity.* Ed. Brad Epps y Luis Fernández Cifuentes. Lewisburg: Bucknell UP, 2005. 168–86.

Lambropoulos, Vassilis. *Literature as National Institution: Studies in the Politics of Modern Greek Criticism*. Princeton: Princeton UP, 1988.

Landes, Joan B. *Women and the Public Sphere in the Age of the French Revolution*. Ithaca: Cornell UP, 1988.

Litvak, Lily. "La idea de la decadencia en la crítica antimodernista en España (1888–1910). *Hispanic Review* 45.4 (1977): 397–412.

———, ed. *El modernismo*. Madrid: Taurus, 1975.

———. "Temática de la decadencia en la literatura española de fines del siglo XIX: 1880–1913." *Romance Quarterly* 33.2 (1986): 201–10.

López, Mariano. "Los escritores de la Restauración y las polémicas literarias del siglo XIX en España." *Bulletin Hispanique* 81 (1979): 51–74.

———. "El fin de siglo y los escritores de la Restauración." *Nueva Revista de Filología* 27 (1978): 258–75.

Llanos, Bernardita. "Integración de la mujer al proyecto de la Ilustración en España." *Ideology and Literature* 4.1 (Primavera 1989): 199–223.

Lloyd, David. *Anomalous States: Irish Writing and the Post-colonial Moment*. Durham: Duke UP, 1993.

Mainer, José-Carlos. "La invención de la literatura española." *Literaturas regionales en España: Historia y crítica*. Ed. José María Enguita y José-Carlos Mainer. Zaragoza: Institución "Fernando el Católico," 1994. 23–45.

Maíz, Claudio. "El modernismo hispanoamericano. Expresiones diversas de un rechazo." *Cuadernos Cátedra Miguel de Unamuno* 44.2 (2007): 97–112.

Máiz, Ramón. "Raza y mito céltico en los orígenes del nacionalismo gallego: Manuel M. Murguía." *Revista Española de Investigaciones Sociales* 25 (1984): 137–80.

Martín, Elvira. *Tres mujeres gallegas del siglo XIX; Concepción Arenal, Rosalía de Castro, Emilia Pardo Bazán*. Biblioteca Biográfica. 2ª ed. 1962. Barcelona: Aedos, 1977.

Martín Ezpeleta, Antonio. "La recepción de Emilia Pardo Bazán en las primeras *Historias Literarias* del XX." *La literatura de Emilia Pardo Bazán*. A Coruña: Fundación Caixa Galicia, 2009. 437–47.

Martínez Martín, Jesús A. *Lectura y lectores en el Madrid del siglo XIX*. Madrid: Consejo Superior de Investigaciones Científicas, 1991.

Martínez Ruiz, José, "Azorín." "Cien años de discursos." *Clásicos y modernos*. En *Obras completas*. Madrid: Aguilar, 1975.

Martínez Sierra, Gregorio. "La feminidad de Emilia Pardo Bazán." *Motivos*. París: Garnier Hermanos, 1905. 129–39.

Martín Gaite, Carmen. *Usos amorosos del dieciocho en España*. Barcelona: Anagrama, 1987.

Mayoral, Marina. Introducción. *Dulce dueño.* De Emilia Pardo Bazán. Madrid: Castalia, 1989. 7–41.

McKenna, Susan M. *Crafting the Female Subject: Narrative Innovation in the Short Fiction of Emilia Pardo Bazán.* Washington, DC: Catholic U of America P, 2009.

Medina, Raquel. "Dulce esclava, dulce histérica: La representación de la mujer en *Dulce dueño* de Emilia Pardo Bazán." *Revista Hispánica Moderna* 51.2 (1998): 291–303.

Menéndez Pelayo, Marcelino. "Don Benito Pérez Galdós." *Obras completas.* Vol. 10. Santander: Aldus, 1942. 81–103.

———."Doña Emilia Pardo Bazán." *Estudios sobre la prosa del siglo XIX.* Madrid: CSIC, 1956. 99–109.

Miller, Martha LaFollette. "The Feminization and Emasculation of Galicia in Valle-Inclán's *Jardín umbrío.*" *Romance Quarterly* 39.1 (Febrero 1992): 87–100.

———. "Mythical Conceptualization of Galicia in Murguía and Pardo Bazán: Aspects of Rosalían Context." *Actas do Segundo Congreso de Estudios Galegos.* Vigo: Galaxia, 1988. 267–76.

Mill, John Stuart. *Considerations on Representative Government.* London: Parker, Son and Bourn, West Strand, 1881.

Miralles, Enrique. "La neutralidad de Pardo Bazán ante el regionalismo gallego: Elusión de una polémica." *Estudios sobre Emilia Pardo Bazán. In Memoriam Maurice Hemingway.* Ed. José Manuel González Herrán. Santiago de Compostela: Universidad de Santiago de Compostela, 1997. 223–38.

Moi, Toril. *Teoría literaria feminista.* Madrid: Cátedra, 1999.

Montesinos, José F. *Costumbrismo y novela, ensayo sobre el redescubrimiento de la realidad española.* Madrid: Castalia, 1960.

———. *Introducción a una historia de la novela en España en el siglo XIX.* Madrid: Castalia, 1983.

Mosse, George. *Nationalism and Sexuality: Middle-Class Morality and Sexual Norms in Modern Europe.* Madison: U of Wisconsin P, 1988.

Murado, Miguel-Anxo. *Otra idea de Galicia.* Barcelona: Mondadori, 2008.

Murguía, Manuel. "A Don Juan Valera." En *Manuel Murguía.* De Vicente Risco. Vigo: Galaxia, 1976. 177–89.

———. "Cuentas ajustadas, medio cobradas." *La Voz de Galicia,* 20 de octubre a 27 de diciembre, 1896. Archivos de la Real Academia Gallega, La Coruña. Sin páginas.

———. *Galicia.* Ed. Justo G. Beramendi. Vigo: Xerais, 1982.

———. *Los precursores.* La Coruña: La Voz de Galicia, 1886.

Nelken, Margarita. *Las escritoras españolas.* Barcelona: Labor, 1930.

Ordóñez, Elizabeth J. "Passing Notes: Theory and Self-Representation in Pardo Bazán's 'Apuntes autobiográficos.'" *Crítica Hispánica* 24 (2002): 145–56.

———. "Revising Realism: Pardo Bazán's *Memorias de un solterón* in Light of Galdós's *Tristana* and John Stuart Mill." *In the Feminine Mode: Essays on Hispanic Women Writers.* Ed. Noël Valis and Carol Maier. Lewisburg: Bucknell UP, 1990. 146–63.

Ortega, Soledad, ed. *Cartas a Galdós.* Madrid: Revista de Occidente, 1974.

Pardo Bazán, Emilia. "Apuntes autobiográficos." *Obras completas.* Vol. 3. Madrid: Aguilar, 1947. 698–732.

———. Carta inédita dirigida a don Plácido Castro, fechada en Madrid el 16 marzo 1927. Archivo del Monasterio de Poio, Pontevedra.

———. *Cartas a Benito Pérez Galdós. 1889–1890.* Ed. Carmen Bravo Villasante. Madrid: Turner, 1978.

———. *El Cisne de Vilamorta. Obras completas.* Vol. 2. Madrid: Aguilar, 1947. 199–271.

———. "Conversación entre Emilia Pardo Bazán y el caballero audaz." *La mujer española y otros escritos.* Ed. Guadalupe Gómez-Ferrer. Cátedra: Madrid, 1999. 330.

———. "Las Cortes." *La Ilustración Artística* 853 (1898): 282.

———. "Crónica de Madrid. El estreno de Salomé." *Crónicas en "La Nación" de Buenos Aires (1909–1921).* Madrid: Pliegos, 1994. 49–54.

———. *Cuarenta días en la Exposición.* Madrid: Idamor Moreno, 1903.

———. *Cuentos de la patria. Obras completas.* Vol. 1. Madrid: Aguilar, 1947. 1515–33.

———. "La cuestión académica. A Gertrudis Gómez de Avellaneda." *La mujer española y otros escritos.* Ed. Guadalupe Gómez-Ferrer. Valencia: Cátedra, 1999. 73–82.

———. *La cuestión palpitante.* Ed. Carmen Bravo Villasante. Salamanca: Anaya, 1970.

———. *De mi tierra.* Vigo: Xerais, 1984.

———. Discurso en la inauguración de su estatua en La Coruña. Real Academia Galega. Arquivo Fondos Familia Pardo Bazán. La Coruña, 1917. Sin páginas.

———. "Discurso leído por doña Emilia Pardo Bazán en los Juegos Florales de Orense el día 7 de junio de 1901." Fondos de la Biblioteca de la Fundación Penzol, Vigo. Sin páginas.

———. *Doña Milagros.* En *Novelas: Una cristiana. La prueba. La piedra angular. Doña Milagros. Memorias de un solterón.* Biblioteca Castro Vol. 3. *Obras completas.* Madrid: Fundación José Antonio de Castro, 1999. 571–776.

———. "Don Francisco Giner." *Obras completas.* Vol. 3. Madrid: Aguilar, 1947. 1519–23.

———. *Dulce dueño.* Ed. Marina Mayoral. Madrid: Castalia, 1989.

———. *La España de ayer y la de hoy. Conferencia de París.* Madrid: Administración San Bernardo, principal, 1899.

———. "Feminismo." *La mujer española y otros escritos.* Ed. Guadalupe Gómez-Ferrer. Madrid: Cátedra, 1999. 281–87.

———. "Feminismo: Las mujeres francesas han obtenido el voto." *Crónicas en "La Nación" de Buenos Aires (1909–1921).* Ed. Cyrus DeCoster. Madrid: Pliegos, 1994. 250–52.

———. *Insolación.* Madrid: Espasa-Calpe, 1991.

———. *La madre naturaleza.* Madrid: Alianza, 1985.

———. *La madre naturaleza.* Madrid: Cátedra, 1999.

———. "Margaritas." *De siglo a siglo. 1896–1901.* Madrid: Administración, 1902. 144–49.

———. *Memorias de un solterón. Obras completas.* Vol. 2. Madrid: Aguilar, 1947. 417–611.

———. *Mi romería.* Madrid: Administración, 1888.

———. *La mujer española y otros artículos feministas.* Ed. Leda Schiavo. Madrid: Nacional, 1976.

———. *La mujer española y otros escritos.* Ed. Guadalupe Gómez-Ferrer. Madrid: Cátedra, 1999.

———. *El Niño de Guzmán. Obras completas.* Vol. 2. Madrid: Aguilar, 1947. 580–621.

———. *Nuevo Teatro Crítico (NTC).* 5 vols. Madrid: La España Editorial, 1891–93.

———. *Obras completas.* Madrid: Aguilar, 1947. 3 vols.

———. *Los pazos de Ulloa.* Madrid: Alianza, 1983.

———. "Pinceladas de literatura." *La Ilustración Artística* 1053 (1902): 154.

———. "Prefacio a *Cuentos de amor.*" *Obras completas.* Vol. 3. Madrid: Aguilar, 1947. 1213–16.

———. "Prefacio a *Un viaje de novios.*" *Obras completas.* Vol. 3. Madrid: Aguilar, 1947. 571–74.

Pardo Bazán, Emilia "Prólogo a *El Cisne de Vilamorta.*" *Obras completas.* Vol. 3. Madrid: Aguilar, 1947. 670–71.

———. "Prólogo a *Cuentos Sacroprofanos.*" *Obras completas.* Vol. 3. Madrid: Aguilar, 1947. 1216–18.

———. "Prólogo a *La dama joven.*" *Obras completas.* Vol. 3. Madrid: Aguilar, 1947. 666–69.

———. "Prólogo a *Pascual López.*" *Obras completas.* Vol. 2. Madrid: Aguilar, 1947. 11–13.

———. "Los resquemores de Pereda." *Obras completas.* Vol. 3. Madrid: Aguilar, 1947. 1002–06.

———. *La revolución y la novela en Rusia.* En *Obras completas.* Vol. 3. Madrid: Aguilar, 1947. 760–879.

———. *San Francisco de Asís.* México, DF: Porrúa, 1994.

———. "El sentimiento de la patria." Discurso. El Ateneo de Valencia, 1901.

———. *La Tribuna.* Madrid: Cátedra, 1993.

———. *Un viaje de novios. Obras completas.* Vol. 1. Madrid: Aguilar, 1947. 69–153.

———. *La vida contemporánea (1896–1915).* Ed. Carmen Bravo-Villasante. Madrid: Magisterio, 1972.

Paredes Núñez, Juan. "Rosalía de Castro y la poesía regional gallega." *Actas do Congreso Internacional de estudios sobre Rosalía de Castro e o seu tempo* 2. Santiago de Compostela: Consello de Cultura Galega, 1986. 467–74.

Patiño Eirín, Cristina. "*El Cisne de Vilamorta* de Pardo Bazán: Los mimbres románticos de su realismo." *Foro Hispánico: Revista Hispánica de los Países Bajos* 15 (1999): 31–38.

———. "Isaac Pavloski cuenta un episodio curioso de la vida de Emilia Pardo Bazán." *Cuadernos de Estudios Gallegos* 39.104 (1991): 101–05.

Pattison, Walter. *El naturalismo español. Historia externa de un movimiento literario.* Madrid: Gredos, 1969.

Pella y Forgas, J. "El problema del regionalismo." *La Lectura* 1 (1902): 58–65.

Peñas Ruiz, Ana. "Emilia Pardo Bazán: Cartografías en torno a la mujer." *La Tribuna* 6 (2009): 145–72.

Pereira-Muro, Carmen. "La amistad masculina en el siglo XVIII: Género, sensibilidad y nacionalismo." *Dieciocho* (Primavera 2003): 325–42.

———. "Conocimiento y poder: La respuesta al regionalismo gallego en *Morriña.*" *La literatura de Emilia Pardo Bazán.* Ed. José Manuel

González Herrán, Cristina Patiño Eirín y Ermitas Penas Varela. A Coruña: Fundación Caixa Galicia, 2009. 577–86.

———. "Emigración, nacionalismo y literatura: Los gallegos de Cuba en la obra de Rosalía de Castro y Fernando Ortiz." *Revista Hispánica Moderna* 61.2 (Invierno 2008): 119–34.

———. "Maravillosas supercherías: Género sexual y nacionalismo en los 'Apuntes autobiográficos' de Pardo Bazán y *Trafalgar* de Galdós." *Hispanic Review* 78.1 (2010): 71–100.

Pérez Galdós, Benito. *Cánovas.* Madrid: Alianza, 1980.

———. *La desheredada.* Madrid: Alianza, 1985.

———. "Don Ramón de la Cruz y su época." *Obras completas.* Vol. 3. Madrid: Aguilar, 1941. 1229–54.

———. *Ensayos de crítica literaria.* Ed. Laureano Bonet. Barcelona: Península, 1990.

———. *La de Bringas.* Ed. Alda Blanco y Carlos Blanco Aguinaga. Madrid: Cátedra, 1985.

———. "Núñez de Arce." *Obras inéditas.* Vol. 2. Madrid: Renacimiento, 1923. 139–51.

———. *Obras inéditas.* Vol. 3. Madrid: Renacimiento, 1923.

———. "Observaciones sobre la novela contemporánea en España." *Ensayos de crítica literaria.* Ed. Laureano Bonet. Barcelona: Península, 1990. 105–21.

———. "Prólogo a *La Regenta* [de Leopoldo Alas]." *Ensayos de crítica literaria.* Ed. Laureano Bonet. Barcelona: Península, 1990. 195–207.

———. "El regionalismo." *Obras inéditas.* Vol. 3. Madrid: Renacimiento, 1923. 185–87.

———. "La revolución y la novela en Rusia. Conferencia de Emilia Pardo Bazán." *Obras inéditas.* Vol. 2. Madrid: Renacimiento, 1923. 203–11.

———. "La sociedad presente como materia novelable." *Ensayos de crítica literaria.* Ed. Laureano Bonet. Barcelona: Península, 1990. 157–67.

———. "Un tribunal literario." *Ensayos de crítica literaria.* Ed. Laureano Bonet. Barcelona: Península, 1990. 121–49.

Pitarch Fernández, Pau. "Las armas del martirio. Una lectura del misticismo en *Dulce dueño* (1911) de Emilia Pardo Bazán." *Las hijas de Eva: Historia, tradición y simbología.* Ed. e introd. Inés Celero Secall y Virginia Alfaro Bech. Málaga: Centro de Ediciones de la Diputación de Málaga, 2006. 183–95.

Pondal, Eduardo. *Queixumes dos pinos e outros poemas.* Vigo: Galaxia, 1985.

Pondal, Eduardo "A derradeira voluntade." *Boletín de la Real Academia Gallega* 10.116 (1917): 208. Web. 2 agosto 2012.

Renan, Ernest. "What Is a Nation?" *Nationalism.* Ed. John Hutchinson y Anthony Smith. Nueva York: Oxford UP, 1994. 17–21.

Rico, Francisco, ed. *Historia y crítica de la literatura española.* Vol. 5. Barcelona: Crítica, 1982.

Riffaterre, Michel. *Fictional Truth.* Baltimore: Johns Hopkins UP, 1990.

Riquer i Permanyer, Borja de. "La débil nacionalización española del siglo XIX." *Historia Social* 20 (Otoño 1994): 97–114.

Ringrose, David. *España 1700–1900: El mito del fracaso.* Madrid: Alianza, 1996.

Risco, Vicente. *Manuel Murguía.* Vigo: Galaxia, 1976.

Rodgers, Eamonn J. "Galdos y el 'complejo de inferioridad' español en el siglo XIX." *Nationalisme et cosmopolitisme dans les littératures ibériques au XIXème siècle.* Lille: Ed. Universitaires, 1975. 119–31.

Rodríguez, Alfred, y Socorro Velásquez. "Incest in the Novels of Emilia Pardo Bazán." *Iris* (1990): 89–95.

Rodríguez, Francisco. *A nosa literatura: Unha interpretación para hoxe.* Sada: Xistral, 1985.

Rodríguez González, Olivia. "Emilia Pardo Bazán y la literatura gallega." *La literatura de Emilia Pardo Bazán.* Ed. José Manuel González Herrán, Cristina Patiño Eirín y Ermitas Penas Varela. A Coruña: Fundación Caixa Galicia, 2009. 647–64.

Rubia Barcia, José. "La Pardo Bazán y Unamuno." *Cuadernos Americanos* 19.6 (1960): 240–63.

Said, Edward W. *Representations of the Intellectual.* Nueva York: Pantheon, 1994.

Sánchez-Conejero, Cristina. "*Dulce dueño*, de Emilia Pardo Bazán: Una novela postmodernamente anticanónica." *Crítica Hispánica* 30.1–2 (2008): 161–73.

Sánchez-Llama, Íñigo. "El mito de la Quimera como tropo genérico de la modernidad en Emilia Pardo Bazán." *Revista de Estudios Hispánicos* 39 (2005): 439–63.

———. "El 'varonil' realismo y la cultura oficial de la Restauración en el fin de siglo peninsular. El caso de María del Pilar Sinués de Marco (1835–1893)." *Letras Peninsulares* 12.1 (1999): 37–64.

Sánchez Reyes, Enrique. "Emilia Pardo Bazán." *Boletín de la Biblioteca Menéndez Pelayo* 29 (1953): 121–44.

Sandino Carreño, Angeles. "El antifeminismo de Emilia Pardo Bazán en las novelas de *Los Pazos*." *Cuadernos de Estudios Gallegos* 44.109 (1997): 327–47.

Saurín de la Iglesia, María Rosa. "Emilia Pardo Bazán y la Sociedad del Folklore gallego." *La literatura de Emilia Pardo Bazán*. Ed. José Manuel González Herrán, Cristina Patiño Eirín y Ermitas Penas Varela. A Coruña: Fundación Caixa Galicia, 2009. 677–96.

Scanlon, Geraldine. "Gender and Journalism: Pardo Bazán's *Nuevo Teatro Crítico*." *Culture and Gender in Nineteenth-Century Spain*. Ed. Lou Charnon-Deutsch y Jo Labanyi. Oxford: Clarendon, 1995. 230–49.

Seeger, Annabel Hord, trad. *The Mystery of the Lost Dauphin*. De Emilia Pardo Bazán. New York y London: Funk and Wagnalls, 1906.

Shaw, Donald. "More about Abulia." *Anales de la Literatura Española Contemporánea* 23.1/2 (1998): 451–64.

Shils, Edward. *The Intellectuals and the Powers and Other Essays*. Chicago: U of Chicago P, 1972.

Showalter, Elaine. "The New Woman." Capítulo en su *Sexual Anarchy: Gender and Culture at the Fin de Siècle*. New York: Viking, 1990. 39–58.

———. "The Veiled Woman." Capítulo en su *Sexual Anarchy: Gender and Culture at the Fin de Siècle*. New York: Viking, 1990. 144–68.

Sieburth, Stephanie. *Inventing High and Low: Literature, Mass Culture, and Uneven Modernity in Spain*. Durham: Duke UP, 1994.

Silver, Philip W. *Ruina y restitución: Reinterpretación del romanticismo en España*. Madrid: Cátedra, 1996.

Smith, Paul Julian. *The Body Hispanic: Gender and Sexuality in Spanish and Spanish American Literature*. Oxford: Clarendon, 1989.

Sommers, Doris. "Allegory and Dialectics: A Match Made in Romance." *Boundary 2* 18.1 (1991): 60–82.

Sotelo Vázquez, Marisa. "Emilia Pardo Bazán: Crítica e Historia Literaria." *Emilia Pardo Bazán: Estado de la Cuestión*. A Coruña: Real Academia Galega, 2005. 135–69.

———. "Emilia Pardo Bazán mantenedora de los Juegos Florales de Orense en 1901." *La literatura de Emilia Pardo Bazán*. Ed. José Manuel González Herrán, Cristina Patiño Eirín y Ermitas Penas Varela. A Coruña: Fundación Caixa Galicia, 2009. 717–30.

———. "*La Quimera* de Emilia Pardo Bazán: Autobiografía y síntesis ideológico-estética." *Homenaje al profesor A. Vilanova*. Barcelona: Departamento de Filología española de la Universidad de Barcelona, 1989. 757–75.

Soto Freire, Manuel. Conclusión. *Almanaque de Galicia para uso de la juventud elegante y de buen tono, dedicado á todas las bellas hijas del país: 1868*. Año quinto. Lugo, 1867. 99–100. 17 julio

2012 <http://galiciana.bibliotecadegalicia.xunta.es/i18n/consulta/registro.cmd?id=6408>.

Tarrío Varela, Anxo. *Literatura Galega. Aportacións a unha Historia Crítica.* Vigo: Xerais, 1994.

Tolliver, Joyce. *Cigar Smoke and Violet Water: Gendered Discourses in the Stories of Emilia Pardo Bazán.* Lewisburg: Bucknell UP, 1998.

———. "Narrative Accountability and Ambivalence: Feminine Desire in *Insolación.*" *Revista de Estudios Hispánicos* 23.2 (1989): 103–18.

———. "Over Her Bloodless Body: Gender, Race and the Spanish Colonial Fetish in Pardo Bazán." *Revista Canadiense de Estudios Hispánicos* 34.2 (2010): 285–301.

Torre, Guillermo de. "Emilia Pardo Bazán y las cuestiones del naturalismo." *Cuadernos americanos* 108–09 (1960): 238–60.

Tuñón de Lara, Manuel. *La España del siglo XIX (De las Cortes de Cádiz a la Primera República).* Barcelona: Laia, 1975.

Unamuno, Miguel de. "En torno al casticismo." *Obras completas.* Vol. 1. Madrid: Escelicer, 1966. 775–856.

Urey, Diana F. "Incest and Interpretation in *Los pazos de Ulloa* and *La madre naturaleza.*" *Anales Galdosianos* 19 (1987): 117–31.

Valera, Juan. *Apuntes sobre el nuevo arte de escribir novelas.* Madrid: M. Tello, 1887. Digitalizado por la Universidad de Oxford, 17 de abril 2008.

Valis, Noël. "Confesión y cuerpo en *Insolación,* de Emilia Pardo Bazán." *Estudios sobre Emilia Pardo Bazán: In Memoriam Maurice Hemingway.* Ed. José Manuel González Herrán. Santiago de Compostela: Servicio de Publicacións e Intercambio Científico Campus Universitario Sur, 1997. 321–53.

———. *The Culture of Cursilería: Bad Taste, Kitsch and Class in Modern Spain.* Durham y Londres: Duke UP, 2002.

———. "Pardo Bazán's *El Cisne de Vilamorta* and the Romantic Reader." *Reading the Nineteenth-Century Spanish Novel: Selected Essays.* Newark, DE: Juan de la Cuesta, 2005. 213–34.

Valle-Inclán, Ramón María. Carta inédita a don Plácido Castro. Vigo: Fondos de la Fundación Penzol, s.f.

Vallejo, Catherine. "Emilia Pardo Bazán, Gender, Modernity and Nationalism at the Paris World Exhibitions of 1889 and 1900." *Revista Canadiense de Estudios Hispánicos* 32.3 (2008): 453–73.

Varela, José Luis. *Poesía y restauración cultural de Galicia en el siglo XIX.* Madrid: Gredos, 1958.

Varela Jácome, Benito. "Emilia Pardo Bazán, Rosalía Castro y Murguía." *Cuadernos de Estudios Galegos* 20 (1951): 403–20.

———. *Estructuras novelísticas de Pardo Bazán*. Santiago de Compostela: Instituto Padre Sarmiento de Estudios Gallegos, 1973.

———. *Historia de la literatura gallega*. Santiago de Compostela: Porto, 1951.

———. "Romanticismo en tres novelas de Emilia Pardo Bazán." *Cuadernos de Estudios Gallegos* 24 (1969): 315–30.

Vilar, Pierre. "Estado, nación, patria en España y en Francia. 1870–1914." *Estudios de Historia Social* 28.2 (1984): 7–44.

———. "Sobre los fundamentos de las estructuras nacionales." *Historia 16* 5 (1978): 5–16.

Vilavedra, Dolores. *Historia da literatura galega*. Vigo: Galaxia, 1999.

Villanueva, Darío. *Teorías del realismo literario*. Madrid: Espasa-Calpe, 1992.

Villares, Ramón, et al. *Textos e materiais para a Historia de Galicia*. Barcelona: Crítica, 1990.

Villegas, Francisco. "Impresiones literarias." *La España Moderna* (Febrero 1892): 190–200.

Voragine, Jacobus de. *The Golden Legend*. New York: Longmans, Green, 1941.

Walby, Sylvia. "Woman and Nation." *Mapping the Nation*. Ed. Gopal Balakrishnan. Nueva York: Verso, 1996. 235–54.

Weber, Alison. *Teresa of Ávila and the Rhetoric of Femininity*. Princeton: Princeton UP, 1990.

Weber, Max. "The Nation." *Nationalism*. Ed. John Hutchinson y Anthony D. Smith. Nueva York: Oxford UP, 1994. 21–25.

Wilde, Oscar. *Salomé*. New York: Dover, 1967.

Zambrano, María. *Pensamiento y poesía en la vida española*. México, DF: El Colegio de México, 1991.

Zamora Juárez, Andrés. *El doble silencio del eunuco. Poéticas sexuales de la novela realista según Clarín*. Madrid: Fundamentos, 1998.

———. "El secreto incesto de la novela realista." *Anales Galdosianos* 29–30 (1994–95): 129–46.

Zavala, Iris. *Ideología y política en la novela española del siglo XIX*. Salamanca: Anaya, 1971.

Žižek, Slavoj. *The Sublime Object of Ideology*. Nueva York: Verso, 1989.

———. *Tarrying with the Negative. Kant, Hegel, and the Critique of Ideology*. Durham: Duke UP, 1993.

Índice alfabético

Carmen Pereira-Muro: *Género, nación y literatura: Emilia Pardo Bazán en la literatura gallega y española*

El lugar que ocupa Emilia Pardo Bazán en las literaturas gallega y española fue el fruto de una ardua tarea, y todavía no ha recibido el reconocimiento que se merece. En *Género, nación y literatura: Emilia Pardo Bazán en la literatura gallega y española*, Carmen Pereira-Muro estudia la obra y la persona de esta autora fascinante, en el contexto de dos nacionalismos en competencia, el español y el gallego. Pereira-Muro relee las historias literarias y los cánones nacionales de España y Galicia como narrativas maestras de un patriarcado que intenta asimilar o silenciar el proyecto nacional alternativo de Pardo Bazán.

Pereira-Muro plantea que Pardo Bazán incluye a la mujer en la cultura nacional como un paso clave para circunvenir la lógica representacional del Realismo y Liberalismo en la nación-estado moderna. Al insistir en que las mujeres sean incluidas como iguales, Pardo Bazán problemáticamente adopta el esquema binario patriarcal que sitúa a la mujer en el ámbito de la naturaleza, y al hombre en el de la cultura, pero al mismo tiempo lo subvierte al negar su relación de suplemento. Su astuta selección y manipulación de modelos culturales masculinos (Realismo, no Romanticismo; prosa, no poesía; castellano, no gallego) en último término —pese a una fiera oposición— le garantizó la inclusión en el canon nacional español. El estudio de sus espinosas relaciones con el emergente nacionalismo gallego muestra que su exclusión de la "literatura gallega" se debió en gran medida a su transgresión de normas de género comunes a ambas formaciones nacionales (España y Galicia). Finalmente, Pereira-Muro sostiene que en la última novela de la autora, ésta experimentó con la creación de una escritura femenina y un canon femenino para España. Sin embargo, la política de género prevalente determinó que sólo su producción realista (masculina) pasase al canon español, y no su última producción de signo modernista (femenina).

En conclusión, este libro cuestiona la naturalización de los cánones nacionales al explorar la política de género detrás de construcciones culturales que se pretenden determinadas naturalmente por la lengua y la geografía. Mediante este análisis la autora expone como paralelas las estructuras de género detrás de dos proyectos nacionales aparentemente opuestos, el proyecto centralista español y el periférico gallego.

Sobre la autora

Carmen Pereira-Muro, Texas Tech University, ha publicado sobre cuestiones de género y nacionalismo en las literaturas de los siglos XVIII y XIX, y en otros temas relacionados con Emilia Pardo Bazán y la literatura gallega. Es también autora de *Culturas de España.*

Carmen Pereira-Muro, Texas Tech University, has published on questions of gender and nationalism in eighteenth- and nineteenth-century literatures, and on other topics related to Emilia Pardo Bazán and Galician literature. She is also the author of *Culturas de España.*

"Con una prosa limpia y un texto primorosamente documentado, Carmen Pereira-Muro ha conseguido volver a situar en el panorama actual a una figura clave para la literatura española del siglo XIX. La autora desvela a Emilia Pardo Bazán como una fuerza catalizadora vital en el desarrollo del nacionalismo cultural asociado con el periodo de la Restauración en España."

—Lou Charnon-Deutsch, SUNY Stony Brook